POR TRÁS DA
felicidade

Shawn Achor

Autor do best-seller *O jeito Harvard de ser feliz*

POR TRÁS DA felicidade

Aprenda a enxergar uma realidade
positiva e seja mais feliz e bem-sucedido

Tradução
Cristina Yamagami

Benvirá

Copyright © Shawn Achor, 2013

Título original: *Before Happiness: The 5 Hidden Keys to Achieving Success, Spreading Happiness, and Sustaining Positive Change*
Todos os direitos reservados.

Preparação Maria Silvia Mourão Netto
Revisão Tulio Kawata
Diagramação Claudirene de Moura Santos Silva
Capa Deborah Mattos
Imagem de capa iStock/GettyImagesPlus/yod67
Impressão e acabamento Edições Loyola

Dados Internacionais de Catalogação na Publicação (CIP)
Angélica Ilacqua CRB-8/7057

Achor, Shawn
　　Por trás da felicidade: aprenda a enxergar uma realidade positiva e seja mais feliz e bem-sucedido / Shawn Achor; tradução de Cristina Yamagami. – São Paulo: Benvirá, 2020.
　　256 p.

ISBN: 978-85-5717-320-0
Título original: *Before Happiness: The 5 Hidden Keys to Achieving Success, Spreading Happiness, and Sustaining Positive Change*

1. Felicidade 2. Psicologia positiva 3. Mudança (Psicologia) 4. Sucesso I. Título II. Yamagami, Cristina

19-1631	CDD 158.1
	CDU 159.9

Índices para catálogo sistemático:
1. Felicidade: Sucesso

1ª edição, março de 2020

Todos os direitos reservados à Benvirá, um selo da Saraiva Educação.
Av. Paulista, 901, 3º andar
Bela Vista - São Paulo - SP - CEP: 01311-100

SAC: sac.sets@somoseducacao.com.br

CÓDIGO DA OBRA　646380　　CL　670900　　CAE　661820

Para Michelle Gielan, que mudou tudo o que eu sabia sobre felicidade. Ela é a prova viva de que, quando brilhamos, podemos transformar o mundo.

Agradecimentos

Pensando sobre a maluquice da minha vida nos últimos anos, com a chance de viajar pelo mundo pesquisando e dando palestras sobre felicidade, é uma verdadeira lição de humildade lembrar que comecei essa jornada nas profundezas da depressão, quando estudava em Harvard. Enquanto cursava a faculdade de Teologia, na minha primeira tentativa de manter um diário, escrevi: "Acho que nunca fui feliz na vida". Alguns leitores conhecem bem esse sentimento. E outros nunca terão de passar por essa noite escura da alma, mas de uma coisa eu sei: a mudança só é possível quando criamos conexões com as pessoas. Não há palavras para transmitir a profunda gratidão que tenho por todos aqueles que fazem com que cada um dos meus dias, diante das maiores vitórias e dos maiores obstáculos, seja repleto de alegria e digno de ser vivido.

A lista a seguir inclui só uma pequena parte deles.

Sou profundamente grato a Michelle Gielan, minha esposa, parceira de negócios, colega de pesquisas e melhor amiga... Ela merece praticamente um livro inteiro de agradecimentos e planejo passar o resto da minha vida fazendo isso. Ela leu *O jeito Harvard de ser feliz* em um curso de Psicologia Positiva na Universidade da Pensilvânia, me mandou um e-mail, nos conhecemos pessoalmente, começamos a trabalhar juntos e nos apaixonamos enquanto pesquisávamos e espalhávamos a felicidade. Se eu soubesse que a conheceria, teria escrito o livro antes.

À minha irmã Amy (o unicórnio) e ao meu irmão Bobo Blankson, por serem minha bússola e meu porto seguro. O amor, o apoio e a sabedoria deles mais do que compensam esses clichês. Os pequenos Ana, Gabri e Kobi são os frutos de sua generosidade.

A Joe e Sharon Achor, educadores veteranos, que me ensinaram a amar. Não existe um elogio maior.

A Jordan Brock, por seu brilhantismo ao ajudar nossa empresa a crescer. Ele de fato acredita que estas pesquisas precisam ser divulgadas e as põe em prática ao desempenhar seus papéis de líder de negócios, marido e pai. Hoje, ele e sua família são a nossa família também.

A Talia Krohn, minha editora, que passou dois anos trabalhando pacientemente comigo neste livro, enquanto eu insistia em incluir novas pesquisas ou reescrever seções inteiras quando me empolgava com alguma outra coisa. Ela é simplesmente incrível.

A Stuart Johnson e Meridith Simes, da revista *Success*. Stuart é um visionário e Meridith faz acontecer. Eles não só estão reinventando a revista como estarão na vanguarda da aplicação destas pesquisas por empreendedores do mundo todo. Eles também são amigos de uma generosidade impressionante. Meus agradecimentos à equipe deles, incluindo Susan Kane, que ajudou a divulgar e promover esta missão.

A Rafe Sagalyn, meu agente literário, que acreditou em mim desde o começo. Se você estiver precisando de um agente, posso garantir que Rafe é um dos melhores.

A Jenny Canzoneri, Holli Catchpole e a equipe da SpeakersOffice, da Califórnia, que cuida oficialmente de toda a nossa logística administrativa de maneira impecável e incansável. Se você for um palestrante, não vai encontrar um parceiro melhor para lhe dar toda a assistência necessária na sua empreitada.

À CorpU, pela enorme tarefa de transformar nossas pesquisas em um curso acadêmico e social on-line para empresas do mundo todo. A CorpU representa o futuro da educação on-line e sou grato pelo interesse deles em começar com a pesquisa da felicidade.

A Greg Kaiser, Kevin Karaffa, Greg Ray e todo o pessoal da International Thought Leader Network, incluindo Donald Bargy, Marti Kaiser e Reggie Tyler, por trabalharem em parceria conosco para criar uma maneira sustentável de difundir o Benefício da Felicidade em empresas. O programa de capacitação de instrutores baseado em parábolas que lançamos na Nationwide é fantástico graças à dedicação deles.

A Heidi Krupp-Lisiten e Darren Lisiten, da Krupp Kommunications (K2), que são uma equipe de relações públicas de primeira linha. É um enorme prazer trabalhar com uma equipe de marido e mulher, já que Michelle e eu também trabalhamos lado a lado. Se você tiver interesse em alcançar vários mercados verticais de RP e ainda se divertir fazendo isso, eles são espetaculares.

À equipe da Crown Business, da Random House, pelas ações de marketing e por investir tanta energia neste projeto.

A Ali Crum, uma ex-aluna que se tornou uma amiga e uma inspiração. Ela é uma pessoa mais do que especial: uma acadêmica brilhante e internacionalmente famosa, com enorme capacidade de se conectar com qualquer pessoa com seu coração afetuoso.

A Marty Seligman, não só por ter criado o campo da psicologia positiva, mas também por possibilitar que toda uma geração de discípulos levasse essa mensagem adiante.

A Jeff Olson e Amber Olson, que se dedicaram a recrutar um verdadeiro exército na Nerium para transformar estas pesquisas em um grande movimento.

A Cory Ludens e à Mattress Firm, por trabalharem em parceria conosco nas pesquisas e se tornarem uma empresa especialmente positiva e apaixonada.

A Adam Grant, um gênio dos tempos modernos e um novo amigo. Literalmente, a pessoa mais inteligente que conheço. Seu livro *Dar e receber* é fantástico e me ajudou muito no *brainstorming* de várias ideias apresentadas neste volume.

A Gerry Richman, da PBS, e Colleen Steward, da Tremendous! Entertainment, que firmaram uma parceria conosco para criar o especial da PBS *The Happiness Advantage*, baseado no livro *O jeito Harvard de ser feliz*. Graças a eles, o programa foi transmitido a 88% dos lares americanos.

A Tony Hsieh, Jenn Lim e James Key Lim, da Delivering Happiness, por trabalhar em parceria conosco para ajudar a criar uma mudança cultural nas empresas, baseada no trabalho fantástico que fizeram na Zappos e no Downtown Project.

A Christian Long e à TEDxBloomington, por nos possibilitarem a palestra da TED Talk que se tornou um fenômeno viral.

A Tal Ben-Shahar, que inspirou não só a mim, mas a milhares de pessoas como eu a fazer mudanças positivas, a nos tornar pessoas melhores e a nos empolgar com a vida.

A Barbara Teszler, titã das relações públicas e que faz as coisas acontecerem. Ela deu uma enorme chacoalhada nas relações públicas do Institute for Applied Positive Research e n'*O jeito Harvard de ser feliz*.

A Alexis Roberts, pelo monitoramento constante do movimento da felicidade e pelas grandes injeções de positividade.

A Brent Furl, meu companheiro espiritual e amigo de longa data, que me mantém focado no que mais importa.

A Kelci Brock, uma fonte contínua de luz, sabedoria e diversão. Nosso trabalho seria impossível sem ela.

A Mike Lampert e Laura Babbitt, cuja calorosa amizade tem sido um verdadeiro porto seguro.

Escrever um livro requer um enorme apoio emocional. Sou profundamente grato aos amigos que arcaram com o fardo, foram pacientes comigo ou contribuíram com momentos de diversão: Olivia "Sfouf" Shabb, Greg e Cathy McCain, Max Weisbuch, Caleb Merkl, Matt e Jess Glazer, Eric Karpinski, Heidi Hanna, entre muitos outros.

Eu estudo *outliers* positivos: pessoas que estão acima da curva em determinada dimensão. Todo esse grupo de *outliers* e amigos espetaculares precisa ser mais estudado. Espero que você possa ouvir a voz deles em todas as páginas deste livro.

Sumário

Introdução

Além da felicidade

Se você quiser mudar sua vida,
primeiro precisa mudar sua realidade.

No meu primeiro livro, *O jeito Harvard de ser feliz*, apresentei pesquisas mostrando como um cérebro feliz tem uma enorme vantagem no ambiente de trabalho. Vimos que, quando encontramos e criamos felicidade no trabalho, demonstramos mais inteligência, criatividade e energia, melhorando praticamente todos os resultados acadêmicos e de negócios. Em suma, aquele livro foi sobre como a felicidade vem antes do sucesso. Já este que você tem em mãos é sobre o que vem antes *dos dois*. Se você quiser criar uma mudança positiva em sua vida, primeiro precisa mudar sua realidade.

Sinceramente, acho que aprendi mais sobre a felicidade nos últimos cinco anos do que em uma década inteira pesquisando no laboratório e lecionando em Harvard. Ao longo desse período, tive a oportunidade de viajar para 51 países, dar palestras em empresas e escolas, e aprender muito sobre a conexão entre sucesso e felicidade. Cada lugar que eu visitava me motivava a me empenhar ainda mais. Quanto mais eu observava, mais queria entender como podemos promover uma mudança positiva na visão de mundo que as pessoas têm para que elas sejam mais felizes não só no momento, mas mais engajadas, mais motivadas, mais vivas para sempre. Eu queria aprender como ajudar as pessoas não apenas a ter sucesso em determinadas tarefas ou atingir determinados objetivos, mas a alcançar níveis completamente novos de sucesso. No entanto, nas minhas viagens também descobri que não bastava estudar o sucesso e a felicidade no contexto mais fácil, ou seja, em experimentos controlados com estudantes universitários. Eu queria testar minhas teorias em contextos mais difíceis.

Assim, para o desespero da minha mãe, andei em carros à prova de balas na Venezuela a fim de conversar sobre resiliência com líderes que viviam sob a ameaça de sequestros-relâmpago. Dormi em cabanas na Tanzânia, cercado das maiores aranhas que já vi na vida (e olha que sou do Texas, que tem sua cota de aranhas), para conversar com pessoas que, mesmo tendo sido expulsas de suas terras, continuavam otimistas. Falei sobre felicidade para alunos de uma escola pública durante a assembleia que marcava o aniversário de um ano do tiroteio em massa ocorrido ali. Em uma favela no Quênia, conversei com mães analfabetas, e uma delas estava determinada a mandar sua filha de 8 anos estudar em Harvard um dia. Fui o especialista em psicologia positiva da campanha Everyday Matters, para checar se a felicidade se mantinha uma escolha para pessoas portadoras de uma doença neuromuscular crônica. Trabalhei com o Departamento de Saúde e Serviços Humanos dos Estados Unidos no meio de uma epidemia de depressão, e com a gigante do crédito imobiliário Freddie Mac no meio de uma crise financeira. E conversei com médicos que tentavam curar o câncer terminal em crianças no St. Jude e no Boston Children's Hospital para descobrir por que crianças doentes de 4 anos têm mais chances de dizer aos pais que "vai dar tudo certo" do que o contrário.

No outro extremo da curva, fui convidado para trabalhar com o Google e o Facebook. Essas organizações viviam uma onda tão grande de prosperidade que, ironicamente, isso estava reduzindo o engajamento e a motivação dos funcionários. O que aprendi com todas essas experiências foi que, mesmo com todas as pesquisas que fiz sobre a relação entre sucesso e felicidade, eu estava deixando de enxergar um fator importante.

É verdade que a felicidade leva ao sucesso, mas o que faz uma pessoa (especialmente uma diante de obstáculos e dificuldades) acreditar que ainda é possível ser feliz? Por que o sucesso e a felicidade podem parecer uma possibilidade para uma pessoa, mas algo impossível para outra na mesma posição ou situação? Por que algumas mães analfabetas acreditavam que seus filhos poderiam entrar em Harvard, enquanto outras nem conseguiam imaginar uma situação dessas? Por que algumas das crianças mais pobres da Indonésia eram capazes de criar brincadeiras e se divertir usando somente alguns paus e cordas, enquanto outras ficavam entediadas e de mau humor? Por que não ganhar um bônus pode inspirar um líder de uma empresa de serviços financeiros do Reino Unido a trabalhar com mais eficiência e empenho enquanto outro na mesma situação é levado a desistir? Por que algumas pessoas diagnosticadas com esclerose múltipla de repente começam a treinar para correr maratonas, enquanto outras ficam presas à crença de que nunca mais poderão ter uma vida plena?

Logo ficou claro que a razão pela qual algumas pessoas tinham sucesso enquanto outras na mesma situação ficavam atoladas na desesperança era que os dois grupos literalmente *viviam em realidades diferentes*. Algumas pessoas viviam em uma realidade na qual a felicidade e o sucesso pareciam possíveis, apesar dos obstáculos. Outras viviam em uma "realidade" na qual isso era inviável. Afinal, como alguém pode esperar atingir a felicidade *ou* o sucesso, se estiver preso na mentalidade de que nada disso é factível?

Comecei a perceber que, se quiséssemos criar uma mudança concreta, duradoura e sustentável, precisávamos mostrar às pessoas como mudar a essência de sua realidade ou, em outras palavras, as lentes que usam para enxergar o mundo.

É bem verdade que precisamos nos conformar com determinados fatos objetivos da nossa vida. Aquelas crianças da Tanzânia *realmente* são pobres. Aqueles profissionais do mercado financeiro do Reino Unido *realmente* perderam o bônus. Aqueles portadores de esclerose múltipla *realmente* estão doentes. Mas a maneira como escolhemos *enxergar* esses fatos objetivos depende da nossa mente. *E é só quando escolhemos acreditar que vivemos em um mundo no qual as dificuldades podem ser superadas, que o nosso comportamento pode fazer alguma diferença e que a mudança é possível, que conseguimos mobilizar toda a nossa motivação, energia e recursos emocionais e intelectuais para fazer essa mudança acontecer.*

Minhas pesquisas nos últimos cinco anos, aliadas a outras pesquisas incríveis, conduzidas em laboratórios de psicologia positiva ao redor do mundo, me ajudaram a encontrar a peça que estava faltando: *antes da felicidade e do sucesso vem a nossa percepção de mundo. Portanto, antes de podermos ser felizes e bem-sucedidos, precisamos criar uma realidade positiva que nos permita enxergar que a felicidade e o sucesso são possíveis.*

Este livro marca o ápice das minhas pesquisas e apresenta um processo simples de cinco etapas para aumentar nossos níveis de sucesso e felicidade, transformando nossa realidade em uma realidade positiva.

Quero esclarecer, porém, que, quando digo "criar uma realidade positiva", não estou me referindo a simplesmente ser otimista. E também não me refiro a adotar algum tipo de visão fantasiosa do mundo na qual basta desejar a riqueza para ganhar milhões de dólares na loteria, ou imaginar seu câncer desaparecendo para ficar curado para sempre. Esse tipo de mentalidade não é positivo, nem produtivo. Quando falo de uma realidade positiva, não estou me referindo a uma realidade na qual coisas boas acontecem em um passe de mágica pelo puro poder do pensamento positivo. Refiro-me a uma realidade na qual *você pode mobilizar todos os seus recursos cognitivos, intelectuais e emocionais para criar uma mudança positiva porque acredita na possibilidade de uma verdadeira mudança.*

A capacidade de criar repetidamente esse tipo de realidade é chamada de *gênio positivo*. Como se constatou, esse é o mais importante precursor do sucesso, do bom desempenho e até da felicidade. Neste livro, apresentarei cinco etapas práticas e baseadas em pesquisas para ajudá-lo a reforçar seu gênio positivo e, por consequência, seus índices de sucesso. As etapas são:

1. *Escolha a realidade mais valiosa:* como enxergar diferentes realidades e escolher aquela que leva ao crescimento positivo.
2. *Mapeie seus marcadores de significado:* como identificar e mapear o melhor caminho para atingir seus objetivos.
3. *Encontre o ponto X:* como usar aceleradores de sucesso para atingir seus objetivos com mais rapidez.
4. *Cancele o ruído:* como intensificar o sinal que aponta para maiores oportunidades, possibilidades e recursos.
5. *Crie a inserção positiva:* como ampliar os efeitos de uma mentalidade positiva, transferindo sua realidade positiva para os outros.

Antes do potencial vem a motivação. Antes da motivação vem a emoção. E, antes da emoção, vem a sua *realidade*. Essa realidade faz toda a diferença entre uma felicidade passageira e uma mentalidade permanente que promove o sucesso em todas as suas iniciativas pessoais e profissionais. O objetivo deste livro é ajudá-lo a se tornar um gênio positivo para que você possa atingir a verdadeira grandeza em todos os aspectos da sua vida.

O poder do gênio positivo

Antes mesmo de eu nascer, meu pai, que era neurocientista e na época trabalhava na Universidade da Califórnia, em Irvine, tornou-me um participante involuntário de um dos primeiros experimentos de eletroencefalografia (EEG) conduzidos com um feto. Ele e seus colegas colocaram eletrodos na barriga da minha mãe, extremamente grávida (e, pelo jeito, extremamente paciente), para ver se conseguiam detectar e analisar meus padrões de ondas cerebrais. Os testes não deram em nada (não sei o que isso diz sobre o meu cérebro), mas algumas influências em nossa vida são profundas. Antes mesmo de nascer, eu já estava ligado ao amor pela psicologia e pela ciência.

Apenas seis anos depois, me ofereci para outro experimento de neurociência que, embora não tivesse como saber na época, acabaria me levando a escrever este livro. Naquele tempo, meu pai lecionava na Universidade Baylor, e todas as minhas babás eram alunas de seus cursos de Introdução à Psicologia. Fui apaixonado por elas. Porém, quando comecei a perceber aos poucos que meu relacionamento com elas não ia tão bem quanto eu esperava (afinal, meus pais tinham de pagar as garotas no fim do encontro comigo), decidi, depois de estudar os sucessos de Ariel em *A pequena sereia*, que eu precisaria fazer parte do mundo delas. Assim, pedi a meu pai para participar de uma de suas demonstrações em sala de aula. Ele ficou tão empolgado ao ver que seu filho poderia seguir seus passos que não parou para pensar que eu talvez tivesse segundas intenções (como de fato era o caso).

De toda maneira, ele me levou para uma de suas famosas aulas na Universidade Baylor. Lembro-me de esperar sentado na pesada cadeira marrom diante dos estudantes enquanto ele ligava eletrodo após eletrodo no meu couro cabeludo usando gel condutor. Por mim, tudo bem. Eu estava contente de ser o centro das atenções para todas as minhas namoradas.

No entanto, na empolgação de ter a presença do filho em sua aula, meu pai cometeu um erro simples: ele se esqueceu de aterrar o fio e o deixou sobre uma tira de cobre no chão. Quando ele ligou a máquina, a corrente passou por mim como se eu tivesse enfiado um dedo na tomada. Até hoje, não culpo meu pai pelo acidente, mas o culpo por dar risada com a turma toda quando arranquei furioso os eletrodos e saí da sala batendo os pés com toda a indignação que um menino de 6 anos é capaz de demonstrar.

Como era de se esperar, nunca consegui namorar nenhuma das alunas dele, mas, mesmo assim, sou grato a meu pai por ter me ligado àquela máquina de tortura, porque seus experimentos alimentaram o fascínio que tenho até hoje por estudar as maneiras como o cérebro percebe o mundo. Aquele instrumento maligno era uma máquina primitiva de *potencial evocado*, um dispositivo que registra a atividade elétrica através do couro cabeludo, permitindo aos neurocientistas medir e registrar os níveis de atividade do cérebro enquanto este processa estímulos do mundo externo.

Olhe para as pessoas no seu escritório, no metrô, no restaurante. Você já se perguntou se o mundo que você enxerga é o mesmo que elas enxergam? Você já trabalhou com um chefe estressado que só vê os defeitos ou já passou as férias com um parente que reclama de tudo, apesar de estar cercado de amor, e pensou com seus botões: "*Como* eles podem ver o mundo desse jeito?".

As pessoas veem o mundo de maneira tão diferente umas das outras porque o cérebro humano não se limita a tirar uma foto do mundo externo como se fosse uma câmera, mas interpreta e processa constantemente as informações que recebe. A cada vez que o mundo nos fornece informações, seja a notícia de uma queda do mercado de ações, um e-mail estressante ou um colega de trabalho sorridente, nosso cérebro gasta energia dando sentido a elas. Essa energia é chamada de "potencial evocado", e os aparelhos de eletroencefalograma estiveram entre os primeiros instrumentos que nos permitiram espiar por trás da cortina e entender melhor esse processo.

Apesar de o cérebro humano receber do ambiente *11 milhões* de informações por segundo, ele só é capaz de processar 40 bits por segundo, o que significa que ele precisa *escolher* qual pequena parcela vai processar e qual grande vai rejeitar ou ignorar.[1] Assim, a nossa realidade é uma escolha: aquilo em que *escolhemos* focar nossa atenção define nossa percepção e interpretação de mundo.

Hoje em dia, usando aparelhos de eletroencefalografia, imagens de ressonância magnética funcional (fMRI) e rastreamento ocular, temos como medir e estudar esses padrões de energia. E, o que é mais importante, estamos aprendendo a *mudar* esses padrões para nos ajudar a criar uma interpretação mais positiva do mundo que nos cerca.

Isso é fundamental porque, *quanto melhor seu cérebro souber usar sua energia para focar nos aspectos positivos, maiores serão suas chances de sucesso.*

O objetivo deste livro é lhe mostrar como despertar *o seu* potencial mudando sua mentalidade.

Como despertar o potencial

O objetivo da ciência é a previsão. Se você toma vitamina C, os médicos querem ser capazes de prever se isso reduzirá suas chances de pegar um resfriado. Se você deixar uma bola de boliche cair de uma altura de 30 metros, os físicos querem prever a força com que ela atingirá o chão.

O objetivo de uma empresa é gerar receita e uma renda sustentável e crescente. Como o sucesso de uma empresa é ancorado no sucesso das pessoas que nela trabalham, as empresas vêm buscando há bastante tempo uma maneira de usar a ciência para prever o desempenho de seus funcionários. Entretanto, apesar de todas as pesquisas feitas para investigar o assunto, nenhuma teoria foi capaz de explicar completamente a ciência do potencial humano. Até agora.

No século XIX, *sir* Francis Galton foi um dos primeiros a estudar como os padrões de energia do cérebro preveem o desempenho. Naturalmente, sem contar com os recursos da eletroencefalografia na época, ele postulou que a inteligência poderia ser quantificada e prevista em função da velocidade do sistema de processamento cerebral.[2] Quanto mais rápido seu cérebro discernir estímulos sensoriais e reagir a eles, *sir* Francis supôs, mais inteligente você é, mas, é claro, o tempo de resposta é só uma pequena parte da complexa equação da inteligência humana.

Entre as décadas de 1920 e 1980, os cientistas acreditavam que o potencial podia ser medido pelo QI, que basicamente era uma medida apenas das habilidades verbais e matemáticas de uma pessoa. Diante disso, empresas e governos investiram rios de dinheiro em matemática e leitura nas escolas públicas e descontinuaram programas de artes e música. Departamentos de Recursos Humanos criaram testes baseados no QI e passaram a contratar todos os funcionários, de vendedores a CEOs, usando esse parâmetro.

O problema é que eles tinham entendido tudo errado. Acontece que a combinação de QI com habilidades técnicas só prevê entre 20% e 25% do sucesso no trabalho.[3] Isso significa que mais de 75% do seu sucesso profissional não tem *nada a ver* com sua inteligência e seu treinamento, o que é um enorme problema, porque, em tempos de vacas magras, as empresas gastam a maior parte de sua verba de treinamento e desenvolvimento tentando reforçar a inteligência e as habilidades técnicas dos funcionários. Esse dinheiro, cientificamente falando, é gasto de maneira irresponsável.

Então, como é possível prever o sucesso profissional? Se o QI é um fator preditivo ineficaz, será que as notas do SAT (semelhante ao Enem brasileiro), um teste mais moderno, seriam melhores? Não é o caso. Na verdade, elas são muito piores. As notas do SAT só preveem de 8% a 15% da nota média dos calouros na universidade, o que significa que, para 88,5% dos estudantes universitários, as notas do SAT não são fatores preditivos melhores do sucesso acadêmico do que jogar um par de dados.[4] (Também neste caso, é lamentável sermos forçados a passar horas a fio estudando para testes preditivos que, na verdade, não são preditivos.)

A métrica seguinte que as empresas tentaram usar para prever o desempenho dos candidatos foram as notas escolares. As notas no Ensino Médio são duas vezes mais preditivas do sucesso na faculdade que as notas do SAT. Tudo bem; então, as notas devem prever o potencial do sucesso futuro no trabalho também, certo? Thomas J. Stanley, autor de *A mente milionária (sem segredos)*, discorda. Depois de uma década de pesquisas, ele *não* encontrou *nenhuma* correlação entre as notas acadêmicas e o sucesso profissional: um jogo de cara ou coroa seria um fator preditivo tão bom quanto as notas.[5] Isso explica o famoso paradoxo de tantos alunos medianos de Administração acabarem comandando empresas e o mesmo número de alunos de destaque acabarem trabalhando para eles.

Agora entram em cena pesquisadores como Howard Gardner e Peter Salovey. Gardner foi o primeiro a argumentar que a capacidade de conhecer os próprios sentimentos e os sentimentos dos outros era mais importante que o QI. Em 1990, os psicólogos Peter Salovey, de Yale (falarei mais sobre ele adiante), e John D. Mayer, da Universidade de New Hampshire, publicaram um artigo revolucionário argumentando que o valor preditivo do QI era baixo e que a capacidade de conhecer os sentimentos era um fator preditivo muito melhor do potencial humano.[6] Eles chamaram essa capacidade de *inteligência emocional*.

Você já deve conhecer o conceito da inteligência emocional. Ela refere-se à nossa capacidade de *regular* nossas emoções e, nas últimas duas décadas, acreditou-se que a inteligência emocional era o segredo para o sucesso no mundo estressante e volátil dos negócios. Estimuladas pelo *best-seller Inteligência emocional*, de Daniel Goleman, que popularizou pesquisas como as de Salovey, empresas do mundo todo abandonaram os testes de QI e puseram-se a testar o quociente de inteligência emocional (QE) de funcionários e candidatos. O grande debate entre acadêmicos e empresas passou a ser: qual é mais importante, o QI ou o QE? Foi nesse ponto que a sociedade e a ciência se desviaram feio do caminho. Por favor, não me entenda mal. Acho que a inteligência emocional foi uma das melhores teorias criadas nos laboratórios de psicologia nos anos 1990, mas indagar qual tipo de inteligência é mais importante não leva a nada.

Gardner logo apresentou sua segunda categoria principal de inteligência: a capacidade de entender as pessoas e de relacionar-se com elas. Ele a chamou de "inteligência social", e Goleman, de novo, a apresentou ao mundo dos negócios em seu sucesso de vendas *Inteligência social*. Também nesse caso, os fundamentos científicos eram válidos, mas seu valor como fator preditivo do potencial foi abafado pelo debate sem sentido em torno de qual inteligência é "mais importante".

Empresas e pesquisadores vêm discutindo essa questão desde então. Qual é mais importante: o QI, a inteligência emocional ou a inteligência social? Esse tipo de debate não leva a nada. É como perguntar o que é mais importante nos esportes, o ataque ou a defesa, ou quem é mais importante para uma empresa, os clientes ou os funcionários. Para ser realmente bem-sucedido, em vez de pensar isoladamente na inteligência, precisamos nos concentrar em *como combinar todas as nossas inteligências*.

Pude ver isso com clareza quando mergulhei nas pesquisas. Sim, todas essas inteligências importam, mas o que mais importa é a maneira como o nosso cérebro as utiliza em conjunto. Desse modo, a questão não deveria ser qual inteligência é mais importante, mas como podemos aprender a mobilizá-las e ampliá-las.

O prisma do sucesso

Como é possível prever ou medir a grandeza?

Essa questão não é apenas uma preocupação dos líderes de hoje, que querem conduzir suas equipes à excelência. Ela vem sendo discutida desde o despertar da civilização. Inclusive, o primeiro filósofo grego antigo chegou a tratar dessa questão.

Tales de Mileto estava com um problema: ele queria descobrir o tamanho da Grande Pirâmide. Mas, por se tratar da mais alta construção jamais erigida (status que seria mantido por mais *mil* anos!), ele não tinha como medir sua altura usando uma fita métrica. E, infelizmente, ele não tinha internet e não podia consultar a Wikipédia.

Como calcular a altura da Grande Pirâmide sem um instrumento para medi-la?

Alguma ideia? Eu demorei a descobrir a resposta, o que pode explicar minhas notas sofríveis em geometria no Ensino Médio. Felizmente, Tales resolveu o problema. Ele pensou: *E se eu medisse o comprimento da sombra da pirâmide? Com essa medida, talvez seja possível calcular a altura dela.*

Mas, à medida que o dia avançava e o Sol se movia, a sombra da Grande Pirâmide encurtava ou alongava e ele logo percebeu que precisava de outra informação: o momento em que o Sol estaria na posição perfeita, onde a altura da pirâmide e sua sombra seriam iguais (um triângulo isósceles, para quem curte geometria). Seguindo essa lógica, ele fincou um bastão no chão, mediu sua altura e esperou até o Sol fazer uma sombra exatamente igual à altura do bastão. Naquele exato momento, a sombra da pirâmide seria igual à altura da pirâmide.[7]

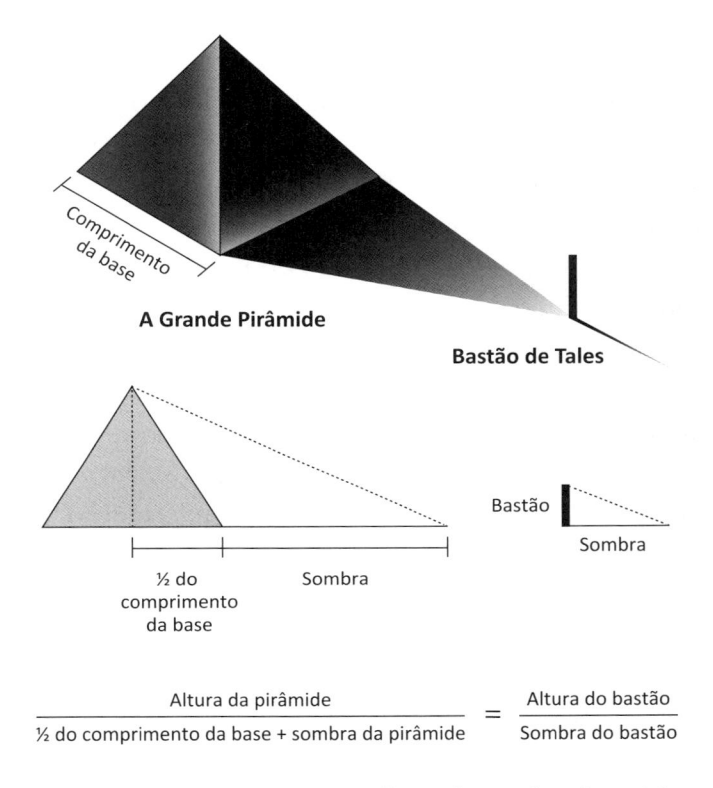

A Grande Pirâmide

Bastão de Tales

$$\frac{\text{Altura da pirâmide}}{\text{½ do comprimento da base + sombra da pirâmide}} = \frac{\text{Altura do bastão}}{\text{Sombra do bastão}}$$

Tales tinha descoberto como medir a altura da pirâmide por *triangulação* em uma situação na qual não havia outra maneira de descobrir sua grandeza.

Nos últimos cem anos, estudiosos de destaque também tentaram triangular o potencial humano. Já faz 20 anos que sabemos que os três lados do triângulo são o QI, a inteligência emocional e a inteligência social. Mas ainda estava faltando alguma coisa.

Apesar de cada uma dessas inteligências por si só ter sua influência, a sombra da grandeza continuava mudando. Como os cientistas que estudam a matéria escura do universo, sabíamos que devia existir uma dimensão oculta, mas não sabíamos como medi-la. Tal como Tales, ainda não conhecíamos todas as dimensões do triângulo.

Em meio à grande recessão, comecei a trabalhar com empresas para encontrar a dimensão que faltava. No começo, meu objetivo era ajudá-las a deixar de cometer o erro de se perder em debates sobre qual lado do triângulo tinha mais valor, mas eu não iria parar por aí porque ainda me restavam algumas perguntas importantíssimas a responder: as emoções são baseadas em quê? Onde se encaixa a percepção de mundo de uma pessoa, que não é uma emoção? E, o mais importante, qual fator prevê como uma pessoa *usará* todas as três inteligências para criar grandeza?

Depois de cinco anos de extensas pesquisas, a ficha finalmente caiu: o lado oculto do triângulo (aquele que nos permite despertar, combinar e ampliar as três inteligências) é a capacidade de *enxergar uma realidade na qual o sucesso é possível*.

Ninguém duvida de que a inteligência emocional, a inteligência social e o QI afetam nossos índices de sucesso, mas essas três inteligências têm uma origem em comum: nossa visão da realidade. Isso porque, antes de sentir alguma emoção sobre o mundo, antes de nos conectar a alguém, antes de começar a resolver um problema, nossa mente já criou uma realidade sobre a possibilidade de atingir ou não o sucesso. Essa realidade é a chave de tudo. É o que nos permite enxergar oportunidades em vez de obstáculos, novos caminhos em vez de becos sem saída, rumos para o sucesso e não para o fracasso.

Certa vez, quando eu estava prestando consultoria na Califórnia, um dos principais líderes seniores de inovação do Google me disse que achava que "algumas pessoas enxergam uma realidade diferente no trabalho, e isso muda sua capacidade de liderar ou inovar". Ele tinha razão. Tudo o que fazemos, na vida profissional e na pessoal, é decidido em grande parte pela realidade que percebemos, ou por nossa mentalidade. Em outras palavras, o gênio positivo não só amplia todas as outras formas de inteligência como também é o *precursor* dessas inteligências.

A proposta deste livro não é refutar todas as pesquisas sobre o QI e a inteligência emocional e social. Nosso QI nos diz *o que* precisamos fazer, nossa inteligência emocional nos mostra *como* e nossa inteligência social esclarece *com quem*. Essas três inteligências constituem os lados do nosso "triângulo do sucesso", mas, se quisermos ampliar nosso potencial, precisamos transformar esse triângulo bidimensional do sucesso em um prisma tridimensional, criando *primeiro* uma realidade positiva.

Afinal, podemos ter todo o QI e inteligência emocional e social do mundo, mas, se acreditarmos que nosso comportamento não faz diferença, nunca vamos nos dar ao trabalho de aplicar todos esses recursos cognitivos, sociais, emocionais e intelectuais para atingir nossos objetivos. Todo mundo conhece alguém assim, uma pessoa que tem todas as três inteligências, mas que nunca as usa porque não acredita que isso faria qualquer diferença. A inteligência não utilizada, seja por parte de um funcionário inteligente, porém desmotivado, um estudante brilhante, porém não engajado, ou um líder visionário, porém insatisfeito, não faz nada para despertar nosso potencial.

Outras pessoas são especialistas em criar realidades positivas. Elas parecem ter o toque de Midas no trabalho, transformando em ouro todas as oportunidades, todos os relacionamentos, todos os contratempos. São aquelas que vivem encontrando novas possibilidades de atingir a grandeza. São as que descobrem maneiras de contornar até os obstáculos mais difíceis, que resolvem problemas aparentemente sem solução.

Não é que elas não enxerguem as realidades negativas do mundo, mas *elas também enxergam que têm a capacidade de fazer algo a respeito*. Acompanham a tragédia de um tsunami no Japão, reconhecem a dificuldade de tratar o câncer de mama e percebem as injustiças raciais do nosso sistema educacional, mas também buscam maneiras de ajudar os sobreviventes, arrecadam fundos para financiar pesquisas destinadas a encontrar a cura do câncer ou se empenham em criar um sistema de ensino mais justo. Chamo essas pessoas de *gênios positivos* e, neste livro, mostrarei como você também pode se tornar um.

É só depois de sermos capazes de enxergar e construir uma realidade na qual temos o poder de criar uma mudança positiva (na qual nosso comportamento faz diferença) que podemos realmente despertar e utilizar a totalidade das habilidades e inteligências da nossa mente para atingir um sucesso e uma felicidade cada vez maiores. Desse modo, *o sucesso não depende apenas de quanta inteligência você tem, mas de quanto de sua inteligência você acredita que pode usar.*

Esse novo jeito de pensar sobre a inteligência muda tudo. Todos os resultados profissionais (como o volume de vendas, a fidelidade dos clientes, o crescimento da receita e o avanço na carreira) e pessoais (como a qualidade dos nossos relacionamentos, a satisfação com a vida, uma saúde melhor) são regidos por essa equação básica. Ao dominar as cinco habilidades apresentadas neste livro, você aprenderá a transformar seu próprio triângulo de inteligências em um prisma do sucesso.

Ao longo do livro, apresentarei pesquisas mostrando como essas habilidades foram usadas para quadruplicar as vendas de *call centers*, aumentar o engajamento dos funcionários em 31%, elevar em 19% as taxas de precisão entre médicos, diminuir a fadiga em 23%, aumentar a probabilidade de recomendação dos clientes em quase 30%, melhorar consideravelmente a satisfação do cliente, aumentar as chances de chegar aos 94 anos de idade, aumentar em 40% as chances de ser promovido, entre outros benefícios incríveis.[8]

E a história não termina por aí. O gênio positivo não só pode nos ajudar a ver uma gama maior de oportunidades, soluções e caminhos para o sucesso, como também ajudar os outros (nossos colegas, equipes, família) a fazer o mesmo. Novas e empolgantes pesquisas provam que, ao compartilhar nossa realidade positiva, podemos ajudar as pessoas a desenhar sua realidade, aumentando exponencialmente a inteligência coletiva disponível. Você aprenderá a colher os benefícios desse processo usando uma técnica chamada *inserção positiva*.

E, melhor ainda, você não precisa ter um diploma de pós-graduação, uma enorme competência social nem um QI altíssimo. *Qualquer pessoa* pode se tornar um gênio positivo se dominar as cinco habilidades empiricamente validadas que você aprenderá neste livro.

Além do otimismo: vendo o jarro cheio

Em novembro de 2011, recebi um e-mail empolgante. A *Harvard Business Review* escrevia para me informar que minha pesquisa sobre o Benefício da Felicidade ganharia a capa da edição de janeiro/fevereiro de 2012![9] A edição inteira seria dedicada a apresentar como a felicidade leva ao sucesso corporativo. Enquanto escrevia o artigo, pensei comigo mesmo: "Finalmente, essa pesquisa está se tornando um dos conceitos dominantes para os negócios. Precisamos que as pessoas levem isso a sério. Só espero que não coloquem uma carinha sorridente na capa. Ah, eles não fariam isso!".

Quando recebi meu exemplar, pouco antes do Natal, tive de cair na risada. Como era de se esperar, a capa veio com uma enorme carinha sorridente, com covinhas feitas de cifrões. E foi quando reparei que havia alguma coisa errada com a carinha sorridente... Ela não tinha olhos! Era a felicidade cega. Esse é exatamente o problema com a ideia que a maioria das pessoas faz da felicidade no trabalho. Ser feliz não requer fechar os olhos para os aspectos negativos do nosso ambiente, mas acreditar que temos o poder de fazer algo a respeito.

Certa vez, depois que dei uma palestra em uma grande empresa de tecnologia, o CEO, empolgado, se ofereceu generosamente para me levar ao aeroporto, assim poderíamos continuar falando sobre maneiras de aplicar minha pesquisa em sua empresa. Entrei no belo Cadillac preto dele e pus o cinto de segurança. Ele entrou, mas não colocou o cinto, nem quando o aviso sonoro começou a apitar sem parar. Eu tinha acabado de conhecê-lo, mas decidi perguntar: "Você não usa o cinto?". Ao que ele respondeu com vigor: "Claro que não! Eu sou um otimista!".

Isso não é otimismo, é insanidade. É bem verdade que o otimismo tem muitas vantagens, mas definitivamente ele não é capaz de impedir uma colisão com outros carros nem que você saia voando pelo para-brisa. Esse tipo de mentalidade não passa de um otimismo irracional. O otimista irracional tem uma visão da realidade baseada em *desejo e fantasia*, não em como as coisas realmente são. O otimismo irracional explica por que bolhas financeiras se formam, por que compramos casas que não temos condições de pagar e por que contamos com o ovo antes de sair da galinha. Os otimistas irracionais enxergam o mundo através de lentes cor-de-rosa, sem se dar conta de que essas lentes coloridas não melhoram sua visão, e sim a distorcem. E eles saem pelo mundo agindo como Polianas e tomando decisões equivocadas. Quando você doura a pílula do presente, não consegue tomar boas decisões para o futuro.

O verdadeiro sucesso resulta de realidades positivas, não de fantasias positivas. Em vista disso, como podemos criar uma realidade que seja ao mesmo tempo positiva e verdadeira?

Essa é a pergunta a que venho tentando responder com meu trabalho ao redor do mundo. Em 2011, ao conduzir um estudo (publicado em 2013 em um importante periódico de psicologia social) na UBS, em colaboração com Ali Crum e Peter Salovey, dois pesquisadores de Yale, fiz um grande avanço.

Descobrimos que, se pudéssemos mudar a percepção de uma pessoa sobre o estresse ao qual estava submetida, poderíamos efetivamente mudar a maneira como o estresse a afetava fisicamente.[10] O simples fato de mostrar aos funcionários vídeos sobre os efeitos mais positivos (e reais) do estresse sobre o corpo levou a uma queda de 23% na fadiga e em outros sintomas relacionados ao estresse (dor nas costas, dor de cabeça e por aí vai). Explicarei melhor esse estudo mais adiante, mas a questão é que, com o simples ato de levar as pessoas a enxergar *uma realidade nova, porém igualmente verdadeira*, na qual o estresse poderia ser uma fonte de motivação e energia em vez de debilitá-las, pudemos tornar real esse resultado mais positivo.

O gênio positivo não tem a ver com otimismo ou pessimismo, nem com copos meio vazios ou meio cheios. Até porque, na realidade, meio vazio e meio cheio não são as únicas opções possíveis. Tanto os otimistas quanto os pessimistas ficam tão focados em como interpretar o copo diante deles que podem não perceber o fato de que existe uma terceira realidade, igualmente verdadeira: um jarro d'água sobre a mesa que pode ser usado para encher o copo. Os gênios positivos, por outro lado, são capazes de enxergar o jarro cheio e, com ele, uma gama maior de oportunidades, possibilidades e caminhos para o sucesso.

Como as realidades positivas nos ajudam a escalar montanhas

Se você ainda duvida que as habilidades de um gênio positivo podem nos ajudar a superar obstáculos aparentemente intransponíveis, resolver problemas aparentemente sem solução ou enfrentar dificuldades aparentemente impossíveis, considere o exemplo a seguir.

> Dois soldados do Exército americano estão parados, com suas pesadas mochilas, ao pé de uma colina, no sul do Afeganistão. A colina tem exatamente 180 metros de altura. Mas, depois do cansaço mental e físico de um violento combate, o cérebro do primeiro soldado julga que a colina tem cerca de 270 metros. E o soldado vai além de apenas se equivocar em sua percepção da altura da colina. Ele efetivamente *vê* uma colina de 270 metros, não de 180. Sua percepção se transforma em sua realidade. Quanto mais íngreme seu cérebro acha que a colina é, mais seu corpo se cansa. Ele cai de joelhos, pronto para desistir, apesar de estarem sendo perseguidos de perto pelo inimigo. Para que seguir em frente quando seu cérebro diz que o sucesso é impossível?

Mas nem tudo está perdido. Sua colega foi recrutada por ser um gênio positivo.

Quando ela olha para a colina, apesar de seus ferimentos e do cansaço, seu cérebro bem treinado vê que a colina tem 180 metros e que, portanto, poderá ser escalada a tempo. Isso lhe dá a energia e a motivação necessárias para subir rapidamente os primeiros 15 metros, de onde ela consegue enxergar um caminho menos íngreme e menos acidentado, levando a um ponto de resgate por helicóptero. Agora seu cérebro está convencido de que é possível concluir a missão com sucesso e ela consegue mobilizar seus recursos cognitivos para mapear o melhor caminho até o topo da colina. Sentindo-se ainda mais positiva e convencida de que conseguirá chegar com o colega ao topo, onde poderão ser salvos por um helicóptero, seu cérebro libera reservas adicionais de energia, chamadas *aceleradores de sucesso*, permitindo que ela mobilize recursos físicos e emocionais para ajudar o colega a chegar lá. Eliminando todos os ruídos internos e externos que poderiam distraí-la (dúvidas e tiros sendo disparados), ela arrasta o parceiro para o ponto de extração. Enquanto sobem, ela repete que eles vão conseguir até que o primeiro soldado também encontra a energia e a motivação para continuar subindo. Em pouco tempo, eles chegam ao topo, onde são resgatados. O sucesso tornou-se a *realidade* deles.

Essa história não é totalmente teórica. Na verdade, ela se baseia em um experimento real realizado por Dennis Proffitt e outros pesquisadores da Universidade da Virgínia, que queriam investigar como nossa percepção do espaço físico é construída no cérebro.[11] O que eles descobriram foi que, quando estamos em um estado mental negativo ou fatigado, nosso cérebro efetivamente percebe que as colinas são bem mais altas e as mochilas, bem mais pesadas. E esse princípio não se aplica apenas a escaladas. Outras pesquisas revelaram que, quando temos uma mentalidade negativa, *todos* os fardos parecem mais pesados, todos os obstáculos parecem maiores, todas as montanhas parecem menos transponíveis. Isso se aplica especialmente ao trabalho, e é por isso que, quando pensamos no estresse, na carga de trabalho e na concorrência com uma mentalidade negativa, nosso desempenho piora.

No exemplo apresentado, o QI, por si só, não teria salvo os soldados. Nem a inteligência emocional, nem a social, nem qualquer combinação dessas três inteligências, se a segunda combatente não tivesse *criado primeiro uma realidade positiva*. A capacidade de conjugar verbos e calcular desvios padrões não teria levado os soldados ao topo da colina. Nem a capacidade de regular as emoções ou transitar por dinâmicas sociais complexas. Mas uma realidade positiva tem essa capacidade, e foi o que fez.

Nesse cenário, a combatente usou as cinco habilidades do gênio positivo que você aprenderá neste livro. Primeiro, ela percebeu uma realidade na qual o sucesso era possível (habilidade 1). Depois, mapeou um caminho para o sucesso (habilidade 2). Tendo avançado nesse caminho, seu cérebro foi capaz de liberar aceleradores de sucesso para levá-la ao êxito mais rapidamente (habilidade 3), enquanto cancelava o ruído negativo distrativo e destrutivo (habilidade 4). Depois de colher os benefícios de sua realidade positiva, ela criou uma inserção positiva (habilidade 5), transferindo essa realidade para o colega.

Veja as habilidades que você aprenderá nos próximos capítulos deste livro:

1. Arquitetura da realidade

Escolha a realidade mais valiosa

- Reconheça a existência de diferentes realidades simplesmente mudando os detalhes nos quais seu cérebro escolhe focar.
- Perceba uma gama maior de realidades treinando seu cérebro para incluir pontos de vista vantajosos e enxergar o mundo de uma perspectiva mais ampla.

- Escolha a realidade mais valiosa que seja ao mesmo tempo positiva e verdadeira, usando uma fórmula simples chamada "índice de positividade".

2. Cartografia mental
Mapeie seu caminho até o sucesso

- Identifique e estabeleça metas melhores destacando marcadores de significado na sua vida e aprendendo a distinguir entre as verdadeiras "áreas significativas" e os engodos e sequestradores mentais.
- Mapeie rotas mais diretas para seus objetivos redirecionando seus mapas mentais em função desses marcadores de significado.
- Mantenha-se no caminho certo para o sucesso mapeando as rotas de sucesso antes das rotas de fuga.

3. O ponto X
Use aceleradores de sucesso

- Dê um *zoom* no alvo (proximidade). Faça com que seu objetivo pareça mais próximo incorporando uma vantagem inicial, definindo "minimetas" incrementais e salientando o progresso até ele em vez do que ainda falta fazer.
- Amplie o tamanho do alvo (probabilidade de sucesso). Aumente a probabilidade percebida de acertar o alvo criando "momentos de vitória" para se lembrar de quando você teve sucesso em situações parecidas, reduzindo o número percebido de concorrentes e escolhendo objetivos que você tem uma probabilidade percebida de 70% de atingir.
- Recalcule a propulsão (a energia necessária). Conserve e canalize melhor seus recursos cognitivos, pense nas tarefas em termos de unidades objetivas, e não em termos do esforço envolvido, e reduza seu foco nas fontes de preocupação ou medo.

4. Cancelamento de ruído
Potencialize o sinal eliminando o ruído

- Aprenda a neutralizar quaisquer informações negativas ou inúteis (ruído) que o distraiam das informações verdadeiras e confiáveis que o ajudam a atingir seu pleno potencial (sinal).
- Aperfeiçoe sua capacidade de distinguir entre ruído e sinal aprendendo os quatro critérios simples de ruído.
- Melhore sua capacidade de ouvir o sinal usando estratégias simples para reduzir o volume de ruído em apenas 5%.
- Aprenda a anular ativamente o ruído interno, gerado por preocupação, medo, ansiedade e pessimismo, emitindo três ondas simples de energia positiva.

5. Inserção positiva
Transfira sua realidade para os outros

- Depois de criar uma realidade positiva para si, aprenda a transferi-la para os outros e colha os benefícios exponenciais da inteligência coletiva de todos.
- Abra "franquias de sucesso" criando padrões e hábitos positivos, simples e fáceis de reproduzir e ajudando as pessoas a disseminá-los.
- Exerça uma influência mais positiva e aumente as chances de sua realidade ser adotada ao ser o primeiro a falar e mudar o roteiro social.
- Semeie a noção de significado na realidade das pessoas mencionando as emoções e criando narrativas compartilhadas e significativas.
- Crie uma fonte renovável e sustentável de energia positiva que motive, energize e mobilize as diferentes inteligências coletivas das pessoas ao seu redor.

Depois de dominar essas cinco habilidades, você verá a diferença em praticamente todas as áreas de sua vida pessoal e profissional. Terá mais energia, motivação, determinação e produtividade. Suas ideias serão mais criativas e inovadoras e levarão a resultados melhores. De repente, você vai começar a ver novas rotas para contornar obstáculos e encontrar caminhos mais rápidos para o sucesso. Em vez de ficar paralisado pelo estresse e pelas adversidades, você será capaz de transformá-los em oportunidades de crescimento. E, depois de dominar a última habilidade, a inserção positiva, você será capaz de refratar (não meramente refletir) a luz do seu gênio positivo em seus colegas, clientes, familiares e outras pessoas ao seu redor.

Aplicando as pesquisas

Se você costuma ler livros sobre felicidade, negócios ou liderança, provavelmente já deve ter notado o que eu notei. Quando mencionam pesquisas, todos esses livros tendem a citar basicamente as mesmas. Por isso, em todos os capítulos, busquei apresentar pesquisas originais e recentes, realizadas nos últimos anos, e referir-me a estudos menos conhecidos, mas igualmente inovadores, que ainda não viram a luz do dia em livros de negócios.[12]

No entanto, apesar de todos esses estudos serem fascinantes e reveladores, as pesquisas não têm nenhuma utilidade se não forem colocadas em prática. O objetivo deste livro não é apenas entreter e esclarecer. É mostrar como *usar* as habilidades do gênio positivo para melhorar seu desempenho no trabalho, atingir suas metas e objetivos profissionais e elevar seus índices de sucesso. É por isso que também incluí histórias reais e exemplos de minhas próprias experiências ensinando essas habilidades no mundo dos negócios, inclusive reforçando o gênio positivo no Bank of America após uma queda de 40% no preço de suas ações; treinando líderes da Johnson & Johnson em meio a um dos maiores *recalls* da história da empresa; trabalhando em parceria com a Adobe e o Google, e ajudando a Hugo Boss a transformar a empresa ao criar importantes interações sociais. Munido de todos os conhecimentos científicos, histórias e estratégias baseadas em pesquisas, quando terminar de ler este livro, você saberá *exatamente como* criar uma realidade melhor e aumentar a felicidade e o sucesso na sua vida e, o que é igualmente importante, saberá como transferir essa realidade positiva aos outros.

Quando terminar este livro, você terá aprendido a usar esse processo de cinco etapas para *despertar seu potencial* oculto e usá-lo para transformar literalmente todos os aspectos de seu mundo.

HABILIDADE

1

Arquitetura da realidade

Escolha a realidade mais valiosa

Se quisermos ser capazes de escolher a realidade que levará a mais produtividade, engajamento e crescimento da receita, precisamos primeiro reconhecer que temos controle sobre o modo como *escolhemos* interpretar os fatos objetivos do nosso mundo externo. Aprendi isso a duras penas, várias centenas de metros abaixo da superfície do Oceano Pacífico.

No segundo ano do meu programa de bolsa de estudos da Marinha dos Estados Unidos, eu e uma dúzia de outros futuros oficiais partimos da costa da Califórnia em um submarino nuclear. Na primeira noite, meus colegas aspirantes a oficiais e eu tivemos a oportunidade de jantar com o comandante. Nós ainda não o conhecíamos pessoalmente, mas, com base nos relatos que eu tinha ouvido dos soldados que trabalhavam com ele, digamos que aquele sujeito não liderava conforme o Benefício da Felicidade. Os soldados morriam de medo dele e nos avisaram para não cometer erros que ele pudesse enxergar. "Sem problemas", pensei ingenuamente.

O cômodo mais agradável do submarino era a pequena sala onde o comandante jantava à mesa de 12 lugares. Naquela noite, os cozinheiros tinham preparado um jantar incrível, com tigelas fumegantes cheias de comida deliciosa, mas eu mal notei a refeição. O que aconteceu foi que me perdi no labirinto de corredores do submarino e cheguei alguns minutos atrasado. Entrei correndo, sem fôlego e morrendo de medo da fúria do capitão, e sentei-me imediatamente, sem sequer olhar para os lados. Um segundo depois, o comandante estoico entrou na sala, seguido de seu nervoso braço direito, o XO (oficial executivo). A linguagem corporal do XO confirmou a teoria: "Quanto mais perto de César, maior é o medo". O XO passou os olhos pela sala e notou uma terrível violação do protocolo: *alguém* tivera a ousadia de se sentar antes do capitão. Foi quando eu finalmente percebi que os outros aspirantes e tripulantes estavam postados respeitosamente atrás de suas cadeiras, esperando que o comandante se sentasse, para então tomarem seus lugares. Em pânico, empurrei imediatamente minha cadeira para trás para me levantar e me postar na mesma posição que os outros. Mas, como aquela era a minha primeira noite no submarino, eu ainda não tinha sido informado de todos os aspectos do design da embarcação, como o fato de as cadeiras de um submarino nuclear ficarem presas ao chão.

Tentei desesperadamente empurrar a cadeira para trás para poder me levantar, mas ela não se moveu. Em vez disso, parecia que eu estava tendo um pequeno ataque epiléptico na minha cadeira, enquanto todos mostravam ao comandante o devido respeito. Quando finalmente consegui me levantar, todos se sentaram e fui o único a ficar de pé, totalmente sem jeito.

Sem dúvida alguma, aprendi a lição sobre não chegar atrasado ao jantar, mas fiquei sem entender uma coisa: por que minha cadeira estava grudada no chão? Descobri a resposta às 4 da madrugada.

Eu achava que o capitão já tinha me rotulado como o bobo da corte, então imagine a minha surpresa quando ele mandou um oficial me acordar no meio da noite e me levar ao centro de controle. E imagine o meu espanto quando ele disse que tinha me chamado para me dar a oportunidade de conduzir o submarino nuclear. (Como fiquei sabendo mais tarde, tudo aquilo fazia parte de uma lição que o comandante muitas vezes dava aos jovens oficiais, particularmente aos mais inexperientes, como eu.)

Obedientemente, assumi o controle e, depois de guiar o submarino por várias centenas de metros, o comandante tomou um gole de café de sua caneca com os dizeres "O Melhor Chefe do Mundo" (sem brincadeira) e deu a ordem em voz baixa: "Mergulhe". Em seguida, uns quatro oficiais (com a voz nada baixa, devo dizer) se puseram a gritar com urgência: "Mergulhe! Mergulhe! Mergulhe!". Instintivamente, empurrei os controles para baixo e o submarino mergulhou em um ângulo de 60° em direção ao fundo do oceano. O casco do submarino estalou e eu literalmente perdi o chão sob meus pés. A princípio, meu cérebro foi tomado por várias emoções, mas, quando olhei ao redor, entendi por que as cadeiras tinham de ser aparafusadas ao chão. A sala estava praticamente virada de lado e o que antes era "o chão" agora estava em um ângulo de 60° em relação ao que antes era o teto. Se as cadeiras não estivessem aparafusadas, teriam saído voando. Foi quando um dos oficiais explicou que eu tinha acabado de participar de um exercício chamado "Angles and Dangles" (algo como "ângulos e pingentes").

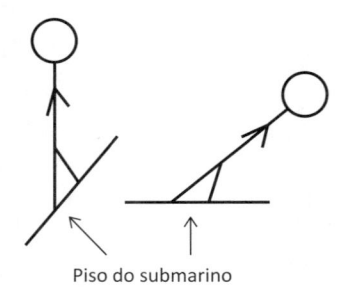

Piso do submarino

O comandante me instruiu a puxar bruscamente os controles para cima e manter o rumo até o submarino chegar à superfície. Assim que o submarino rompeu a superfície do oceano, o que deve ter sido uma cena magnífica para qualquer um que estivesse do lado de fora, a embarcação voltou a mergulhar na água como uma baleia gigante e exausta e a sala de controle retornou à posição original.[1]

Não estou contando essa história para ensinar por que as cadeiras de um submarino são presas ao chão ou por que você deve sempre chegar a tempo para jantar com o comandante de um submarino da Marinha. Em retrospecto, agora sei que o exercício "Angles and Dangles" me ensinou uma lição muito maior e mais importante sobre a capacidade do cérebro de ver diferentes realidades.

Antes daquele dia, meu cérebro presumia que "chão = embaixo". E ponto final. Aquela era a minha realidade. Mas não é bem assim em um submarino. Ali, como aprendi naquele dia, o chão podia estar para cima, para baixo, para os lados ou a 60°. O capitão, com seus anos de experiência, não tinha dificuldade de ver essa realidade. E conseguiu ficar sentado, bastante satisfeito, bebericando seu café e me assistindo voar e despencar sobre uma cadeira parafusada. E ele não derramou uma gota sequer.

O "Angles and Dangles" é um verdadeiro deleite para um pesquisador do cérebro porque demonstra à perfeição o modo como nosso cérebro usa atalhos (que os psicólogos chamam de *heurística*) para criar nossas percepções do mundo. Equiparar o chão com "embaixo" é a heurística mais simples que pode existir. Afinal, instintivamente faz muito sentido: a gravidade deve sempre puxar para baixo numa perpendicular com o chão e, na maioria das condições, é o que acontece. Assim, o cérebro usa o atalho de presumir que o chão está sempre "embaixo". Mas, como o exercício "Angles e Dangles" demonstrou, em algumas situações esses atalhos nos deixam na mão. Se você estiver perdendo o chão sob seus pés, o mundo pode parecer bem diferente.

Foi quando percebi que, em praticamente todas as situações, existem *diferentes* realidades que são tão verdadeiras quanto as realidades que nosso cérebro foi programado para esperar. E, como minhas pesquisas subsequentes confirmaram, desenvolver a capacidade de anular atalhos e ver essas diferentes realidades é o primeiro passo para expandir nosso triângulo de inteligências e formar um prisma tridimensional do sucesso.

Mas não se preocupe: não é tão difícil quanto pode parecer. Como todo mundo, você tem uma realidade que afeta todas as suas decisões e todas as suas ações em casa e no trabalho. A verdadeira questão é: a sua realidade funciona mesmo?

Pesquisas realizadas em laboratórios de psicologia positiva ao redor do mundo mostram que duas pessoas exatamente na mesma situação e no mesmo mundo externo podem ter duas percepções completamente diferentes do mundo e essas duas percepções podem ser *igualmente* verdadeiras. Como o seu cérebro só é capaz de processar 40 bits de informação por segundo, a diferença está nas informações a que você escolhe atentar dentre os 11 milhões que seus sentidos recebem.[2] Na verdade, não existe uma única realidade. Há milhões de possibilidades que poderiam ser usadas para construir uma realidade a cada segundo. Tudo depende de quais informações seu cérebro escolhe processar! Então, se a sua realidade é uma escolha, a próxima pergunta é: você escolheu a realidade que vai ajudá-lo a levar suas diferentes inteligências a atingir seu máximo potencial e promover mais sucesso e crescimento? Caso contrário, como você pode escolher uma realidade capaz de criar mais valor?

Neste capítulo, você aprenderá três estratégias comprovadas que poderá usar para melhorar sua realidade e se tornar mais engajado, produtivo e inovador no trabalho.

Estratégia 1: reconheça a existência de realidades alternativas. Uma das primeiras e mais importantes habilidades do gênio positivo é a capacidade de reconhecer a existência de diferentes versões da realidade. Caso contrário, seu cérebro continuará recriando as mesmas realidades negativas, mesmo quando o mundo externo mudar. No trabalho, talvez você conviva com pessoas que sempre escolhem ver uma realidade negativa, mesmo quando o mundo externo já mudou positivamente. A pesquisa que fiz em colaboração com Yale na empresa de serviços financeiros UBS demonstrou que basta mudar os fatos nos quais você escolhe focar sua atenção para melhorar consideravelmente sua resposta ao estresse no trabalho e reduzir nada menos que 23% de seus sintomas de fadiga em apenas uma semana. Por exemplo, ao simplesmente adotar uma visão mais positiva do estresse, você pode reduzir acentuadamente os efeitos negativos dele, entre eles dor de cabeça, dor nas costas e cansaço. O estresse é inevitável, mas seus efeitos, não. Nesta seção, mostrarei como, ao tomar mais consciência das diferentes realidades, você pode mudar a maneira como o mundo externo afeta não só seu desempenho no trabalho e seus níveis de sucesso mas também sua saúde.

Estratégia 2: inclua pontos de vista vantajosos. No campo da neurociência e da psicologia positiva, um "ponto de vista vantajoso" (*vantage point*) é definido como o ponto a partir do qual você observa os fatos que usará para criar sua realidade. Por exemplo, se você olhar para uma porta a partir de determinado ponto de vista vantajoso do seu escritório, verá uma porta que pode ser aberta com facilidade. De outro ângulo ou ponto de vista vantajoso (como o corredor), você poderá ver uma porta que precisa ser empurrada com força para ser aberta, mas você não precisa ter só um ponto de vista vantajoso. Na verdade, os dois movimentos abrirão a porta; tudo depende de que lado da porta você está. E se um gerente pudesse enxergar que usar punições para forçar as pessoas a avançar (empurrar) e usar recompensas para conduzir as pessoas a um nível de desempenho melhor (puxar) são duas táticas eficazes, mas que, em algumas situações, uma delas é mais eficaz? O resultado seria uma equipe mais motivada e produtiva.

Pesquisas mostram que, no trabalho, uma realidade baseada em um único ponto de vista vantajoso acaba sendo limitada e cheia de pontos cegos, o que impede o avanço. Digamos, por exemplo, que você tenha esquecido suas chaves dentro do carro. Você pode não conseguir vê-las, se olhar apenas por uma janela do carro. Mas, se mudar seu ponto de vista vantajoso, indo para outra janela e olhando de outro ângulo, pode ser que você consiga enxergar as chaves. O mesmo se aplica a situações no trabalho. Minha pesquisa mostrou que o simples ato de *incluir* pontos de vista vantajosos (mudar seu ponto de vista à medida que avalia suas opções) pode aumentar consideravelmente sua capacidade de enxergar novos e importantes detalhes, o que, por sua vez, amplia sua perspectiva e o ajuda a enxergar uma gama mais ampla de ideias e soluções. Além disso, pesquisadores descobriram que a capacidade de incluir pontos de vista vantajosos é decisiva para a criatividade e a inovação. Ao apenas incluir pontos de vista vantajosos, você pode começar a combinar sua inteligência emocional, sua inteligência social e seu QI para resolver problemas mais complexos e atingir objetivos mais ambiciosos. Em outras palavras, se você quiser encontrar as chaves para o sucesso, talvez seja necessário procurar em uma janela diferente.

Estratégia 3: escolha a realidade mais valiosa. Depois de se conscientizar de que a sua realidade não é fixa e incluir pontos de vista vantajosos, você pode escolher a realidade que o ajudará a atingir mais sucesso. Afinal, não basta saber da existência de diferentes visões de mundo. Você tem de ser capaz de avaliá-las e escolher a melhor. Pesquisas mostram que, com o simples ato de mudar sua perspectiva no trabalho, é possível obter mais crescimento no longo prazo, um acréscimo de 37% nas vendas, 31% mais produtividade, e talvez aumentar as chances de viver até os 94 anos de idade. O objetivo deste capítulo é ajudá-lo a encontrar e escolher a sua realidade mais valiosa em todas as áreas da sua vida.

Estratégia 1: reconheça a existência de realidades alternativas

A crise econômica e a recessão que durou de 2008 a 2011 criaram, no mercado de trabalho, o equivalente à manobra "Angles and Dangles" em um submarino, quando dezenas de milhares de americanos perderam o chão sob seus pés. Vi a situação com meus próprios olhos quando fui convidado para prestar consultoria a organizações sem fins lucrativos e agências de trabalho temporário que tentavam ajudar os desempregados a se recolocarem. Foi de partir o coração ver pessoas que passaram 20 anos em uma empresa sendo descartadas, sem nenhuma opção de emprego e perdendo uma série de benefícios da noite para o dia. Também vi os efeitos da recessão no mercado financeiro de Nova York ao trabalhar com os sobreviventes de demissões em massa de empresas como a UBS, que passou por três enormes reestruturações. Os que conseguiram escapar das demissões foram forçados a dar conta do trabalho de mais pessoas, por um salário mais baixo e em condições muito mais estressantes. A realidade na qual acreditavam (a de que poderiam continuar a fazer o dinheiro render para sempre) tinha desmoronado. Não era de admirar que estivessem tendo dificuldade para permanecer engajados, motivados e confiantes, nem que seu desempenho estivesse caindo.

Foi então que notei que os funcionários e os líderes que conseguiram se manter produtivos e até se destacaram em meio ao caos foram os que levaram menos tempo para abandonar essas crenças predeterminadas sobre como o mundo deveria ser. Foram as pessoas que viram com clareza a possibilidade da existência de outras realidades além daquela à qual elas haviam se acostumado (talvez uma nova realidade na qual morariam em um apartamento pequeno, mas perfeitamente confortável, em vez de uma mansão; talvez uma realidade na qual teriam de apertar um pouco o cinto, em vez de sair esbanjando sem pensar...) e tomaram a decisão consciente de aceitar essas realidades em vez de fugir delas. Ficou mais do que claro que as pessoas que aceitaram a nova realidade se recuperaram, enquanto as que se agarraram obstinadamente à antiga ficaram atoladas em um lamaçal de impotência e derrota (assim como, se aquele comandante tivesse usado o piso do submarino como ponto de referência para sua realidade, ele teria tido muita dificuldade de conduzir um submarino de 1 bilhão de dólares).

Foi esse insight que me levou a investigar como a primeira habilidade do gênio positivo poderia ajudar as empresas a permanecer lucrativas e os funcionários, engajados e produtivos em meio a um dos maiores "Angles and Dangles" econômicos que já vimos.

Repensando o estresse

Todo mundo já passou por isso. Sem conseguir pregar os olhos à noite, sentindo o peso da tensão, com a cabeça cheia de pensamentos. Nosso corpo está desesperado para dormir, mas a mente não consegue desligar. Eu estava tendo uma dessas noites quando tive a ideia para o estudo que viria a ser publicado em destaque na *Harvard Business Review*.[3]

Eu tinha ido para a cama à meia-noite. Às 2 da manhã, ainda estava acordado, totalmente estressado com o livro que estava tentando escrever (que, ironicamente, era sobre felicidade). Na tentativa de relaxar um pouco, abri meu laptop e comecei a ver vídeos do satírico programa de notícias *The Daily Show*. Um anúncio de um famoso remédio para dormir saltou na tela, prometendo que, se eu tomasse a pílula, pegaria imediatamente no sono. "Ótimo, estou dentro!" Depois, nos 40 segundos seguintes, uma voz tranquilizadora me informou que, se eu tomasse a pílula, também poderia ter convulsões, um ataque cardíaco súbito, alucinações, níveis extremos de raiva, engolir a língua ou cometer suicídio. Depois de um anúncio como esse, eu sabia que, se tomasse a pílula, ficaria estressado demais com os possíveis efeitos colaterais para conseguir pegar no sono. No começo, achei que fosse uma piada do programa, mas depois vi que era um anúncio real. Foi quando me dei conta de que aquele anúncio era muito parecido com todos os treinamentos corporativos e palestras sobre o estresse no trabalho.

Nos últimos 40 anos, as empresas vêm contratando instrutores e coaches para tentar reduzir os níveis de estresse de seus funcionários (a ideia é que um funcionário menos estressado é mais produtivo e eficiente, sem falar na redução dos custos com doenças). Para convencer as empresas e os funcionários a levar o estresse a sério, a maioria desses instrutores e coaches enfatiza uma realidade bem sombria sobre o estresse, com destaque para os seguintes efeitos colaterais:

- O estresse tem relação com as seis principais causas de morte.[4]
- Entre 70% e 90% das consultas médicas se devem a problemas de saúde relacionados ao estresse.[5]
- O estresse afeta negativamente a maioria dos órgãos do corpo humano.[6]

Depois do treinamento, eles dizem: "Tenham um bom dia e tentem não se estressar!". Só pode ser uma brincadeira! É como um piloto de avião anunciando aos passageiros que o motor está fazendo um barulho estranho e em seguida instruí-los a relaxar.

Se você for como eu, depois de ouvir essa lista de efeitos colaterais, voltaria a seu cubículo apertando com todas as forças a bola antiestresse e pensando: "Calma! Sem estresse! Sem estresse!". Passaria o dia todo estressado, tentando não se estressar, o que, ironicamente, deve levar seu chefe, preocupado, a mandá-lo fazer mais treinamentos sobre estresse para aprender que o estresse faz mal!

Não há dúvida de que o estresse pode prejudicar nosso trabalho e nossa saúde. Inúmeros livros e periódicos científicos inteiros são dedicados ao tema, mas as pesquisas sobre estresse não se limitam a isso. Na verdade, uma montanha de estudos mostra que, se bem administrado, o estresse pode até *melhorar* nosso desempenho e nosso bem-estar como um todo. Existe uma realidade alternativa, porém igualmente verdadeira, na qual o estresse faz bem.

Eu estava convencido de que focar apenas nos efeitos negativos do estresse só deixava as pessoas mais estressadas (assim como pensar nos efeitos colaterais de um remédio para dormir me impediria de dormir à noite). Virando de um lado para o outro na cama, fiquei me perguntando o que aconteceria se mudássemos a maneira como pensamos sobre o estresse, focando nos efeitos positivos, não nos negativos. Assim como no submarino o chão nem sempre está embaixo, o estresse nem sempre é debilitante. Se pudéssemos usar as ferramentas do gênio positivo para mudar o modo como *percebemos* o estresse, será que não poderíamos reduzir os efeitos negativos dele sobre o cérebro e o corpo? Para testar essa teoria, Ali Crum e Peter Salovey, os pesquisadores de Yale, e eu trabalhamos com os líderes seniores da UBS e recrutamos 380 gerentes para ajudar a testar a possibilidade de transformar o estresse de algo negativo em algo positivo apenas desenvolvendo na pessoa sua capacidade de ver essa realidade alternativa e igualmente verdadeira.

Crum e eu exibimos diferentes vídeos de três minutos para dois grupos de gerentes da UBS. O primeiro grupo viu um vídeo contendo as estatísticas mencionadas anteriormente, que costumam ser citadas em treinamentos corporativos sobre estresse, bem como outras constatações, como as seguintes:

- Em um dia útil qualquer, estima-se que um milhão de trabalhadores faltem ao trabalho devido a problemas relacionados ao estresse.[7]
- "Os efeitos do estresse sobre a reprodução, o crescimento e a imunidade do corpo humano fazem com que o estresse seja uma ameaça à sobrevivência da humanidade."[8]

O segundo grupo assistiu a um vídeo que mostrava uma realidade diferente, com foco em descobertas de estudos científicos sobre como o estresse pode ajudar o cérebro a usar mais recursos, melhorar a memória e a inteligência e até ajudar o corpo a se recuperar de uma lesão:

- Hormônios liberados na resposta ao estresse melhoram o desempenho em tarefas cognitivas e que usam a memória.[9]
- O estreitamento da perspectiva induzido pelo estresse mobiliza recursos de atenção e pode aumentar a velocidade na qual o cérebro processa informações.[10]

- O estresse pode melhorar o bem-estar psicológico ao afetar positivamente os processos biológicos envolvidos na recuperação física e na imunidade.[11]
- Constatou-se que, em alguns casos, o estresse e as adversidades facilitam o desenvolvimento da resistência mental, a formação de vínculos sociais mais profundos, o fortalecimento das prioridades e a noção do que é significativo, um fenômeno chamado de crescimento pós-traumático.[12]

É importante reconhecer que esses fatos científicos, embora muito menos conhecidos, *são igualmente verdadeiros*. Pesquisas indicam que o estresse, mesmo em níveis elevados, cria maior resistência mental, relacionamentos mais profundos, mais conscientização, novas perspectivas, uma sensação de domínio, mais valorização da vida, uma noção mais clara do que é significativo e o fortalecimento das prioridades. Além disso, médicos da Universidade Stanford descobriram que, como o estresse provoca a liberação de hormônios de crescimento, que ajudam a reconstruir células, sintetizar proteínas e aumentar a imunidade, se uma pessoa passar por uma resposta ao estresse antes de uma cirurgia no joelho, ela se recupera em muito menos tempo. Esses são os fatos nos quais focamos o segundo vídeo ("o estresse é benéfico").[13]

Apenas uma semana depois, voltamos a reunir os grupos. Para averiguar como os dois vídeos tinham afetado os níveis de estresse, avaliamos os funcionários usando várias ferramentas, incluindo a Stress Mindset Measure – SMM [Medida da mentalidade relacionada ao estresse], a Escala de desempenho no trabalho, o Inventário da qualidade de vida e o Mood and Anxiety Symptom Questionnaire – MASQ [Questionário de sintomas de ansiedade e estado de ânimo], este último, composto de 77 perguntas para avaliar os sintomas físicos e relacionados ao estado de ânimo. Essas são algumas das melhores ferramentas que os psicólogos têm à sua disposição para avaliar a saúde e o estresse. Os resultados do nosso estudo foram interessantíssimos.

O grupo que assistiu ao vídeo que destacou os efeitos benéficos, e não debilitantes, do estresse relatou uma queda de 23% nos sintomas físicos associados à angústia (como dores de cabeça, dor nas costas, fadiga). Além disso, em uma escala de 1 a 4, a produtividade passou de 1,9 para 2,6 (um aumento de quase 30%).

Encorajados por esses resultados, Crum e eu treinamos 200 gerentes em um programa que batizamos de "Repensando o Estresse", voltado a mostrar como, em vez de se estressar com o estresse, eles poderiam usá-lo em seu benefício no trabalho. O processo envolveu três etapas: conscientizar-se do estresse, procurar o *significado* por trás do estresse (por exemplo, "Estou estressado com este projeto porque sei que vou ser promovido se ele for um sucesso") e em seguida, e mais importante, canalizar a resposta ao estresse para melhorar a motivação e a produtividade. Os efeitos desse experimento foram ainda mais impressionantes. O nível de estresse não só diminuiu como passou a ser mais benéfico, como demonstram a maior eficácia e a melhor saúde dos gerentes. E tudo isso porque eles foram capazes de enxergar a realidade alternativa na qual o estresse podia ter efeitos positivos sobre o cérebro e o corpo.

A lição a ser aprendida é esta: pare de combater o estresse. *O estresse é uma resposta do tipo "lutar ou fugir", e você só piora a situação quando luta ou foge do estresse.* Ao contrário, quando se vir estressado, reconheça que o estresse pode melhorar muito a sua produtividade e o seu desempenho. Depois, pense no *significado* por trás do seu estresse. É fácil fazer isso, já que você não ficaria estressado com algo que não faz sentido para você. Por exemplo, você está estressado com o trabalho porque é importante para você sustentar a família, viajar e conhecer lugares novos ou influenciar o mundo. Quando desvinculamos o significado da atividade, nosso cérebro se rebela. Então, se você está estressado por causa de uma entrevista de emprego, concentre-se nas suas chances de avançar profissionalmente, e, se estiver estressado por causa de uma apresentação que precisa fazer em uma empresa, pense em como seu envolvimento nesse trabalho está fazendo a diferença. Ali Crum usa um excelente truque para se lembrar de não combater o estresse, mas sim de aceitá-lo. Ela usa maçanetas de portas como pontos de ancoragem mentais. Por exemplo, sempre que abre uma porta para entrar em uma reunião, uma palestra ou uma entrevista de emprego, ver a maçaneta leva seu cérebro a pensar na possibilidade de que qualquer estresse que possa estar sentindo naquela situação poderia melhorar seu desempenho. Tente criar seus próprios pontos de ancoragem para se lembrar de não combater o estresse que possa vir a sentir em algumas situações no trabalho.

Não estou dizendo que o estresse é *sempre* positivo, nem estou tentando refutar os estudos que mostram que o estresse de fato tem efeitos negativos. Só quero mostrar que existem diferentes maneiras de enxergar os efeitos do estresse e que a sua visão a esse respeito pode determinar a resposta que você manifestará. O estresse no trabalho é uma realidade. Como Bill Belichick, o técnico do time de futebol americano Patriots, gosta de dizer: "É o que é". *Mas, apesar de o estresse ser inevitável, seus efeitos negativos não são.*

O experimento da xícara de café

Ser filho de um neurocientista tem vantagens e desvantagens. Por um lado, você aprende bons hábitos, como sempre usar um capacete ao andar de bicicleta. E ninguém pode lhe dar mais medo de usar drogas do que alguém capaz de lhe mostrar o cérebro corroído de um viciado.

As desvantagens são que você nunca vai ter a chance de ser um jogador de futebol americano profissional (e eu cheguei tão perto!) e é usado como cobaia em experimentos. Muitos experimentos.

Veja um exemplo de um experimento inofensivo, parecido com aquele do qual meu pai me fazia participar quando eu, ainda menino, ia a seu escritório (vou poupá-lo dos detalhes traumáticos), e que pode ajudá-lo a treinar seu cérebro para ver diferentes realidades. Ele é chamado de "experimento da xícara de café". Note que esse experimento não requer nenhuma ingestão de cafeína, provavelmente a razão pela qual minha mãe permitiu que eu fosse (tenho certeza de que participei de alguns experimentos dos quais ela só foi ficou sabendo depois).

> Experimento: pegue um guardanapo ou folha de papel agora e desenhe uma xícara de café e um pires.

Parece fácil, não é mesmo? Mas você se surpreenderia. Alguns anos atrás, fiz esse experimento com gerentes da consultoria financeira Morgan Stanley Smith Barney, e os desenhos foram... como posso dizer isso sem ofender ninguém? Gatos com problemas visuais e mobilidade reduzida, sem o menor treinamento artístico, teriam desenhado um pouco melhor. Sem dúvida, o processo de seleção da MSSB não se baseia nas habilidades artísticas dos candidatos.

Mas, quando repeti o experimento, desta vez instruindo explicitamente os líderes da MSSB para que "fossem criativos", eles se saíram um pouco melhor (embora ainda não conseguissem realmente desenhar). Agora, em vez de xícaras normais, recebi imagens de xícaras que lembravam o Santo Graal falso de *Indiana Jones* ou com uma asa no formato de um estiloso dragão. Eles desenharam xícaras pequenas, xícaras grandes e muitas delas com inscrições, como a caneca do "Melhor Chefe do Mundo", do meu comandante da Marinha. Cada um dos 200 participantes desenhou uma xícara completamente diferente, com formatos, tamanhos e padrões totalmente únicos.

Mas, apesar de toda a individualidade, os desenhos tinham uma coisa em comum: todos eram vistos de lado, não de cima. Todos, sem exceção.

Estudos constataram que, quando a maioria das pessoas desenha uma xícara de café, fazem isso da lateral, não de cima.[14] Por que será? Todo mundo sem dúvida já viu uma xícara de café de cima. Então, por que nenhum daqueles gerentes pensou em desenhar a xícara vista de cima?

Isso nos leva de volta ao prisma do sucesso. Quando tentamos resolver um problema usando só um tipo de inteligência, podemos até enxergar diferentes soluções (ou, no caso, estilos diferentes de xícaras), mas continuamos enxergando a partir de uma única *perspectiva*. É só quando combinamos nossas diferentes inteligências que podemos ver a realidade de uma gama completa de perspectivas.

Praticar a sua própria versão do experimento da xícara de café pode ajudá-lo a fazer exatamente isso. Não precisa ser uma xícara de café, evidentemente. Pense em qualquer objeto comum, do dia a dia, e tente fazer o maior número de versões que puder imaginar. Pense não só em diferentes formas, tamanhos e desenhos, mas em diferentes ângulos e pontos de vista vantajosos. No começo, pode parecer um exercício bobo, mas vai valer a pena desenvolver essa habilidade porque o ajudará a usar toda a gama de inteligências para enxergar detalhes, conexões e soluções que mais ninguém vê.

Para fazer isso, porém, você precisa dominar a estratégia 2: incluir pontos de vista vantajosos.

Estratégia 2: inclua pontos de vista vantajosos

Se você entrar na seção de arte medieval do Instituto de Artes de Chicago, vai notar que alguma coisa está terrivelmente errada. Sua visão parecerá distorcida, como se você tivesse tomado duas caipirinhas no almoço. Mas, se passar um tempo lá, vai começar a perceber que a causa da vertigem artificialmente induzida são os quadros. Os leitores que gostam de arte vão saber imediatamente por que isso acontece. As pinturas não têm perspectiva. Não estou dizendo que os artistas medievais não tinham inteligência emocional nem insights. *Estou dizendo que, mesmo com as mais profundas emoções e insights, as pinturas daqueles artistas literalmente careciam da profundidade criada pela perspectiva.* Os artistas daquela época tinham dificuldade para retratar o mundo em três dimensões em uma tela bidimensional. Se você pinta ou desenha, já deve saber por quê: são necessários diferentes pontos de vista vantajosos para pintar em três dimensões. E, sem essa terceira dimensão, a pintura toda fica desproporcional: objetos distantes parecem do mesmo tamanho que objetos no primeiro plano e vice-versa. Sem a perspectiva em profundidade, é impossível ver o que é realmente grande e o que é pequeno, o que está perto e o que está longe.

No mundo do trabalho de hoje, muitos de nós sofrem de uma falta de perspectiva semelhante, o que compromete seriamente nossa capacidade de ver o mundo nas proporções certas. Assim como as pessoas parecem praticamente (e de um jeito um tanto quanto ridículo) do mesmo tamanho que as construções naquelas pinturas medievais, muitos de nós enxergamos equivocadamente os aspectos positivos e negativos da nossa vida como mais ou menos iguais em termos de tamanho e importância. Por exemplo, muitas vezes um pequeno contratempo (como perder um só cliente ou pisar na bola em um pequeno detalhe de um projeto) pode parecer desproporcionalmente grande e muito mais importante do que conquistas e sucessos maiores, como o cliente grande com quem acabamos de fechar um contrato ou os cinco últimos projetos que concluímos com sucesso. Em 2011, trabalhei com uma empresa londrina que tinha recebido "uma estrela" em um sistema de avaliação de três estrelas (em que ganhar três estrelas indicava os níveis mais elevados de engajamento dos funcionários). A empresa tinha contratado alguns dos melhores talentos do setor e feito sucessivas avaliações 360 graus na tentativa de melhorar a inteligência emocional dos funcionários. Então, por que os funcionários estavam tão desanimados no trabalho? O problema é que faltava perspectiva à imagem que tinham da realidade.

Muitos funcionários só viam a conjuntura econômica atual, que os forçava a trabalhar muito, mas sem conseguir fechar muitas vendas. Estavam vendo muitos de seus líderes abandonando o barco e indo para alguma outra empresa. Entendiam que nada tinha mudado no último ano e que as margens de lucro não tinham aumentado nos últimos dois. Do mesmo modo como um pintor medieval não conseguia criar uma imagem tridimensional do mundo, muitos funcionários daquela empresa estavam presos em uma realidade bidimensional. O que estavam deixando de enxergar era que, apesar de os números não terem mudado, estavam vendendo mais que todos os concorrentes, até os muito maiores. Além disso, estavam ignorando completamente o fato de que os líderes que tinham saído da empresa não passavam de pesos-mortos, sem compromisso com a organização, e que, na verdade, a saída deles deixava mais espaço para os verdadeiros talentos subirem na empresa. E muitos dos funcionários estavam deixando de reconhecer o fato incrível de que suas vendas não tinham caído durante a maior recessão econômica da história recente. Se tivessem visto o mundo a partir desses pontos de vista vantajosos, teriam sido capazes de enxergar uma realidade muito positiva e robusta, na qual faltava muito pouco para voltarem a crescer.

A perspectiva está nos detalhes

Por ser formado em Harvard, tento não falar muito de Yale. Se você não tem nada de bom para dizer... você sabe. Mas tem uma coisa que eles fazem direito. Meu cunhado estudou na Faculdade de Medicina de Yale e, em meio a seu treinamento médico incrivelmente intenso, um professor levou a turma a um museu de arte. O objetivo não era expor os estudantes à cultura (se tivessem interesse em cultura, nem teriam entrado em Yale). A verdadeira razão para tirar a turma da sala de aula foi ensinar a importância da perspectiva e ajudar os alunos a treinar o cérebro para incluir pontos de vista vantajosos a fim de poder ver o mundo em várias dimensões.

Foi uma aposta ousada pegar futuros médicos ocupadíssimos, que estavam aprendendo os segredos da biologia e da anatomia para salvar vidas humanas e curar doenças como o câncer, e forçá-los a ver pinturas centenárias e diagnosticar as pessoas retratadas. Mas, de acordo com Irwin Braverman, professor da Faculdade de Medicina de Yale, e Linda Friedlaender, curadora do Centro de Arte Britânica de Yale, o exercício ajudou os médicos a melhorar uma habilidade que efetivamente poderia salvar vidas. Como um estudante de medicina relatou: "Comecei a notar coisas que meus olhos simplesmente não viam. Ao analisar as pinturas mentalmente e com os colegas, pude enxergar uma história mais completa, que *me possibilitou reunir as peças e formar uma imagem mais próxima da realidade*".[15]

E o sucesso do experimento foi além dos relatos de satisfação dos participantes. Segundo o *Journal of the American Medical Association*, os alunos que participaram daquela aula *melhoraram em nada menos que 10% sua capacidade de identificar detalhes médicos importantes*.[16] E, depois que conseguiram enxergar essa gama mais ampla de detalhes, puderam alavancar seu QI, seu QE e todas as outras habilidades cognitivas para reunir esses detalhes e enxergar relações que não percebiam antes. Em outras palavras, esses detalhes foram os pontos de vista vantajosos que ampliaram sua perspectiva e lhes possibilitaram atingir mais sucesso no trabalho.

Vejamos, por exemplo, o caso de uma paciente que teve um derrame e ficou cega de um olho. Quando ela foi ao hospital de Yale em New Haven para fazer um exame, os médicos, como seria de se esperar, se concentraram no olho ruim. Eles presumiram que a cegueira tinha resultado de uma obstrução causada pelo derrame até que um dos médicos exclamou: "Meu Deus, vejam os lábios dela!"[17] (Só abrindo um parênteses aqui, devo sugerir que os médicos também são ensinados a não usar expressões como "Meu Deus!" ou "Mas que diabos é isso?" ao examinar um paciente.) Ao olhar para os lábios da paciente, aquele médico notou algo que os outros tinham deixado passar: um sinal claro de uma doença chamada telangiectasia hemorrágica hereditária, que é fatal se não for diagnosticada a tempo. Ao olhar para a situação de outros pontos de vista vantajosos, aquele médico literalmente salvou a vida da paciente.

Na medicina, como em todas as profissões, é fácil apegar-se a ver as coisas de um único ponto de vista vantajoso. Mas, ao treinar o cérebro para ver mais pontos de vista vantajosos, aqueles alunos aprenderam a abordar os problemas com uma perspectiva mais ampla e profunda. Hoje, mais de uma década depois, todos os calouros de medicina de Yale precisam participar dessa aula de arte, e mais de 20 outras faculdades de medicina também adotaram o curso.

A capacidade de identificar e reunir detalhes tem um valor enorme em qualquer profissão ou área de atuação. Por isso, não fique esperando de braços cruzados! Leve sua equipe inteira em uma excursão a um museu de arte! Ou vá com sua família neste fim de semana. Peça para o guia mostrar detalhes das pinturas ou esculturas e pratique ver as obras de arte de diferentes ângulos e pontos de vista vantajosos. É claro que se trata de mais do que uma visita a um museu. A ideia é desenvolver conscientemente habilidades que melhorarão muito o desempenho de sua equipe e a capacidade do seu cérebro de criar realidades multidimensionais. Como a capacidade de ver 10% mais detalhes no seu trabalho melhoraria o seu desempenho? Aposto que vai valer muito a pena passar uma tarde no museu.

Veja outro exercício simples para ajudá-lo a incluir pontos de vista vantajosos na sua vida profissional. Vou fazer uma pergunta aparentemente simples. O que você acha do seu trabalho neste momento? Anote sua resposta em um papel. Agora, pare por um momento para pensar sobre o que acabou de escrever. A sua versão da realidade deixou de fora alguns detalhes importantes? Se você mencionou um ambiente de trabalho volátil, será que também mencionou oportunidades de promoção? Se falou que tem uma carga de trabalho grande demais, será que também mencionou sua autoridade e responsabilidade no trabalho? Se mencionou altos níveis de estresse, será que também mencionou sua rede social de apoio e seu bom relacionamento com os colegas? Agora, usando apenas afirmações verdadeiras, descreva a mesma situação no trabalho de outra perspectiva. Por fim, escreva uma *terceira* versão da sua vida no trabalho que não inclua nenhum dos detalhes que você mencionou nas duas primeiras realidades. Não vai ser fácil e você vai ter de forçar um pouco o cérebro, mas não desista. Essa lista talvez inclua a chance de ajudar pessoas com o seu trabalho. Ou sua missão de atender bem os clientes. Ou a empolgação de abrir um novo negócio ou inventar um novo produto. O objetivo aqui é ver três realidades, todas construídas com base em fatos.

Incluir pontos de vista vantajosos o ajudará a ver novas possibilidades para aproveitar, novos caminhos empreendedores para seguir, novas necessidades de clientes para satisfazer, novas oportunidades de negócios para explorar e novas soluções para os problemas... antes que outras pessoas tenham consciência disso tudo. Além do mais, enxergar a realidade a partir de ângulos diferentes não só lhe possibilitará abrir os olhos para uma gama mais ampla de oportunidades, ideias e soluções como também o ajudará a fazer conexões mais profundas com sua equipe, empresa e família.

Em 2009, trabalhei com milhares de profissionais do mercado financeiro que estavam furiosos por não terem recebido o bônus naquele ano e deprimidos com o colapso do setor. Um diretor executivo de um dos maiores bancos de Nova York me contou que tinha encontrado um jeito de conseguir a tão necessária perspectiva. Naquela noite, em vez de levar a família para jantar em um restaurante chique, como sempre fazia, reclamando o tempo todo da crise e se ressentindo das pessoas ao redor que talvez tivessem ganhado bônus, ele levou a esposa e os filhos a um local de distribuição de comida para os menos privilegiados. Deu para ouvir o orgulho voltando para sua voz quando ele contou a sensação de ver seus filhos, que tinham todos os brinquedos do mundo, conhecerem um menino de 8 anos que estava celebrando o aniversário na fila do sopão.

Quando esse executivo voltou ao trabalho, os fatos objetivos não tinham mudado (ele não tinha recebido o bônus, a economia continuava em baixa), mas sua realidade tinha sido alterada por aquele novo ponto de vista vantajoso. Agora, ele era capaz de ver mais pontos positivos em sua situação, como o fato de gostar da companhia dos colegas e o fato de seus filhos admirarem o trabalho que ele fazia. Se você puder abrir os olhos para mais detalhes positivos, não só desenvolverá seu gênio positivo como também contará com a melhor proteção possível contra épocas de dificuldade.

Se estiver tendo dificuldade para enxergar detalhes no seu mundo que talvez não tenha percebido antes, também é interessante mudar seus padrões. Vá para o trabalho por um caminho diferente ou faça questão de conversar todo dia com uma pessoa com quem normalmente não conversaria. Você pode até tentar ir almoçar em um restaurante diferente ou, em vez de se reunir com um cliente, marcar uma reunião com alguém que optou por *não* comprar seu produto. O pesquisador Richard Wiseman, em seu livro *O fator sorte*, diz que, se o seu trabalho for colher maçãs e você continuar voltando às mesmas macieiras todos os dias, mais cedo ou mais tarde ficará sem maçãs.[18] Quanto mais você se desviar de seus padrões, mais fácil vai ser encontrar novos pontos de vista vantajosos.

Ganhando perspectivas enquanto dorme

Em 2011, depois de passar um mês viajando para apresentar minhas pesquisas em sete países da América Latina, voltei a Boston, que estava coberta de neve, e a cidade me pareceu muito mais fria. E não estou falando só da temperatura. Pesquisas revelam que uma das razões para os maiores índices de resiliência e otimismo entre os trabalhadores da América Latina é a extraordinária rede social de apoio que eles têm com colegas de trabalho, família e amigos.[19] Meu avião aterrissou em Boston, mas minha família e minhas raízes estavam no Texas. As pesquisas acertaram em cheio: sem a minha rede de apoio, eu não só era menos feliz, como menos produtivo, menos motivado e menos eficiente no trabalho. Então, assim que o exaustivo semestre terminou, levei minha pesquisa para San Antonio, no Texas.

Quando desembarquei no aeroporto de San Antonio, o percurso de carro até a casa da minha irmã foi pavoroso. Lembro-me de ter ficado chocado com a desolação da paisagem. As árvores eram escassas e mirradas. Como o solo só tem pouco mais de 2 centímetros de profundidade, o chão é praticamente rochoso e, depois de ter passado cinco meses na arborizada cidade de Cambridge (na região metropolitana de Boston), a paisagem texana me pareceu estéril e medonha. Os edifícios pareciam atarracados e distantes uns dos outros. Fiquei me perguntando por que eu decidira sair da exuberante região da Nova Inglaterra, pontuada de catedrais, para aquela terra devastada.

O que eu vi era desolador, mirrado e, sinceramente, deprimente. Dificilmente uma perspectiva positiva e favorável ao crescimento. Aquele não era o Texas das minhas lembranças de infância. Será que meu cérebro estava me pregando uma peça ou alguma outra coisa estava acontecendo?

Depois de uma boa noite de sono, contudo, comecei a ver detalhes diferentes ao meu redor. As árvores me pareceram um pouco mais altas. Notei áreas verdes por toda parte, até mais do que em Boston. Em vez de me concentrar nos trechos de rochas expostas, fiquei impressionado ao ver como a vida podia crescer em solo tão rochoso. Comecei a notar as flores silvestres e os beija-flores. O céu pareceu-me ainda maior e mais azul do que em Boston. De repente, me vi em um paraíso de luz e cor. Naturalmente, San Antonio não tinha mudado. Minha perspectiva, sim.

Foi quando percebi que, no momento em que desembarquei no aeroporto, eu estava havia 36 horas acordado, trabalhando em um projeto e, ainda por cima, sofrendo os efeitos do *jet lag* depois de uma rápida viagem de trabalho à Europa. Analisando os estudos a respeito, confirmei que nossa capacidade de ver os detalhes positivos pode, de fato, ser muito reduzida pela fadiga. Um dos estudos de que mais gosto constatou que, se memorizar grupos de palavras positivas, neutras e negativas e dormir de sete a oito horas, você se lembrará de cerca de 80% das três listas um dia depois. Se perder uma noite de sono e ficar acordado por 36 horas, como eu fiz, você ainda vai se lembrar da maioria das palavras negativas e neutras, mas lembrará 59% menos palavras positivas![20] Isso acontece porque seu cérebro interpreta a falta de sono como uma ameaça ao sistema nervoso central, entra em alerta máximo e passa a escanear o mundo em busca de ameaças adicionais (ou seja, pontos negativos).

Portanto, se você quiser enxergar os detalhes que ajudarão seu cérebro a mobilizar toda a gama de recursos intelectuais e emocionais, primeiro dê um jeito de dormir de sete a oito horas por noite. Em segundo lugar, o *momento* da decisão, da apresentação ou da venda faz uma grande diferença. Um novo estudo fascinante mostra que logo antes do almoço é o pior momento para se perceber detalhes positivos.[21] Em um estudo sobre audiências do conselho de liberdade condicional, pesquisadores da Faculdade de Administração da Universidade Columbia descobriram que, logo depois do almoço, os juízes concederam liberdade condicional a 60% dos infratores, mas que, pouco antes do almoço, com o estômago roncando, eles concederam a liberdade condicional a apenas 20% dos requisitantes. Os casos analisados foram, naturalmente, iguais, e a única diferença que determinou se os juízes optaram por focar nos detalhes positivos ou negativos deles foi a hora do dia. Isso acontece porque, quando temos pouco combustível, nosso cérebro se cansa e tem mais chances de ficar em alerta máximo em busca de ameaças, focando principalmente nos pontos negativos. Em determinados pontos baixos do nosso ciclo diário, literalmente vemos uma realidade mais negativa, que nos parece mais difícil de mudar.

Esse fato tem o poder de transformar a maneira como as empresas definem metas, tomam decisões e até conduzem conferências e reuniões. Pense em uma conferência ou um encontro anual típico. Eu vejo dezenas deles todos os anos e acho que a maioria é mais ou menos assim: depois do café da manhã, acontecem as monótonas apresentações das pessoas e a palestra do líder mais sênior (que em geral não é conhecido por sua habilidade como orador), seguida de um relato dos últimos acontecimentos e uma atualização das finanças. Em seguida, uma hora antes do almoço, entupimos as sessões com uma montanha de informações e metas. Finalmente, somos liberados para o almoço e reabastecemos nosso cérebro com glicose. Em seguida, ouvimos algumas novas ideias de fornecedores ou palestrantes, sem precisar fazer nada além de ouvir passivamente até as 15 horas, quando, bem na hora em que o nível de açúcar no sangue começa a cair de novo, nos dividimos em grupos para uma sessão de *brainstorming*. Por fim, lá pelas 16 ou 17 horas, antes do coquetel e do jantar, nos damos conta de que (como acontece em todas as reuniões) estamos atrasados e corremos para definir os planos e as metas para o próximo ano. Em outras palavras, os planos e as decisões mais importantes são deixados para o momento em que o cérebro tem menos glicose para usar. Estamos fazendo tudo ao contrário nessas reuniões! Em vez disso, se você for conduzir uma reunião, fazer uma apresentação ou até reunir uma pequena equipe para uma sessão de *brainstorming*, evite marcar o evento para logo antes do almoço ou do jantar. E, se você não tiver como controlar o agendamento e for obrigado a participar de uma reunião longa ou marcada para um horário ruim, leve alguma coisinha para comer! Você não só ficará mais positivo como também estará mais alerta e produtivo se puder repor regularmente os níveis de glicose do cérebro com alimentos saudáveis. Se quiser ver uma realidade única, fixa e negativa no trabalho, não durma o suficiente na noite anterior e tome decisões de estômago vazio. Se quiser encontrar a realidade mais valiosa, é preciso tomar medidas para garantir que seu cérebro tenha condições de enxergar novas possibilidades.

Transitando entre realidades

Não existe uma demonstração melhor da grande capacidade do cérebro de enxergar a realidade de diferentes perspectivas do que o triângulo de Kanizsa, um famoso experimento criado pelo psicólogo italiano Gaetano Kanizsa. (Quais são as chances de ele ter descoberto uma ilusão de óptica com o mesmo sobrenome que ele?)

O que você vê na imagem a seguir? De acordo com as pesquisas, você provavelmente viu primeiro o triângulo com o contorno em preto. Mas você também está vendo o triângulo branco? Depois de ver o triângulo branco, seu cérebro será capaz de alternar entre as duas perspectivas. Na verdade, você não vai conseguir ignorar o triângulo branco, agora que sua percepção se expandiu.

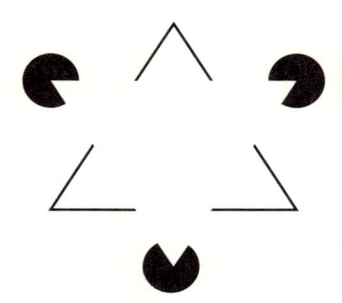

No estudo "Repensando o estresse", da UBS, descobrimos que duas realidades verdadeiras podem coexistir. E descobrimos que, se levarmos as pessoas a ver *as duas* realidades (não só a realidade de que o estresse é prejudicial, mas também a de que ele é benéfico), o estresse pode ter um efeito benéfico, em vez de prejudicial. Mas ser capaz de *enxergar* diferentes perspectivas e realidades é somente metade da história. Se quisermos aumentar nossas chances de sucesso, precisamos desenvolver a capacidade de *escolher a realidade mais valiosa*.

No campo da psicologia positiva, "a realidade mais valiosa" é definida como a realidade mais válida (verdadeira), útil (propícia aos melhores resultados) e positiva (que promove o crescimento). Na próxima seção, mostrarei como você pode avaliar as realidades que construiu e escolher a mais valiosa.

Estratégia 3: escolha a realidade mais valiosa

Nos anos 1950, a Kimball Electronics era famosa pelos pianos que fabricava. Os pianos da empresa eram um sucesso estrondoso, quer dizer, até os teclados eletrônicos entrarem na moda. Em vista disso, a Kimball investiu uma fortuna na produção de teclados eletrônicos, até a demanda repentinamente despencar. De determinado ponto de vista vantajoso, eles estavam num beco sem saída. Mas os líderes da Kimball adotaram uma perspectiva diferente e enxergaram uma oportunidade. Em vez de concluir que eram os líderes de um mercado moribundo, eles se viram na vanguarda de uma revolução eletrônica. Decidiram não focar nos déficits, mas nos recursos que tinham à disposição e com isso perceberam que tinham muitos especialistas em eletrônica com tempo livre para inovar. Assim, resolveram canalizar seus recursos e atividades a outras oportunidades e hoje produzem os sistemas de direção eletrônica da Fiat, fazem testes em sistemas de detecção e prevenção de ameaças para o exército e fabricam equipamentos eletrônicos para ajudar hospitais a medir os níveis de higiene. Uma realidade teria levado a uma divisão falida, enquanto outra levou a 50 anos de inovação e lucros. O que teria acontecido se eles só tivessem visto a realidade negativa?

Em 2010, o HSBC lançou uma campanha publicitária fantástica em aeroportos demonstrando o poder do cérebro para construir diferentes realidades baseadas no mesmo mundo externo. Nas paredes das pontes de embarque de vários terminais de aeroportos, o HSBC exibiu três imagens idênticas de uma cabeça careca com uma palavra diferente sobreposta a cada imagem. As palavras eram: estiloso, soldado e sobrevivente.

A palavra sobreposta à imagem muda o modo como você enxerga a pessoa? Uma palavra inspira mais compaixão, enquanto outra inspira mais admiração ou respeito? Nesse caso, pelo menos até certo ponto, as palavras direcionam o que pensar sobre a pessoa na foto, mas, no mundo real, o nosso próprio cérebro escreve palavras para rotular cada pessoa ou imagem que vemos. E as palavras e frases que nosso cérebro escreve sobre as pessoas, os projetos e os objetivos no trabalho mudam não só a nossa perspectiva, mas também nossa motivação, engajamento e criatividade.

Digamos que seu chefe entra no escritório. Uma pessoa com baixa inteligência positiva provavelmente verá palavras e frases como "estresse", "ameaça" ou "sou impotente". Outra pessoa, que aprendeu a incluir pontos de vista vantajosos, pode até enxergar alguns desses descritores, mas também verá outros, como "ser humano", "mentor", "oportunidade de impressionar" e "chance de ganhar uma promoção". Treinar o cérebro para adicionar mais pontos positivos às situações no trabalho melhorará sua flexibilidade mental e aumentará significativamente sua capacidade de encontrar e manter sua realidade mais valiosa em situações pessoais e profissionais de todo tipo.

Se você está sentindo que nenhum atributo positivo pode ser associado à sua equipe, empresa ou local de trabalho, isso significa que: ou (1) seu cérebro está deixando de perceber alguma coisa, ou (2) você precisa fazer algumas sérias mudanças na sua atual situação. *Essas são realmente as duas únicas opções.* Mas, depois de todo o trabalho que realizei ao longo dos anos, até em empresas que estavam enfrentando as maiores dificuldades, com líderes trabalhando sob uma pressão tremenda e com funcionários mais pessimistas, nunca vi um ambiente onde não se pudesse encontrar pontos positivos.

Tente fazer o seguinte experimento em casa. Concentre-se em um objeto e veja em quantos atributos, frases e rótulos para ele você consegue pensar em 30 segundos. Ignore a gramática e outras regras. A ideia é ser rápido. Cada descritor positivo vale +3 pontos e cada descritor negativo vale +1 ponto. Para ganhar os 3 pontos, o atributo deve ser ao mesmo tempo positivo e verdadeiro. Veja alguns exemplos:

Objeto: *sua caixa de entrada cheia de e-mails não lidos.*
Descritores: "Sobrecarga" (+1). "Fonte de estresse" (+1). "Relacionamentos" (+3). "Oportunidades de negócio" (+3). "Vício" (+1). "Oportunidade de elogiar ou receber elogios" (+3). "Ferramenta para o sucesso no trabalho" (+3). "Convite para o almoço" (+3). "Incrivelmente rápido" (+3). "Ferramenta" (+3). "Tarefa interminável" (+1). "Injeção de dopamina" (+3). "Registro de conquistas" (+3). "Novas ideias" (+3).

Objeto: *Pia cheia de louça suja.*

(É incrível ver quantas pessoas escolhem esse objeto quando proponho este exercício em palestras e aulas.)

Descritores: "Muito trabalho" (+1). "Bagunça" (+1). "Uma chateação" (+1). "Trabalho interminável" (+1). "Nada divertido" (+1). "Chance de me sentir produtivo" (+3). "Oportunidade de agradar" (+3). "Um jeito de demonstrar carinho" (+3). "Chance de não pensar em nada por um tempo" (+3). "Oportunidade de meditar por alguns minutos" (+3). "Gosto da sensação da água morna" (+3). "Cozinha limpa" (+3). "Um bom jeito de me sentir no controle" (+3).

Se você fez o experimento, pode estar se perguntando por que os descritores negativos também valem pontos. Afinal, se a ideia é reforçar nosso gênio positivo, não faria mais sentido não lhes atribuir ponto nenhum? Foi exatamente o que um líder de RH da Humana, uma grande seguradora de saúde em Louisville, Kentucky, me perguntou quando conduzi esse experimento na empresa. A pergunta faz muito sentido. Afinal, incluir os descritores negativos não facilita para o cérebro construir uma realidade em torno dos pontos negativos? Mas pesquisas demonstram que, embora elencar pontos negativos *demais* possa ser prejudicial, incluir *alguns* pode até ser útil. O que se percebeu depois é que o segredo está na proporção.

Índice de positividade

Pode parecer estranho vindo de um pesquisador da psicologia positiva, mas reconhecer os aspectos negativos do nosso mundo externo pode de fato ajudar bastante na adaptação – até certo ponto. Ter consciência dos pontos negativos pode nos levar a ações positivas e o simples exercício de procurá-los pode ajudar nosso cérebro a se tornar ainda mais flexível e ágil. Quanto mais o cérebro precisar se empenhar e trabalhar para examinar o mundo em busca de diferentes realidades, maior será sua criatividade, sua capacidade de resolver problemas e até sua empatia pelas pessoas que não veem o mundo do mesmo modo que você. Em 2012, dei uma palestra para um grupo de mil inspetores de segurança sobre a relação entre positividade e índices de sucesso. Depois da palestra, um homem me abordou e disse, desanimado: "Gostei da sua palestra, mas foi um tanto deprimente. Quero dizer, você falou para sujeitos cujo trabalho é fazer inspeções nas empresas e relatar todos os problemas que encontramos que poderiam provocar lesões ou até a morte de alguém e que vão custar milhões de dólares para consertar". Mas a ideia é exatamente essa. Não temos como resolver problemas se não treinarmos o cérebro para enxergá-los. Então, apesar de esse exercício atribuir mais pontos aos descritores ou fatos positivos do que aos negativos, os aspectos negativos não podem ser ignorados.

O problema é que o cérebro foi programado para naturalmente procurar e encontrar os aspectos negativos. Nós, seres humanos, já fazemos isso muito bem. Isso acontece porque, para sobreviver na savana, nosso cérebro primitivo tinha de reagir mais rápido a ameaças do que a emoções positivas, como felicidade ou gratidão. É por isso que normalmente o verdadeiro trabalho começa treinando nosso cérebro para encontrar os descritores positivos.

O segredo para atingir esse delicado equilíbrio é o que os cientistas chamam de *índice de positividade*. Um excelente estudo do matemático Marcial Losada e da psicóloga Barbara Fredrickson, da Universidade da Carolina do Norte, descobriu que, no ambiente de trabalho, a realidade mais valiosa é aquela que tem *pelo menos* uma proporção de 3:1 entre interações positivas e negativas (a chamada Linha de Losada). Em um estudo, equipes de trabalho reais foram observadas em laboratórios nas cidades americanas de Cambridge e Ann Arbor. Quando os números de elogios e críticas (feedbacks positivos e negativos) recebidos pelos membros da equipe foram computados e a proporção de interações positivas e negativas foi calculada, verificou-se que, quando o índice P/N era maior do que 2,901 para 1, as equipes produziam lucros bem maiores e tinham melhores avaliações 360 graus. Abaixo desse índice, o engajamento despencava e os índices de rotatividade aumentavam. De fato, Losada constatou que as equipes que apresentaram o melhor desempenho tiveram um índice de 6:1.[22] Então, se você ou sua equipe estiverem passando por dificuldades, aumente a proporção de interações positivas. Podem ser coisas simples como elogiar alguém ou levar biscoitos para o trabalho.

Curiosamente, Fredrickson descobriu que 3:1 foi a proporção na qual as pessoas também começavam a prosperar fora do trabalho. Suas pesquisas revelaram que, quando as pessoas têm três pensamentos positivos para cada pensamento negativo, elas são mais otimistas, mais felizes e se sentem mais realizadas (2:1 foi considerado "abatido" e 1:1, "deprimido").[23] Um velho ditado diz que "as más notícias vêm em três". Em vez de se limitar a aceitar esse ditado deprimente, tente equilibrar cada má notícia com três notícias boas.

Mas o que explica uma proporção tão distorcida? Um ponto positivo não deveria neutralizar outro negativo? Nada disso. Pesquisas afirmam enfaticamente que, como tendemos naturalmente a dar mais peso aos pontos negativos, precisamos de mais pontos positivos para equilibrá-los.[24] Todo mundo já passou por isso. Por exemplo, quando recebe feedback sobre um projeto, você pode ouvir vários elogios, mas mesmo assim o seu cérebro vai focar "naquele pequeno detalhe que poderia ser melhorado". Muitos líderes com os quais trabalhei admitiram timidamente que, quando repreendem injustamente um funcionário ou dão mais trabalho a um que já está sobrecarregado, eles acham que podem compensar tais atitudes com um elogio ou uma brincadeira. Não é o caso. A liderança positiva requer um índice de positividade de pelo menos 3:1.

Certa vez, quando conduzi esse exercício em uma consultoria financeira, um consultor especialmente negativo tentou superar os colegas positivos anotando o maior número possível de descritores de sua situação no trabalho nos 30 segundos dedicados à atividade. Mas, devido à sua proporção de pontos negativos para positivos de 3:1, ele precisaria escrever nove pontos negativos em 30 segundos para "vencer o jogo", enquanto os gênios positivos só precisariam de três pontos positivos. É como aquelas propagandas de cereal matinal: "Você teria de comer 16 porções do cereal do concorrente para obter todos os nutrientes de uma única porção do nosso cereal". Ao construir realidades alternativas, alguns pontos positivos têm muito mais peso do que uma longa lista de pontos negativos.

Um princípio parecido também se aplica a relacionamentos românticos e você pode não se surpreender ao saber que, nesse âmbito da vida, a necessidade de ser positivo é ainda maior. Com base em décadas de pesquisas, o psicólogo e guru dos relacionamentos John Gottman descobriu que é preciso manter uma proporção de pelo menos *5:1* entre experiências positivas e negativas para manter um relacionamento saudável, e que os parceiros com um índice mais baixo que esse apresentam uma taxa consideravelmente mais alta de divórcio.[25] Assim, quando o marido diz algo que magoa a esposa, não vai adiantar levar flores para ela no dia seguinte. Se ele realmente quiser reparar a ofensa, vai precisar comprar flores para ela não uma, mas (sinto dizer) *cinco vezes*! Além do mais, um estudo de Gottman com 700 casais recém-casados revelou que essa proporção pode ser usada para prever, com uma taxa de precisão impressionante de 94%, se o casal continuará casado ou se divorciará depois de dez anos.

Tanto no trabalho quanto em casa, se todo mundo só tiver acesso a uma versão da realidade, todos saem perdendo. Você só vai poder escolher a realidade mais propícia se ficar de olhos abertos para muitas realidades, tanto positivas quanto negativas, nas proporções certas. Em outras palavras, quanto mais interpretações do mundo você conseguir enxergar, maior vai ser sua capacidade de construir o prisma do sucesso para alcançar os melhores resultados.

Superando seus pontos cegos

O ponto cego é a área que fica na parte de trás do globo ocular onde não há receptores e, portanto, não é capaz de absorver a luz que entra no olho. Todos nós o temos. Nem chegamos a nos conscientizar dessa lacuna no nosso campo de visão porque o cérebro *inventa* informações para preenchê-la. Mas o ponto cego na nossa visão do mundo está sempre lá.

No ambiente de trabalho, todos nós também temos pontos cegos que distorcem nossa perspectiva e prejudicam nossa capacidade de ver e escolher a realidade mais valiosa.

Em um artigo fascinante publicado na *Bloomberg Businessweek*, a dra. Loretta Malandro cita alguns pontos cegos mais comuns que atrapalham nossa evolução profissional.[26] Segundo ela, o maior ponto cego dos executivos é a incapacidade de contar com os outros. Quando a maioria dos executivos se vê diante de um enorme desafio ou de um fator muito estressante, eles tentam encontrar sozinhos uma solução para o problema. Em meu livro anterior, *O jeito Harvard de ser feliz*, escrevi que um dos sete princípios para ser mais feliz e ter mais sucesso é o "investimento social". Enquanto as pessoas que têm o ponto cego descrito pela dra. Malandro perdem o contato com suas redes sociais de apoio diante de dificuldades, os gênios positivos *investem mais* em seu sistema de apoio social nessas situações. Com isso, obtêm benefícios muito maiores do que os colegas.

O segundo ponto cego mais comum dos líderes de negócios é a "consciência do impacto", ou seja, a capacidade de perceber como suas decisões afetarão a equipe. Os líderes que têm esse ponto cego presumem que todos concordarão com suas decisões e escolhas, ou minimizam a importância do feedback. Com isso, acabam com uma perspectiva limitada a respeito dos problemas e desafios.

O último ponto cego mais comum é o que a dra. Malandro identifica como "reprimir os sentimentos", ou seja, esconder as próprias emoções de sua equipe, funcionários e colegas. Os líderes que temem demonstrar seus sentimentos não sabem como isso pode afetar os níveis de confiança, engajamento e tomada de decisão. Passei anos trabalhando com 30 divisões mundiais da Young Presidents' Organization (YPO), um grupo global dedicado a criar um espaço seguro para os CEOs se abrirem. Sua principal atividade é um fórum mensal em que os CEOs se reúnem para compartilhar altos e baixos, atuar como parceiros confiáveis e revelar pontos cegos na maneira de pensar uns dos outros. Que bom seria se todos nós tivéssemos fóruns como esse! Nesses encontros, fica claro que, quanto mais o chefe aprende a se abrir, mais todo mundo da empresa sai ganhando, tanto em termos de moral quanto de lucros.

Um dos exercícios de que mais gosto para treinar o cérebro a superar os pontos cegos é o famoso Teste dos Nove Pontos.

Sem tirar o lápis ou a caneta do papel (ou, se você estiver lendo a versão em e-book, sem tirar o dedo da tela), desenhe quatro linhas retas que passem por todos os nove pontos só uma vez.

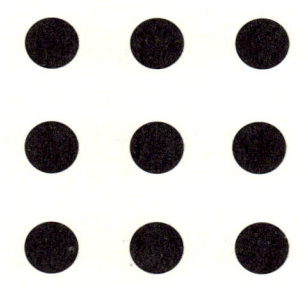

Conseguiu? Se não conseguiu, foi porque, assim que viu os pontos, seu cérebro imediatamente registrou a palavra e o conceito "quadrado". Seu cérebro definiu limites que, na realidade, *não existem* e criou um ponto cego na área *externa* ao quadrado.

Mas não tem problema a linha sair para fora dos nove pontos? É claro que não! Não existe um campo de força impenetrável que o impeça de traçar fora dos pontos. Trina Kershaw e Stellan Ohlsson, da Universidade de Illinois, explicam que muitas pessoas não conseguem resolver esse problema porque nosso cérebro cria regras para a realidade que achamos que não podemos violar.[27] O gênio positivo é o que permite ao nosso cérebro reconhecer a existência de diferentes maneiras de ver o quadrado.

Veja a solução:

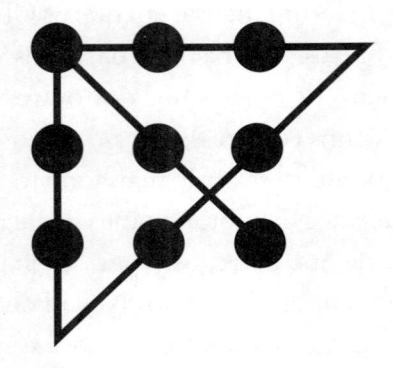

A capacidade do cérebro de usar todo o prisma do sucesso é o que nos possibilita ver o triângulo. O QI sozinho não nos ajudará a resolver o problema porque o nosso conhecimento de geometria e de formas pode ser atrapalhado pelas regras emocionais e sociais que estabelecemos inconscientemente para nós mesmos, como "Não cruze as linhas" e "Não saia da caixa". Só depois que você conseguir mobilizar as inteligências social e emocional para regular as emoções e os roteiros sociais é que seu QI será efetivamente capaz de encontrar a resposta. Os gênios positivos são mais capazes de pensar fora dessa caixa porque têm mais chances de fazer associações de maior complexidade dentro das estruturas de conhecimento existentes e de ser flexíveis e criativos.[28] Eles também acabam tendo menos pontos cegos ao dirigir pela estrada da vida.

Em algumas situações, basta fazer as perguntas certas para superar nossos pontos cegos. Nos oito anos que passei atuando como orientador de calouros e tutor em Harvard, muitos alunos estressados e deprimidos entraram na minha sala. Em vez de lhes perguntar: "Você está se sentindo deprimido agora ou está bem?" ou "Você está feliz ou infeliz agora?", eu fazia uma pergunta como "Você está gostando das amizades que fez aqui em Harvard?" ou "Você tem ajudado as pessoas?". Ao levá-los a focar nos detalhes positivos de sua realidade, como os amigos que fizeram ou o trabalho voluntário que estavam realizando, eu os incitava a pensar "fora da caixa" de seus pensamentos negativos.

Então, onde estão seus pontos cegos no trabalho? E, ainda mais importante, com o que você está preenchendo seus pontos cegos? Como seria de se esperar, os pessimistas os preenchem com pontos negativos. Já os otimistas irracionais os preenchem com arco-íris e rosas. Essas duas abordagens são igualmente contraproducentes. Mas um gênio positivo, por sua vez, preenche os pontos cegos com informações verdadeiras e válidas e que levam ao crescimento positivo.

Aceitando diferentes culturas

Quando falo de "cultura", não me refiro apenas a raça, religião ou nacionalidade. Todo grupo tem literalmente milhares de combinações de crenças, costumes, dialetos, tipos de personalidade e assim por diante. Naturalmente, isso não se aplica apenas a países, estados e cidades, mas também a empresas. No entanto, apesar de todo o discurso da boca para fora dos líderes sobre seu compromisso em criar empresas multiculturais, acho interessante que, quando as empresas falam comigo sobre seus problemas, elas muitas vezes citam as "diferenças culturais" como um obstáculo, não um ponto forte. Precisamos mudar isso, porque as pesquisas deixam claro que, quanto mais você se expõe a pontos de vista e ideias variadas, mais ampla será sua visão de mundo.

É bem verdade que as diferenças culturais podem ser um grande desafio para os líderes que tentam implementar políticas, procedimentos ou protocolos padronizados por toda a empresa. Afinal, como é possível padronizar os procedimentos quando o departamento de tecnologia tem uma cultura diferente da do departamento jurídico, que, por sua vez, tem uma cultura diferente da do departamento financeiro? A resposta é que não podemos nem devemos fazer isso. Pelo contrário, devemos aceitar as diferenças culturais da empresa e mobilizá-las para ampliar nossa perspectiva e a de nossas equipes e departamentos. Não é raro eu ser chamado para ajudar empresas que acabaram de passar por um processo de fusão a lidar com o choque de culturas corporativas. A primeira coisa que eu digo é que, do mesmo modo como esfregar dois gravetos pode acender uma fogueira, a fricção inicial entre culturas pode produzir a fagulha necessária para acender as chamas do gênio positivo. Na vida profissional e na pessoal, é impossível criar harmonia se todos estiverem tocando a mesma nota.

Certa vez, depois de dar uma palestra a um grupo de líderes de empresas emergentes de Xangai e Pequim, ganhei de presente uma minúscula colher e um recipiente plano com uma placa de bronze, gravada com caracteres chineses. Eu não sabia o que era aquilo, mas naturalmente aceitei e agradeci o presente. No começo, pensei que a colherinha pudesse ser um lembrete para comer com consciência ou um comentário sobre a obesidade nos Estados Unidos. Mas, assim que coloquei a pequena colher em cima da placa de bronze, ela começou a girar. Era uma bússola! A colher era a agulha e os caracteres se referiam ao norte, sul, leste e oeste! Mas, quando a colher parou de girar, percebi que meu presente parecia quebrado. Em vez de apontar para o norte, na direção de Pequim, apontava para a direção "errada". O CEO de uma grande empresa chinesa, que tinha passado vários anos nos Estados Unidos, percebeu a minha confusão cultural. Ele se inclinou e sussurrou: "Aqui, as bússolas apontam para o sul".

Naquela bússola chinesa, a colher aponta para a Grande Concha, parte da constelação Ursa Maior, visível no hemisfério norte. Uma linha traçada entre as duas estrelas externas da placa da Grande

Concha aponta para o norte, para a estrela polar, e o mesmo acontece com a borda externa do côncavo da colher em uma bússola chinesa. Então, é claro que o cabo da colher, na outra extremidade do eixo norte-sul da bússola, aponta para o sul. Lembrei de repente da minha experiência no submarino da Marinha. Assim como meu cérebro tinha usado a heurística de que "o chão está embaixo", também naquela ocasião tomei o atalho mental e presumi que "as bússolas sempre apontam para o norte". Foi um excelente lembrete de que ver o mundo dos pontos de vista vantajosos de outras culturas pode nos abrir a todos os tipos de ideias, possibilidades e caminhos para o sucesso que, de outra forma, não teríamos percebido.

Por exemplo, em uma equipe, a diversidade internacional pode ajudar a encontrar novas abordagens para resolver problemas. Em *The Geography of Thought*, Richard Nisbett, o famoso pesquisador dos efeitos da cultura sobre a cognição e a percepção, descreve um experimento no qual ele mostrou a grupos de americanos, europeus e asiáticos uma série de fotos e usou um equipamento para rastrear os movimentos oculares dos participantes.[29] Pode parecer um experimento estranho. Por que os movimentos dos olhos seriam diferentes de uma cultura para outra? Todo mundo deveria ver as mesmas coisas na foto, independentemente da cultura. Mas Nisbett provou que não é o caso. Em geral, os asiáticos pareceram focar a atenção e o olhar no contexto, no cenário e no fundo da foto, enquanto os ocidentais focaram sua atenção e o olhar no objeto ou na pessoa que estivesse no primeiro plano.

Esses resultados podem não parecer importantes, mas, na realidade, revelam uma diferença cultural fundamental. Os asiáticos se interessavam pelo *contexto e pelo cenário* da imagem, enquanto os americanos e os europeus mostraram mais interesse pelos elementos que estavam mais à frente e no centro, uma distinção que se reflete no modo como as diferentes culturas (em geral) enxergam as situações no mundo real. Além disso, essas diferenças não são genéticas nem biologicamente selecionadas. Em outras investigações, Nisbett descobriu que as pessoas nascidas na Ásia, mas criadas no Ocidente, veem o mundo como um ocidental, focando no centro e não no contexto de uma imagem. Isso significa que a perspectiva cultural não é fixa e pode ser aprendida. Desse modo, podemos expandir sistematicamente nossos pontos de vista vantajosos culturais por meio de experiências com diferentes personalidades e culturas.

A diversidade, naturalmente, é mais ampla que a cultura, incluindo fatores como idade, experiências de vida, história pessoal, e assim por diante. Um dos CEOs da divisão de Xangai da Young Presidents' Organization me contou que, quando trabalhava em empresas americanas e precisava de pontos de vista diferentes, ele procurava três tipos de pessoas: (1) pessoas com personalidades diferentes; (2) pessoas em posições inferiores na empresa; e (3) pessoas de fora da companhia. Ver o mundo através das lentes de outra cultura (seja uma cultura internacional ou uma cultura corporativa) pode nos ajudar a ampliar nossa perspectiva e enxergar mais detalhes no nosso mundo externo. É por isso que, na nossa vida profissional, cercar-nos de pessoas de outros países, etnias, interesses e experiências profissionais nos torna mais flexíveis, inovadores, adaptáveis e preparados para o sucesso.

E, como bônus, a diversidade ainda pode reforçar o engajamento dos funcionários, já que mais pessoas sentem que suas opiniões são valorizadas. No meu trabalho no setor financeiro, vi como ampliar a perspectiva é importante para os líderes, especialmente na conjuntura atual, repleta de incertezas, regulamentações e reestruturações. Acontece que há uma razão biológica para isso: demonstrar que se está ciente da perspectiva do outro pode neutralizar a desmotivação da pessoa. Como Sharon Parker e Carolyn Axtell, da Universidade de Nova Gales do Sul e da Universidade de Sheffield descobriram, se um gerente precisa incluir uma tarefa urgente à carga de trabalho de um funcionário já sobrecarregado, um simples agradecimento pode ajudar o funcionário a sentir que compartilham uma perspectiva.[30] Dizer algo como "Sei que você está atolado... sei que eu estaria se estivesse no seu lugar" possibilita que parte do cérebro emocional do funcionário (a amígdala e os centros límbicos) se acalme e aciona o córtex pré-frontal, ajudando-o a fazer a tarefa com uma mentalidade mais positiva e mais energia e engajamento.

Quanto mais pontos de vista vantajosos tivermos para ver o mundo, maior será nossa capacidade de escolher o melhor caminho para o sucesso. Às vezes as realidades mais valiosas podem resultar da incorporação da realidade dos outros à nossa.

O primeiro passo para se tornar um gênio positivo é aprender a ver os fatos objetivos do seu mundo externo através de uma lente verdadeira e positiva e que leva ao crescimento positivo. Na nossa vida profissional, incluir pontos de vista vantajosos amplia nossa perspectiva e nos ajuda a enxergar uma gama maior de realidades, o que, por sua vez, nos possibilita escolher a realidade mais valiosa, ou seja, aquela que nos permite construir nosso prisma do sucesso e usar plenamente todos os nossos recursos cognitivos, emocionais e sociais. Ao potencializar nossas diferentes inteligências, nossa realidade mais valiosa nos ajuda a aumentar nossa motivação e engajamento, ver mais oportunidades e possibilidades que os outros deixam passar, pensar em soluções mais inovadoras para os problemas, reduzir nossos níveis de estresse e mapear caminhos para a realização. No próximo capítulo, veremos como achar esses caminhos e criar mapas mentais para atingir nossos objetivos mais importantes e ambiciosos.

Colocando a teoria em prática

1. *Use o estresse em seu benefício.* Em vez de lutar com o estresse ou fugir dele, pense no *que há de significativo* e faz com que a situação seja estressante. Você não ficaria estressado se não tivesse algo importante incorporado ao estresse. Por exemplo, se eu lhe dissesse que um estudante escolhido aleatoriamente está

prestes a reprovar em matemática, você não ficaria estressado. Mas se eu lhe dissesse que seu filho está prestes a reprovar em matemática, você ficaria estressado. O estresse só resulta de algo significativo. No entanto, o estresse só se torna debilitante quando nos esquecemos desse significado. Retome o contato com o significado que está levando ao estresse e crie lembretes em seu ambiente para que seu cérebro recorde as razões pelas quais o estresse pode ser benéfico e não prejudicial.

2. *Treine o seu cérebro em diferentes modalidades.* Faça uma visita a um museu de arte e leve sua equipe ou família. Na atual era tecnológica, basta entrar no site de seu museu favorito para encontrar todas as obras na internet. Observe os quadros de diferentes perspectivas e pontos de vista vantajosos e tente encontrar novos detalhes, até em pinturas que você já viu dezenas de vezes. Como a capacidade de ver 10% mais detalhes em seu trabalho melhoraria seu desempenho? Mesmo se você não for muito fã de arte, vai valer a pena passar uma tarde no museu. As pesquisas também comprovam isso.

3. *Faça algo pela sociedade.* Encontre uma atividade altruísta, como ser voluntário em um sopão, oferecer-se para ir buscar um colega no aeroporto, ajudar um amigo a se mudar ou mandar um bilhete de agradecimento escrito à mão. Essas atitudes nos distanciam de nossos padrões negativos e nos ajudam a enxergar realidades alternativas e positivas nas quais nosso comportamento tem importância. A ideia é parar de ruminar se você está feliz ou não e, em vez disso, voltar sua atenção a responder se está ajudando alguém. A maior proteção contra a depressão é o altruísmo.

4. *Alimente a sua realidade.* Para liberar os recursos do cérebro e poder enxergar detalhes positivos no seu mundo externo, não fique de estômago vazio e garanta uma boa noite de sono. Mais especificamente, não deixe de comer *logo antes* de tomar uma decisão importante. O melhor momento para tomar decisões ou

estabelecer metas em equipe durante uma conferência ou uma reunião é logo depois do café da manhã e logo depois do almoço. E os piores momentos possíveis são pouco antes do almoço e pouco antes do jantar. E não tome grandes decisões se não dormiu o suficiente. Quando pediram a Bill Clinton para dar um conselho a Barack Obama, que o substituiria no cargo de presidente dos Estados Unidos, Clinton salientou a importância do descanso: "A maioria dos grandes erros que cometi na vida foi quando estava cansado demais para saber o que fazia... tanto na vida pessoal quanto na profissional".[31] Se você estiver bem descansado e alimentado, será mais fácil enxergar a gama mais ampla de detalhes, informações e possibilidades valiosas.

5. *Inclua pontos de vista vantajosos.* Faça o exercício "Adicione pontos de vista vantajosos" (descrito anteriormente neste capítulo) para ver quantos atributos, tanto positivos quanto negativos, você consegue atribuir a pessoas ou situações no trabalho. Quanto mais, melhor, no entanto, busque atingir uma proporção de 3:1 de aspectos positivos para negativos. Ser capaz de perceber a multiplicidade de detalhes não só o ajuda a escolher a realidade mais valiosa como mantém seu cérebro flexível para que você não se sinta limitado pelo mundo externo.

6. *Procure opiniões diversificadas.* Quando realmente estiver procurando a realidade mais valiosa para realizar um grande projeto no trabalho ou tomar uma decisão importante em casa, não deixe de consultar pelo menos três pessoas que tenham pontos de vista diferentes em termos de personalidade, gênero, cargo ou cultura.

7. *Lembre-se do poder da mudança.* Anote os três momentos de mudança mais importantes da sua vida que o levaram a ser a pessoa que você gosta de ser hoje. Deixe o papel na sua mesa ou em algum outro lugar visível (como o espelho do banheiro) para se lembrar de que você vive em uma realidade na qual o seu comportamento faz diferença e que você é capaz de promover o crescimento positivo.

HABILIDADE 2

Cartografia mental

Mapeie seu caminho para o sucesso

Como parte do meu programa de bolsa de estudos do Corpo de Treinamento de Oficiais da Reserva da Marinha, uma das primeiras disciplinas que tive de cursar era chamada de "Sistemas de armamento e navegação". Achei estranho, na época. Qual era o sentido de ensinar complexos sistemas de navegação para calouros? Hoje eu entendo a lógica por trás dessa ênfase imediata em ensinar habilidades de mapeamento. Se você não tiver um bom mapa da realidade, será impossível ter sucesso na missão.

Você pode não se dar conta disso, mas, neste exato momento, seu cérebro está usando um mapa. De grande eficácia, porém normalmente ocultos, são os mapas mentais que orientam nossas ações sempre que tomamos uma decisão, enfrentamos um desafio ou estabelecemos uma meta, grande ou pequena. É nosso mapa mental que nos ajuda a identificar as melhores oportunidades, mobilizar os recursos mais valiosos e projetar o melhor caminho para atingir nossas metas no trabalho. Mas nem todos os mapas mentais são iguais. Se o mapa mental que você está usando não incluir "marcadores de significado", ele será incompleto e impreciso e poderá levá-lo ao caminho errado. Marcadores de significado são simplesmente aquelas coisas que mais importam na sua vida: avanço profissional, um novo negócio, seu filho passando no vestibular, mais saúde, sua religião, e assim por diante. Não importa qual meta ou objetivo você estabeleceu; se quiser canalizar toda a gama de inteligências para atingi-lo, seus marcadores de significado pessoais devem ser pontos de referência no seu caminho mental. Desse modo, se você estiver achando que seu trabalho não é tão significativo, que os obstáculos são insuperáveis ou suas metas, menos atingíveis, é provável que precise rever seu mapa mental.

Verdade seja dita, *todos nós* precisamos de ajuda para encontrar mais sentido na vida. Em *O jeito Harvard de ser feliz*, defini a felicidade como "a alegria que sentimos quando buscamos atingir nosso potencial". Se não pudermos ver sentido na nossa realidade, não só ficaremos sem essa satisfação como seremos incapazes de usar nossas diferentes inteligências para ter mais sucesso. Mas, como vimos, se quisermos encontrar sentido no nosso caminho, não adianta ter só um QI ou QE alto. Nos oito anos que passei aconselhando estudantes como orientador de calouros e, depois, como tutor em Harvard, 47,4% dos estudantes disseram que tinham ficado deprimidos no ano anterior. E, no levantamento de 2003 do Serviço de Saúde da Universidade, dentre 2.250 estudantes de Harvard (uma amostra que incluiu um terço de todos os alunos de graduação), 10% tinham pensado em suicídio.[1]

Essa é uma situação de partir o coração e pavorosa. Esses jovens têm um enorme potencial, mas, por não conseguirem enxergar ou lembrar o significado por trás desse potencial em meio à concorrência e ao estresse, perdem as esperanças e sentem-se incapazes de atingi-lo. Não parece valer a pena navegar por uma vida que não tenha marcadores de significado.

E esse fenômeno não se limita aos alunos de Harvard. Apenas 29% dos empregados americanos disseram que estão bem no trabalho e, no âmbito internacional, esse número chega a ser ainda mais baixo.[2] Afinal, como podemos esperar ter sucesso em qualquer coisa ou criar uma felicidade duradoura, seja nos estudos, seja no trabalho, se passamos o tempo todo distraídos com informações negativas, se não sentimos alegria com os resultados positivos que de fato alcançamos, se somos varridos por uma torrente de e-mails e mensagens de texto e outros ruídos e nunca temos tempo para fazer uma pausa e refletir, e se não temos tempo para estar com as pessoas que mais importam para nós? E pesquisas demonstraram de maneira conclusiva que as pessoas que não conseguem encontrar sentido e se engajar no trabalho têm três vezes menos chances de encontrar satisfação e felicidade na vida pessoal. É um círculo vicioso, mas, felizmente, é possível rompê-lo, usando as habilidades que você aprenderá neste capítulo.

A segunda habilidade do gênio positivo é aprender a usar marcadores positivos de significado na sua vida para traçar rotas mentais para o sucesso. Pesquisas demonstram que, quando os seus caminhos mapeados para o sucesso se baseiam em marcadores de significado, não só os seus níveis de estresse caem acentuadamente como sua produtividade pode aumentar em 31%, os índices de precisão e atingimento de metas também aumentam de maneira significativa, e você passa a ser capaz de utilizar todo o prisma do sucesso no trabalho. Com efeito, um estudo que conduzi no Institute for Applied Positive Research, em colaboração com nossa parceira Mindshare Technologies, demonstra que, se você reorientar bem o seu mapa, poderá aumentar em quase 40% as chances de ser promovido e *triplicar* seu nível de satisfação com a vida profissional e pessoal. Quando temos um significado, nosso cérebro libera uma enxurrada de recursos para nos ajudar a ter mais sucesso. Já os mapas mentais que carecem de significado levam a apatia, depressão, esgotamento e, por fim, ao fracasso. Isso acontece porque o sucesso sem significado é vazio e não vale o esforço.

Em minhas pesquisas, descobri que costumamos cometer vários erros, embora sem nos dar conta disso, ao criar os mapas mentais que nos orientam em nossas decisões e ações diárias. Às vezes, não damos destaque a um número suficiente de marcadores de significado e, com isso, podemos enxergar apenas um número limitado de caminhos para o sucesso. Às vezes, destacamos os marcadores de significado *errados* e acabamos escolhendo um caminho repleto de aspectos negativos, em vez das coisas que de fato são importantes para nós. Também podemos mapear um número *insuficiente* de caminhos para o sucesso ou os mais congestionados, nos quais as oportunidades e os recursos são mais escassos. E, com muita frequência, mapeamos *rotas de fuga* antes mesmo de começar a procurar caminhos para o sucesso. Quando ficamos ocupados demais mapeando rotas de fuga devido ao estresse e ao medo, os resultados negativos que mais tememos acabam se concretizando. As pesquisas sobre esse tópico são surpreendentemente conclusivas: quando esperamos o pior, ignoramos oportunidades importantes, desperdiçamos recursos valiosos e deixamos de enxergar soluções viáveis e, em consequência, acabamos com o resultado negativo que mais tememos. Neste capítulo, você aprenderá a evitar ou reverter essas armadilhas comuns e a desenhar mapas mentais melhores e mais eficazes.

Com base nas pesquisas que fiz primeiro em Harvard e depois estendi ao mundo corporativo, isolei três estratégias que levam a mapas mentais melhores.

Estratégia 1: encontre seus verdadeiros marcadores de significado. O melhor mapa mental é aquele cujos caminhos nos direcionam a realizar objetivos que consideramos significativos. Mas só podemos traçar esses caminhos depois de identificar e mapear os aspectos da vida que mais importam para nós. Nesta seção, mostrarei como criar um portfólio diversificado de marcadores de significado e como distingui-los dos engodos e dos sequestradores que o desviam de seus caminhos para o sucesso.

Estratégia 2: reoriente seu mapa mental. Todo mapa mental tem um ponto focal que determina onde a maioria dos recursos do cérebro será alocada. Nesta seção, mostrarei como reorientar seu mapa ao redor dos marcadores de significado que você identificou na estratégia 1 a fim de mobilizar ao máximo todos os seus recursos intelectuais, cognitivos e sociais.

Estratégia 3: mapeie os caminhos para o sucesso antes das rotas de fuga. O seu foco passa a ser a sua realidade. Se você estiver focado em evitar caminhos para o fracasso, deixará de enxergar os caminhos para o sucesso. Nesta seção, explicarei como mapear primeiro seu caminho para o sucesso pode aumentar muito as suas chances de chegar lá.

Como você lerá neste capítulo, orientar seu mapa mental em torno do que tem significado é fundamental para se tornar um gênio positivo, pois lhe permite mobilizar toda a sua gama de inteligências para resolver os problemas mais frustrantes, defender os valores mais importantes para você e atingir as metas com as quais você mais se importa. Não estou dizendo que dominar essas regras da cartografia mental lhe dará um sentido para a vida, mas prometo que elas o ajudarão a ter uma vida com mais significado, felicidade e sucesso.

Estratégia 1: encontre seus verdadeiros marcadores de significado

Um dos momentos da minha infância dos quais mais me orgulho colocou meus pais em uma bela enrascada com a polícia. Permita-me começar dizendo que minha mãe e meu pai foram os mais carinhosos, tranquilos e pacientes que alguém pode imaginar. Digo isso porque a história a seguir pode dar uma impressão errada sobre eles.

Meus pais raramente discutiam, mas, em uma noite de verão na cidadezinha de Waco, no Texas, eles tiveram uma pequena desavença sobre os planos para o fim de semana. Do alto dos meus 7 anos, decidi que a situação era insustentável e calmamente escrevi este bilhete de resgate: "Aos Pais, vocês vivem brigando. Vou fugir de casa. Com amor, Shawn. P.S.: Vou levar a Amy comigo" (minha irmã, que tinha 5 anos na época).

Alguns minutos depois, no entanto, antes que eu tivesse a chance de empreender minha grande fuga, percebi que meus pais tinham parado de discutir (ou de repente eles nem estivessem brigando, na verdade), rasguei o bilhete, joguei-o na lata de lixo e escrevi outro um pouco menos dramático: "Prezados Pais, vou sair para uma excurSHAWN [esse erro ortográfico deliberado era uma palavra que meus pais usavam para se referir a uma visita ao laboratório de neurociência do meu pai ou ao zoológico]. Não chamem a polícia ou eu não volto para casa. Estou de olho em vocês. Com amor, Shawn. P.S.: Vou levar a Amy comigo". Coloquei o bilhete em um lugar estratégico, para ter certeza de que eles o veriam logo de manhã cedo e fui dormir.

Quando meu despertador tocou às 4h30 da manhã, acordei minha irmã, que não via problema algum em seguir meu plano, e fui de fininho para a garagem a fim de me abastecer. Peguei um leque do parque aquático SeaWorld (estávamos no verão), uma bússola de brinquedo com uma agulha não magnética (portanto, totalmente inútil), varas de pescar (você logo vai entender por quê) e um dicionário francês-inglês (só por precaução).

Todo mundo sabe que ninguém espera que uma criança de 7 anos tenha um mapa espacial com alcance suficiente para se distanciar muito de casa. E, em geral, isso é verdade. É por isso que muitas mães deixam os filhos de 7 anos irem sozinhos até o ponto de ônibus e por que, quando a maioria das crianças de 7 anos foge de casa, elas vão para o vizinho. Mas o cérebro das crianças tem capacidade para muito mais. Naquele dia, Amy e eu andamos 11 quilômetros até uma parte isolada do Lago Waco, onde meu pai sempre nos levava para pescar. (E também onde um triplo homicídio ainda sem solução tinha ocorrido recentemente.)

Enquanto Amy e eu caminhávamos alegremente para o nosso "local de pescaria transformado em cena do crime", meus pais acordaram tranquilamente, tomaram o café da manhã, encontraram o bilhete e ligaram para os suspeitos de sempre (os vizinhos, minha avó, e assim por diante). Então, cada vez mais nervosos, acabaram ligando para a polícia, que informou que não podia fazer nada antes de 24 horas do desaparecimento (é verdade que eles dizem isso na vida real, não só nos filmes). Não sei ao certo o que foi dito no telefonema, mas, pouco tempo depois, a polícia decidiu abrir uma exceção.

Foram imediatamente à nossa casa, fizeram uma busca e encontraram meu primeiro bilhete, rasgado e jogado numa lata de lixo dos Transformers. Depois de juntar meticulosamente os pedaços na mesa da cozinha, o policial leu o bilhete que revelava que meus pais "viviam brigando" e que eu tinha sido forçado a levar minha irmãzinha comigo. Eles se puseram a interrogar minha mãe, que, apavorada, passou a ser suspeita de violência e rapto.

Enquanto isso, a 11 quilômetros de distância, Amy e eu brincávamos de arrastar anzóis sem isca pela água no local em que meu pai tinha me ajudado a pegar meu primeiro e único peixe (caso você esteja se perguntando, foi uma perca magnífica, de nada menos que 8 centímetros). A caminhada tinha sido árdua. Hoje em dia, quando levo amigos de outra cidade para conhecer o lago, parece que custa uma eternidade chegar lá mesmo de carro. Fazia 43 °C quando meu pai nos encontrou, cinco horas depois, escondidos no mato, numa valeta debaixo de uma pequena ponte. Meus pais pediram para eu mencionar aqui que nosso único castigo foi ter de encarar uma mãe chorosa e silenciosa. Deu certo. Até hoje, Amy e eu nunca mais fugimos de casa.

Não sabíamos disso na época, mas nossa capacidade de fazer aquela jornada de 11 quilômetros (aparentemente impossível para uma criança de 7 e outra de 5 anos) está ligada a um dos recursos mais incríveis do cérebro humano. Consegui que fôssemos até aquele ponto de pesca porque tinha mapeado o caminho com base em um "marcador de significado". Em outras palavras, meu cérebro de 7 anos tinha conseguido mobilizar todos os recursos para que chegássemos ao nosso destino porque eu tinha escolhido um destino que tinha uma grande importância emocional para mim, graças às lembranças das pescarias com meu pai.

De acordo com um artigo memorável publicado na revista *Nature*, nosso cérebro inicia esse processo de mapear significados no mundo já aos 18 meses de idade, mais ou menos quando aprendemos a engatinhar.[3] Mas, como minha historinha demonstra, o cérebro de uma criança é capaz de usar sua capacidade de mapeamento para fazer muito mais do que apenas descobrir onde encontrar os brinquedos.

Usando uma de suas funções mais primitivas, meu cérebro tinha criado um caminho mental para chegar àquele pesqueiro, assim como o cérebro de um coletor pré-histórico criava um caminho mental para chegar a um local abundante em árvores frutíferas. Inconscientemente, sempre que voltávamos de carro de uma pescaria, meu cérebro registrava todos os marcos e pontos de referência ao longo daquela trajetória de 11 quilômetros. Então, quando chegou a hora de fugir na minha "excurSHAWN", eu já tinha um mapa mental completo à minha disposição para me guiar até o meu destino.

Da mesma maneira, no trabalho, nosso cérebro também está sempre armazenando e registrando informações que nos orientam na direção dos nossos objetivos. Chamados de *marcadores de significado*, esses marcos (ou placas de sinalização) mentais podem ser qualquer coisa que você considera importante ou valiosa, qualquer aspecto da vida com o qual você tem uma profunda ligação emocional. Esses marcadores podem ser, por exemplo, apenas a sensação de realização no fim de um dia de trabalho. Ou a satisfação de ajudar pessoas a resolver problemas complexos rapidamente, para lhes poupar tempo e dinheiro. Ou a ligação emocional de tomar uma cerveja com um colega depois de um longo dia de trabalho. Talvez o significado que damos ao trabalho venha da capacidade de ajudar a comunidade ou da oportunidade de usar uma habilidade incomum. Pode ser que seu marcador mais significativo não tenha nada a ver com o trabalho, como tirar um tempo para ler com os filhos à noite, antes de eles dormirem. Na verdade, seu marcador pode ser qualquer coisa, desde que resulte em algo com verdadeiro significado.

Raramente paramos para pensar a respeito, mas todas as metas que estabelecemos para nós mesmos na nossa vida pessoal e profissional fundamentam-se em algo com significado. Felizmente, como estamos programados para mobilizar mais energia, motivação, foco e recursos emocionais e intelectuais para as coisas que mais importam para nós, quanto mais nos importamos com essa meta, maiores são as chances de sucesso.

É impossível exagerarmos a importância que o significado tem em nossa vida profissional. Pesquisadores da Wharton Business School demonstraram que somos até três vezes mais motivados, engajados e produtivos quando nosso trabalho gira em torno dos nossos marcadores de significado positivos.[4] Além disso, eles descobriram que os funcionários que *não* achavam seu trabalho significativo tinham níveis mais altos de estresse e pressão arterial mais elevada durante os dias de semana do que os que conseguiam mapear o significado do seu trabalho. Outro estudo descobriu que, quando as pessoas começavam a encontrar significado no trabalho, suas chances de ficarem deprimidas ou muito ansiosas dois anos depois despencaram drasticamente, e que a insuficiência de marcadores de significado foi um dos principais fatores para predizer depressão.[5]

O lado bom é que você não precisa sair pelo mundo resgatando cachorrinhos ou salvando órfãos para encontrar significado na sua vida profissional. Na verdade, esse significado tem menos a ver com o trabalho específico que você faz e mais com o significado pessoal que você atribui a ele. Em um estudo, Amy Wrzesniewski, pesquisadora da Universidade Yale, constatou que a diferença entre pessoas que consideram sua ocupação um "trabalho", uma "carreira" ou uma "vocação" se baseia no significado que elas encontram no que fazem e não no cargo ou na posição que ocupam na hierarquia. Por exemplo, os pesquisadores descobriram que um faxineiro que trabalha em uma casa de repouso tem a mesma probabilidade de um profissional do mercado financeiro de considerar seu trabalho uma missão, desde que os dois possam ver como o que fazem ajuda as pessoas, enxerguem como seus pontos fortes são necessários para fazer um bom trabalho e não deem muita ênfase à recompensa monetária.[6] Isso acontece porque o significado é criado pela própria *pessoa*, não pelo trabalho, o que é uma vantagem, já que quer dizer que todos nós temos a capacidade e o poder de atribuir mais significado à nossa vida profissional.

Em 1958, a organização Gallup coletou dados que revelaram que a idade média de aposentadoria era de 80 anos para os homens que viviam 95 anos ou mais.[7] Isso levou George Gallup a se perguntar o que mantinha esses homens trabalhando por mais 15 anos além da idade média de aposentadoria da população, que na época era de 65 anos. Quando o pesquisador os entrevistou para descobrir a resposta, nada menos que 93% responderam que continuaram trabalhando porque seu trabalho lhes era significativo, e 86% disseram que se divertiam no trabalho. Mas o mais interessante foi que o trabalho deles não era particularmente empolgante, fascinante, nem o que a maioria das pessoas consideraria divertido. Aqueles homens não estavam dirigindo filmes de Hollywood, pilotando aviões nem desfilando com modelos da Playboy. Eles trabalhavam em escritórios, supermercados, fábricas. Mas, como se importavam com o que faziam, para eles o trabalho era significativo, motivador e, sim, divertido.

Pare um pouco para pensar no que *você* considera mais envolvente ou divertido em um dia de trabalho típico. Consegue pensar em aspectos da sua rotina diária que você acha interessante, mesmo se todo mundo os considerar triviais ou chatos? Qual é a primeira coisa que o empolga quando você acorda de manhã? Agora pense qual foi a primeira coisa que o atraiu para seu atual trabalho. Como você achava que se sentiria fazendo isso? O que você esperava realizar ou atingir? E, aproveitando que você está fazendo este exercício, pense no que esperava realizar ou atingir lendo este livro. Quais são as habilidades que você mais gostaria de melhorar? As áreas nas quais mais deseja se destacar? Se tivesse uma varinha mágica, o que mudaria na sua vida pessoal ou profissional? As respostas a todas essas perguntas o ajudarão a traçar mapas mentais orientados pelas fontes mais profundas e verdadeiras de significado para você.

Um mapa secreto do *campus* da Harvard

O melhor professor de psicologia que tive em Harvard foi Brian Little, um professor canadense não titular, inquieto, um introvertido declarado que conseguia inspirar todos seus alunos a sonharem em se tornar excelentes psicólogos, mesmo os que tiravam notas baixas em sua aula. Como professor bolsista em seu curso Psicologia da Personalidade, eu costumava realizar um experimento que revelou um insight importante sobre o mapeamento mental. O experimento era simples: eu dava aos alunos três minutos para fazer um mapa da Harvard Yard (a parte histórica do *campus* da universidade) e da Harvard Square (o centro comercial do *campus*) em uma folha de papel. (Meu lado sádico adorava ver os alunos perfeccionistas, que odeiam cometer até o mínimo erro, fazendo o mapa. Só para me divertir, posso ter mencionado, *en passant*, que o mapa valeria nota.)

Nenhum mapa ficava igual ao outro, mas o resultado do experimento era sempre o mesmo. Conscientemente ou não, o aluno sempre desenhava a parte mais importante de seu mundo no centro físico do mapa. Se o aluno adorava ficar no dormitório, ele desenhava o dormitório no centro do mapa. Se jogava no time de futebol, seu mapa apresentava o campo de futebol em destaque no centro. Se o aluno gostava de ir a um bar todas as noites, bem, dá para imaginar o que ele punha bem no meio do mapa.

Mas o mais fascinante nos mapas era a maneira como os alunos desenhavam as partes do *campus* que claramente *não* ocupavam o centro de seu universo emocional. Para alguns alunos mais diligentes, a Biblioteca Widener era o maior marcador do mapa; mas, para os menos estudiosos, a segunda maior biblioteca do mundo era minúscula ou nem chegava a aparecer no mapa. Lojas ou restaurantes aos quais o estudante nunca ia eram minúsculos ou simplesmente não entravam no desenho. Para os estudantes que raramente saíam do *campus*, Boston, a importante cidade vizinha, nem chegava a entrar no papel. E é interessante notar que nenhum aluno incluiu qualquer casa ou prédio residencial de "não estudantes" ao redor da Harvard Square. Para os estudantes, a vida era a universidade e, literalmente, nada mais.

É exatamente assim que mapeamos o nosso mundo mental: as coisas que mais importam para nós são maiores e ganham um lugar no centro, enquanto as coisas que não têm muita importância são menores e ficam à margem, ou nem chegam a ser incluídas. Mas, apesar de ser verdade que costuma ser melhor estabelecer nossas metas e traçar nossos caminhos de acordo com as coisas que têm significado para nós, às vezes, como aqueles estudantes de Harvard que nunca chegam a pôr os pés na biblioteca, deixamos de atribuir significado a coisas que poderiam ser relevantes. Portanto, o que você *deixa de* mapear pode ser tão importante quanto o que você mapeia. Será que seu mapa não está excluindo marcadores importantes que o ajudariam a navegar pelo seu caminho rumo ao sucesso?

Tente fazer o seguinte experimento: reserve um tempinho para desenhar um mapa do seu local de trabalho (ou, se você for estudante, da sua faculdade ou escola). Você só desenhou uns poucos locais importantes, como a sua sala ou o refeitório? Agora, tente pensar em todos os lugares que você deixou de fora e ficará claro o que você valoriza e o que não valoriza. Por exemplo, você pode ter desenhado a sala do seu chefe, mas não o departamento de TI. Esse mapa pode até ser bem útil na maioria das situações, mas e se você estivesse trabalhando em um projeto importante que exigisse suporte técnico? Para ter sucesso, você precisaria redesenhar seu mapa mental para incluir esse departamento.

Agora, vamos avançar um pouco mais. Tire mais alguns minutos e desenhe um mapa do seu mundo (sua realidade toda). Quais lugares você frequenta todos os dias ou uma vez por semana (trabalho, casa, academia, igreja etc.)? O que você faz, tanto na vida pessoal quanto na profissional (reuniões, eventos de networking, jogos de futebol dos filhos e assim por diante)?

Quem você vê (sua esposa ou marido, seu chefe, seu instrutor de ioga, um amigo do bairro)? Os lugares e pessoas que ficaram com tamanho maior no seu mapa provavelmente são os que têm mais significado para você. Este exercício será mais difícil do que simplesmente mapear seu local de trabalho, e seu mapa inevitavelmente deixará algumas coisas de fora e dará ênfase demais a outras. Mas só podemos traçar novos caminhos para o sucesso se soubermos quais são as coisas com mais significado na nossa vida e quais coisas significativas ficaram fora do mapa.

Se você ainda estiver com dificuldade para identificar esses marcadores de significado ocultos na sua vida, faça este outro experimento que criei em 2011 para a Pfizer, no qual pedi a funcionários e gerentes para pensar no ano anterior e desenhar um "gráfico de felicidade", que é um gráfico simples, com dois eixos: felicidade e tempo. Por exemplo, se você foi promovido em janeiro e ficou feliz com isso, o mês de janeiro deve ser um ponto alto no seu gráfico. Ou, se você estava muito descontente em janeiro, mas no início de fevereiro seu time de futebol venceu o campeonato, você vai ter um pico no gráfico. Se em abril você passou por uma série de eventos negativos no trabalho, como não ganhar o aumento que esperava, você provavelmente teria uma grande queda no gráfico. Feito isso, anote os eventos que levaram seu gráfico a assumir essa forma. Por exemplo:

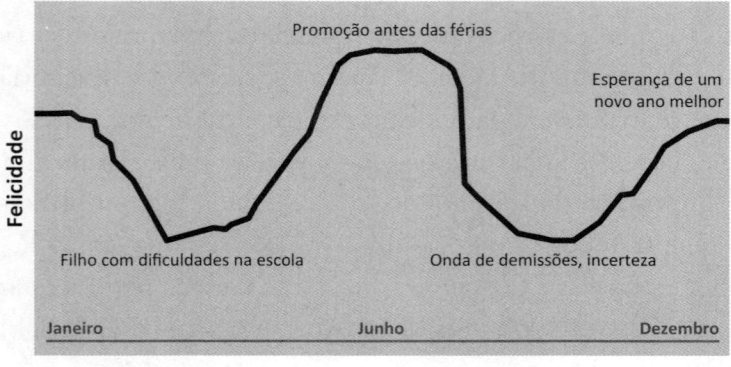

Os eventos ou marcadores que você incluiu podem revelar pontos de significado ocultos, mas importantes, na sua vida. No estudo da Pfizer, os gráficos de alguns gerentes se basearam em eventos da vida familiar, tanto os bons (como um filho vencendo um campeonato de futebol) quanto os ruins (como descobrir que a filha adolescente tem um transtorno alimentar). Outros gráficos variaram de acordo com eventos internacionais, como os resultados de uma eleição ou a resolução de um conflito na Ásia. Para outros, todos os eventos do gráfico estavam relacionados ao trabalho. Seja qual for o desenho do seu gráfico individual, ele o ajudará a conhecer as áreas sua vida da qual sua felicidade (ou, ao contrário, sua infelicidade) depende. Nele, você poderá ver as áreas que são claramente significativas, mas que, por algum motivo (como falta de tempo ou prioridades conflitantes), podem não ter entrado em seu mapa mental. Por exemplo, um gráfico dominado por eventos familiares pode revelar que você dá muita importância ao relacionamento com seus filhos, mas, se você não estiver dedicando tempo e atenção suficiente a esses relacionamentos, isso é um sinal de que esses marcadores foram deixados de fora do seu mapa mental. Reserve um tempinho para refletir sobre seu gráfico de felicidade. O que você considera significativo mas que não foi incluído no mapa da realidade que acabou de traçar?

Ao encontrar essas fontes ocultas de significado, podemos aumentar nosso nível de engajamento, produtividade e eficiência no trabalho. Pense em como você conseguiria realizar mais rapidamente tarefas ou projetos maçantes no trabalho se encontrasse nisso alguma coisa que importa para você. Na faculdade de Teologia, tive de ler alguns textos realmente densos e áridos, em que pessoas que já tinham morrido falavam sobre coisas para as quais, sinceramente, eu não dava a mínima. Eu levava uma eternidade para fazer as tarefas. Mas, como sabia que não tinha como escapar de ler os textos, acabei aprendendo um truque. Eu pegava o livro e, na contracapa, escrevia três coisas interessantes que esperava aprender com ele ou por que a leitura do texto seria importante para mim, além das notas.

Às vezes eu precisava fazer uma pesquisa na internet para descobrir por que o texto era importante ou perguntar ao professor por que ele nos atribuíra aquela leitura. Quando fazia isso, eu sempre descobria que aqueles textos tinham muito mais significado para mim do que me parecera à primeira vista. Era simplesmente uma questão de encontrar os marcadores e incluí-los no meu mapa mental. De repente, passei a ler muito mais rápido e ainda entendi e retive mais informações, o que, por sua vez, levou a notas mais altas em trabalhos e provas.

Diversifique seu portfólio de marcadores de significado

Quanto mais marcadores incluirmos nos nossos mapas mentais, mais caminhos para o sucesso se abrirão para nós. Mas, se todos esses novos marcadores ficarem agrupados em um canto do mapa, ainda não teremos caminhos suficientes para o sucesso em outras áreas da nossa vida pessoal ou profissional. Se você perceber que a sua felicidade parece depender apenas de uma pequena parte de sua vida, isso significa que você deixou grande parte do seu mundo *sem mapear*. Certa vez, ao prestar consultoria para a Morgan Stanley Smith Barney, conversei com um consultor financeiro que me contou que seu gráfico de felicidade inteiro girava em torno de eventos do mercado de ações. Ironicamente, ele estava fazendo o contrário do que costumava recomendar a seus clientes: seu portfólio de felicidade não era nem um pouco diversificado. Assim como um portfólio mais diversificado de ações tem mais chances de ter sucesso, quanto mais diversificado for seu portfólio de marcadores de significado, melhores serão suas chances de obter um sucesso duradouro no trabalho e na vida.

A diversificação de seu portfólio de marcadores de significado começa na identificação das áreas da vida que estão dominando atualmente seu mapa da realidade. Por exemplo, os marcadores de significado daquele consultor financeiro estavam todos agrupados no âmbito do trabalho. Em vista disso, ele se pôs a criar marcadores de significado em sua vida social. Marcou encontros com os colegas de faculdade, chamou algumas mulheres para sair, e descobriu que, quando tinha algum evento com os amigos e sua felicidade não dependia só dos preços das ações, ele era mais capaz de mobilizar todas as suas inteligências para ser mais positivo e eficaz no trabalho.

Agora volte ao seu mapa da realidade e tente dividi-lo em grupos representando diferentes áreas da sua vida, como trabalho, família, saúde, dinheiro e assim por diante. Quais grupos têm mais componentes? Quais se parecem mais com cidades-fantasmas? Você tem áreas completamente vazias ou que nem chegaram a entrar no mapa? Se tiver, como poderia incluí-las? Lembre que, quanto mais diversificados forem seus marcadores, mais caminhos você terá para atingir seus objetivos.

Cuidado com os sabotadores no seu mapa!

Às vezes nosso mapa mental pode ser corrompido por "sabotadores", que são atitudes negativas na nossa vida que reduzem a felicidade e inviabilizam os caminhos para o sucesso. Não raro bem disfarçados de marcadores de significado, os sabotadores do nosso mapa podem distorcer a realidade, em vez de melhorá-la. Se atualmente você está se sentindo frustrado com as pessoas no trabalho, achando difícil avançar na carreira ou falhando em atingir suas metas no trabalho, é porque provavelmente seu mapa está sendo sabotado.

Digamos que você tenha decidido que avançar na carreira é o marcador mais significativo para você. Agora, pergunte-se: *por que* isso é tão significativo? Quais efeitos positivos ele pode trazer para sua vida? Talvez possa lhe permitir mobilizar mais o seu potencial de liderança. Pode lhe dar mais oportunidades de fazer diferença no mundo. Ou o aumento salarial resultante pode reduzir seu estresse em casa. Todas essas respostas indicariam que o avanço na carreira é um marcador válido, mas, se você perceber que não consegue responder a essa pergunta ou, pior ainda, que só consegue pensar nos efeitos *negativos* (como estar trabalhando tanto para ser promovido que chega em casa estressado e irritado), você provavelmente está diante de um sabotador de mapa. E nem preciso dizer que, se o desejo de avançar na carreira estiver levando a atividades antiéticas no trabalho, como puxar o tapete de alguém, trapacear ou atropelar os colegas, esse marcador sem dúvida é um sabotador de mapa.

É muito comum encontrar sabotadores na área da saúde do nosso mapa. Digamos que você queira perder peso. Agora, pergunte-se *por que* você quer perder peso e quais efeitos você espera como consequência disso. Quando faço esse exercício nas minhas palestras, as pessoas costumam responder que é para voltarem a gostar de si mesmas. Esse marcador de significado não o ajuda (como provei em *O jeito Harvard de ser feliz*) a mudar seus hábitos. Pelo contrário, ele sabota suas tentativas por se basear em uma realidade negativa: neste momento, você não se gosta muito. Uma resposta que indica um verdadeiro marcador de significado seria que você quer viver mais, dar um exemplo mais saudável para seus filhos, ou ter energia para outras atividades significativas, como fazer uma viagem de bicicleta pelo sul da França. Os sabotadores de mapas não só impedem seu progresso como também privam sua vida de sentido e felicidade. Assim, como encontrar esses sabotadores sorrateiros e bani-los do nosso mapa mental?

Alguns anos atrás, um amigo, que trabalhava para o procurador-geral de Nova York, me deu um presente de aniversário que a princípio eu não entendi: DVDs da série da HBO *The Wire*. Ele me disse que a série era sobre o tráfico de drogas em Baltimore e que eu com certeza gostaria muito. Fiquei um pouco nervoso. Por que uma pessoa que trabalha para o procurador-geral acha que eu gostaria tanto de uma história que gira em torno de drogas?

De toda maneira, esperei ficar doente e acamado, sem ter mais nada para fazer, para assistir à série. E, para minha surpresa, *The Wire* é incrível. A série combina recursos narrativos espetaculares e pesquisas meticulosas para mostrar como o mundo das drogas afeta toda uma cidade, de traficantes a políticos, educadores e a mídia.

Não só me dei conta de que tinha deixado de ver uma excelente série como também percebi por que meu amigo achava que eu a consideraria especialmente significativa. Um dos enredos envolvia novas pesquisas sobre como mapeamos nosso mundo mental. Na Baltimore da vida real, Kenzie Preston e David Epstein, do National Institute on Drug Abuse at Johns Hopkins University [Instituto Nacional de Abuso de Drogas da Universidade Johns Hopkins], em colaboração com o bioestatístico Ian Craig, tentaram criar uma versão científica do que a polícia estava fazendo em *The Wire*: rastrear viciados em heroína em Baltimore. O objetivo não era derrubar a poderosa quadrilha do crime organizado, mas criar um inédito modelo computacional do mapa mental de um viciado. A ideia era que, se pudessem mapear a mente do viciado típico, poderiam ajudar essas pessoas a encontrar marcadores de significado para evitar os sabotadores que os mantinham presos a padrões negativos e autodestrutivos de criminalidade e dependência.

Para isso, fizeram algo sem precedentes: deram aos viciados um dispositivo equipado com GPS, para rastrear e registrar exatamente por onde os viciados passavam todos os dias, no decorrer de um ano.[8] Essas informações, por si sós, não tinham muita utilidade (a menos que você quisesse saber onde *não* comprar uma casa), até que Ian Craig entrou em cena. Nascido em Baltimore, ele já tinha usado dados de recenseamento para mapear a cidade de acordo com métricas como renda e etnia. Ele expandiu esse mapa usando as informações compiladas por Debra Furr-Holden na Johns Hopkins, que já tinha enviado equipes para percorrer a cidade e avaliar os quarteirões com base no número de janelas quebradas, cartuchos de bala, incidentes de embriaguez em público, crianças abandonadas, memoriais de rua por assassinatos recentes etc.

O resultado desses três mapas sobrepostos revelou como determinados marcadores em um ambiente prendiam os viciados em padrões ou caminhos negativos. O estudo revelou literalmente os caminhos percorridos pelos viciados que haviam se livrado das drogas (ruas, bairros, lojas etc.) e os gatilhos ambientais que, tragicamente, os levaram a uma recaída. Será que o fato de ver cartuchos de bala e embalagens vazias de drogas jogadas na rua lembrava um viciado de que o mundo é negativo e que seria melhor tomar a próxima dose? Passar por uma clínica ou por um quarteirão limpo e bem mantido lembrava os usuários em recuperação de que há esperança? Os dados responderam a essas perguntas e muitas outras, possibilitando que os pesquisadores vissem literalmente quais caminhos levaram as pessoas a vencer o vício e quais caminhos levaram à violência, ao fracasso e ao desespero.

Essa metodologia é chamada de avaliação ecológica momentânea (EMA, na sigla em inglês). Acredito que um dia a EMA pode ter enormes implicações não só para os viciados em drogas, mas também para os viciados em trabalho, os pessimistas, os procrastinadores e qualquer outra pessoa presa em uma realidade negativa ou destrutiva em sua vida pessoal ou profissional.

Assim como certos gatilhos ambientais sabotam as tentativas desses viciados de evitar cometer crimes ou de se manter sóbrios, alguns gatilhos podem sabotar nossas tentativas de melhorar no trabalho. Por exemplo, em uma conferência em Las Vegas, conversei com um analista da TD Ameritrade que estava tentando escrever um livro sobre investimento financeiro. O problema era que, sempre que notava que o mercado de ações estava em baixa, ele se via incapaz de se concentrar em escrever. Seu padrão era mais ou menos assim: ele entrava na internet, via que o Dow Jones tinha caído, ligava a TV na CNN para obter mais informações, o que o levava a navegar por outros sites para tentar pensar em outra coisa, o que o fazia abrir o e-mail e se distrair até se dar conta de que não estava trabalhando... ele ficava frustrado e acabava se entupindo de *junk food*. Eu tinha um padrão similar: quando ficava frustrado ao escrever, sem me dar conta, começava a navegar na Internet. Para aliviar minha frustração por não trabalhar, eu acabava jogando xadrez no celular até vencer um jogo, o que levava uma eternidade e me deixava ainda mais frustrado. Na verdade, esse comportamento é bem parecido com o dos viciados em heroína observados no estudo da Johns Hopkins. Um único gatilho tirava o dia inteiro deles do rumo.

O único jeito de banir esses tipos de sabotadores é substituindo-os por marcadores de significado. No caso do analista, ele poderia substituir seu hábito matinal de checar o mercado de ação por outro que lhe desse um senso de significado maior, como mandar um e-mail a um amigo ou parente ou ler seu blog favorito. Começando o dia com algo positivo, ele ficaria mais motivado e energizado para escrever e menos propenso à procrastinação.

Outro sabotador comum no trabalho é um chefe negativo que tenta aumentar a produtividade usando a intimidação e o medo. Em *O jeito Harvard de ser feliz*, descrevi duas partes do cérebro que chamei de o Impulsivo e o Pensador. O Impulsivo é a amígdala, a parte mais primitiva do cérebro humano, que reage a ameaças. O Pensador é o córtex pré-frontal, que nos ajuda a tomar boas decisões. O medo é um sabotador de mapas porque, quando ativamos o Impulsivo, bloqueamos o Pensador e, com isso, desperdiçamos nossos recursos cerebrais valiosos e finitos para fugir do medo em vez de ir atrás dos nossos objetivos. Assim, em vez de se deixar ser contaminado pela negatividade do chefe, o melhor é procurar ativamente um elemento significativo no trabalho que o chefe lhe atribuiu. Isso desligará o Impulsivo e permitirá que o Pensador mobilize todas as inteligências do cérebro para atingir o objetivo ou realizar a tarefa.

Um dos meus sabotadores quando estou escrevendo é a preocupação com as críticas negativas. Para combatê-lo, comecei a guardar críticas e comentários positivos sobre meu primeiro livro em uma pasta no Gmail. Agora, antes de começar a escrever de manhã, dou uma olhada na pasta e leio um desses e-mails significativos. Isso lembra o meu cérebro das razões pelas quais escrevo, o que me dá mais motivação e confiança para seguir em frente. Tem dado tão certo que agora tenho espalhadas no meu escritório citações de pessoas que usaram minhas pesquisas para melhorar sua vida. Com isso, quando olho pelo meu escritório, eu literalmente vejo significado por toda parte. Se você tiver um projeto difícil, recomendo vivamente aumentar suas chances cercando-se de lembretes como esses.

Os gatilhos do ambiente têm o poder de sabotar nossos mapas mentais também fora do trabalho. Um exemplo pode ser ir jantar em seu restaurante favorito. Para a maioria das pessoas, comer em um restaurante é um marcador significativo porque o associamos a boa comida, boa companhia e um tempo socializando. O problema é que comer fora também pode levar a opções de comida e bebida não muito saudáveis. Uma estratégia para evitar esse tipo de sabotador pode ser convidar as pessoas para um jantar na sua casa ou chamar os amigos para jogar basquete em vez de para comer pizza e tomar cerveja. Assim, você elimina os sabotadores pouco saudáveis, mas ainda preserva o significado.

Quais são os seus sabotadores mentais em casa e no trabalho? Se não souber ao certo, reserve uns dois minutinhos para anotar cinco gatilhos que costumam levá-lo a um comportamento contraproducente ou destrutivo. Algumas pessoas do trabalho exaurem sua motivação e produtividade? Alguns amigos exercem uma influência negativa? Você tem mais chances de se esquecer dos bons hábitos em determinados lugares? Algumas atividades tendem a reduzir sua felicidade ou distraí-lo de seu objetivo? Só depois de saber quais são seus sabotadores é que você poderá substituí-los e traçar caminhos mais rápidos e diretos para aquela promoção, meta de vendas ou peso ideal.

Este capítulo se concentra em ensiná-lo a criar um mapa da realidade repleto de significado que mobilize todas as suas inteligências e o motive a manter a continuidade de seu crescimento positivo. Mas identificar marcadores de significado e banir os sabotadores é só o primeiro passo. Em seguida, veremos como ampliar os efeitos dos marcadores de significado, orientando melhor seu mapa em torno deles.

Estratégia 2: reoriente o seu mapa para o sucesso

Os marcadores de significado nos orientam na direção das oportunidades e das possibilidades, nos direcionam a um estado de positividade e engajamento e destacam importantes recursos intelectuais, emocionais e sociais. Se você criou um mapa repleto de marcadores de significado mas ainda está tendo dificuldade para mobilizar suas inteligências a fim de atingir seus objetivos no trabalho, é provável que o seu mapa mental não esteja bem *orientado* em torno desses pontos significativos. Para demonstrar a importância da orientação, gosto de mostrar nas minhas palestras um mapa físico simples:

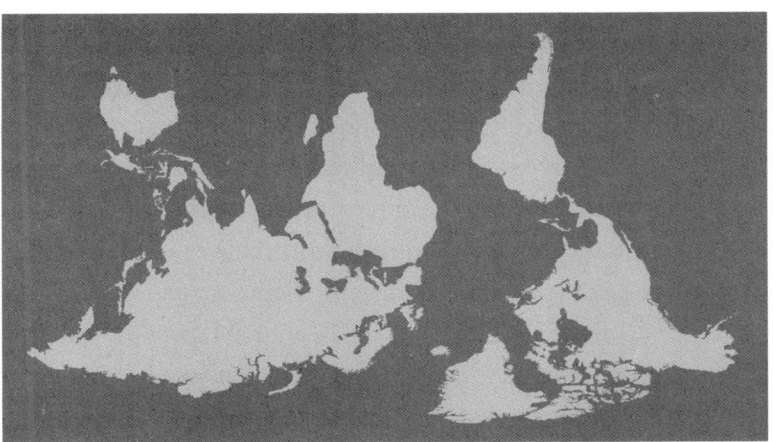

Quando mostro esse mapa aos executivos, eles costumam dizer: "Entendi, um mapa do mundo de cabeça para baixo". O que significa que eles não entenderam. Na verdade, não tem nada "de cabeça para baixo" nesse mapa. Pense um pouco: o mundo é redondo! Isso significa que não existe uma seta apontando "este lado para cima" no mapa do mundo, da mesma maneira como não existe um lado para cima ou para baixo em uma bola de futebol ou basquete. No entanto, centenas de anos atrás, cartógrafos da Europa decidiram que Madri estava acima do Rio de Janeiro e que a Austrália deveria estar "lá embaixo". A partir daí, passamos a ver o mundo sempre do mesmo ponto de vista fixo. Já aconteceu inclusive de alguns técnicos, durante as checagens de som e vídeo das minhas palestras, dizerem que "consertaram" meus slides porque um deles estava de cabeça para baixo!

Assim como o chão nem sempre está para baixo em um submarino (como aprendi a duras penas), não existe nenhum motivo pelo qual a Europa precisa estar ao norte e a África, ao sul. Embora, obviamente, nosso mapa-múndi padrão seja preciso, ele encobre o fato de que existem outras maneiras igualmente precisas de mapear o mundo.

O problema não é que meu mapa está "de cabeça para baixo". O problema está na dificuldade do nosso cérebro de vê-lo em qualquer outra orientação. Como os psicólogos cognitivos Amy Sheldon, de Stanford, e Timothy McNamara, da Vanderbilt, salientam, o cérebro é incapaz de perceber a localização se ela não estiver orientada conforme algum tipo de ponto de referência conhecido.[9] O que acaba acontecendo é que nosso cérebro atribui orientações fixas a objetos no universo quando essas orientações deveriam permanecer flexíveis. Isso é um problema porque, quanto mais flexível e adaptável for nosso mapa mental, mais caminhos para o sucesso poderemos encontrar no nosso mundo externo. Você já viu alguém usando o Google Maps no celular virar o telefone de lado para entender melhor se precisa virar à esquerda ou à direita? Basicamente, o que a pessoa está fazendo é se orientando em torno de diferentes pontos de referência. Da mesma maneira, no que diz respeito ao mapeamento mental, manter uma orientação flexível nos possibilita ver diferentes abordagens, soluções e recursos que, de outro modo, poderíamos ter deixado passar. A orientação do nosso mapa pode mudar radicalmente, dependendo de vermos uma realidade positiva ou negativa, o que pode afetar enormemente nossa capacidade de nos beneficiar do nosso gênio positivo no trabalho.

Se o seu mapa no trabalho for orientado em torno do desânimo e da impotência, você só verá um grande mar de fracassos e ficará cego para todos os recursos e caminhos para o sucesso. Mas, se orientar seu mapa em torno dos pontos positivos, poderá ver que todas as oportunidades e recursos estão conectados e poderá começar a traçar um caminho em torno deles.

E se você pudesse reorientar seu mapa mental para retratar um mundo repleto de oportunidades, significado e, acima de tudo, felicidade? Novas e empolgantes pesquisas do campo da psicologia positiva estão demonstrando que a questão não é mais "e se", mas "como".

De desorientado a engajado

Você já deu o primeiro passo para mudar a orientação de seu mapa, identificando seus marcadores de significado. Se o objetivo que deseja mapear no trabalho for ganhar uma promoção e você identificou *por que* esse objetivo é significativo para você, o próximo passo será orientar seu mapa para encontrar a maneira melhor e mais rápida de chegar a esse resultado.

Para começar, sugiro alguns exercícios para treinar seu cérebro a se direcionar numa orientação positiva com mais naturalidade. Tente usar alguns dos hábitos positivos que descrevi no programa da PBS *The Happiness Advantage*, baseado no livro *O jeito Harvard de ser feliz*. Durante 21 dias seguidos, anote três coisas novas pelas quais você é grato, passe uns dois minutos por dia anotando em um diário a experiência mais significativa do seu dia, ou reserve uns dois minutinhos para escrever um e-mail positivo para alguma pessoa de sua rede social de apoio. Não tem problema se os itens que você anotar não forem diretamente relacionados ao objetivo em questão, porque, como descrevi no programa da PBS, o simples ato de colocar esses marcadores de significado no papel literalmente reconfigura o cérebro para perceber mais depressa uma orientação positiva do mundo, enquanto mantém o seu cérebro flexível, ágil e adaptável. Para conhecer mais hábitos positivos, leia o livro *Aprenda a ser otimista*, de Martin Seligman.

Agora, pense em algo que você deseja realizar em sua vida profissional, seja abrir seu próprio negócio, ganhar uma promoção ou liderar uma equipe de vendas. Pegue uma folha de papel e anote todos os recursos que você tem à sua disposição e que podem ser usados para atingir esse objetivo. Quando falo em "recursos", não me refiro apenas a dinheiro, mas também a recursos intelectuais, emocionais e sociais, como suas habilidades de liderança, sua capacidade de manter a calma sob pressão ou um bom relacionamento com alguém da matriz. Esse exercício o ajudará a ter uma orientação mais positiva, forçando seu cérebro a se concentrar em todas as razões que *aumentam* suas chances de conseguir a promoção, em vez de desperdiçar seus recursos finitos preocupando-se com os possíveis obstáculos.

Veja outra técnica para reorientar seu mapa em torno dos aspectos positivos: literalmente dobre seu mapa mental. Por que isso é útil? Porque pode ajudá-lo a enxergar uma realidade (verdadeira) na qual seus objetivos estão muito mais próximos do que podem parecer, o que lhe possibilita traçar caminhos mais curtos e mais diretos para chegar lá. Um bom jeito de visualizar isso é o famoso mapa Dymaxion:

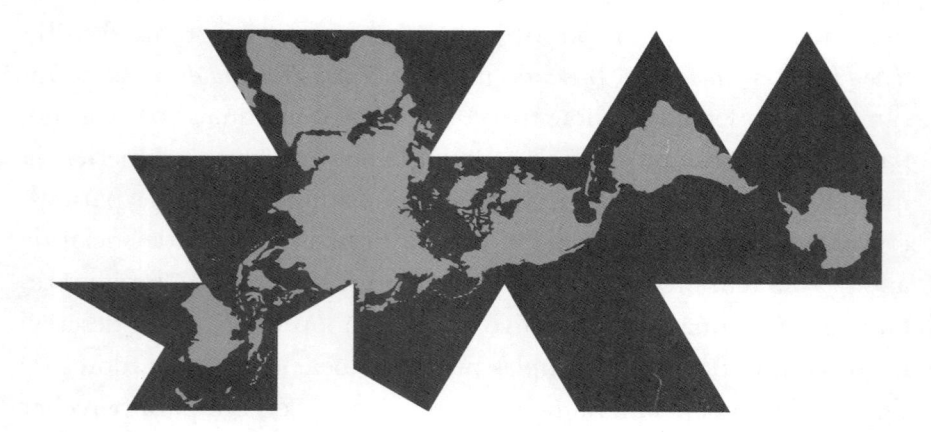

Veja o que podemos fazer com o mundo quando "esculpimos" o mapa. Note que novas realidades surgem quando nos livramos do modelo retangular rígido e *arbitrário*. Observe que de repente os oceanos ficam menores e os continentes se aproximam nesta versão (igualmente precisa) do mapa-múndi. Nesse mesmo sentido, dobrar seu mapa mental do trabalho pode ajudá-lo a ver que seus destinos são mais próximos e desafios, menos vastos. Mas lembre: a ideia é criar o mapa mais adaptável possível. Vamos fazer outra versão do mapa Dymaxion, desta vez em busca de caminhos aquáticos conectados.

Eu adoro esses mapas porque, apesar de serem opostos, os dois são precisos. Apenas usam lentes ou pontos focais diferentes para transmitir as mesmas informações. O mapa Dymaxion pode causar estranheza ao cérebro inflexível, mas é uma representação precisa que lhe permite ver como continentes e oceanos estão conectados de maneiras diferentes. Basta flexibilizar e inverter um mapa Dymaxion para ter uma visão igualmente válida do mundo. A única diferença está na orientação. A nova perspectiva possibilitada por uma mudança no ponto focal pode resultar em um mapeamento da realidade muito mais proveitoso.

Manter a flexibilidade de seu mapa não só o ajuda a ver novos caminhos para atingir seus objetivos como também lhe permite mudar seu *ponto focal*, ou orientação. Assim como o mapa acima poderia ser reorientado para posicionar a Europa, a Groenlândia ou o Oceano Pacífico no centro, você também pode reorientar seu mapa mental para centralizar a área da sua vida pessoal ou profissional na qual você quer se concentrar. Você quer ter mais vínculos sociais no trabalho? Seu objetivo é ganhar mais? Aprender a escrever melhor? Você pode usar qualquer um desses objetivos como seu ponto focal simplesmente reorientando seu mapa convencional.

Não se esqueça de que as realidades mais valiosas são ao mesmo tempo positivas e verdadeiras.

Orientando seu mapa em torno das pessoas

Pesquisas descobriram que o altruísmo é uma das maiores proteções contra a depressão.[10] Fazer algo por alguém reforça nossa esperança, alegria e felicidade e, em consequência, nossos índices de sucesso. Para colher esses benefícios, devemos desviar o foco de nós mesmos e redirecioná-lo aos outros. Pense nisto: quando você está se sentindo mais negativo (quando está deprimido, frustrado com um dia difícil, sentindo-se inferior em comparação com colegas), o seu mundo encolhe. *Você* é o seu mundo inteiro. Está tão focado em si mesmo que não consegue ver nada além. É difícil enxergar possibilidades e oportunidades e ainda mais difícil ver maneiras de ajudar os outros quando a única coisa que consegue enxergar é você mesmo. Colocar os outros no centro do seu mapa não é só uma questão de altruísmo, mas de expandir seu mundo para poder perceber mais caminhos até seus destinos.

Considerando que é você quem cria seus mapas mentais, faz sentido colocar-se normalmente no centro. Mas, quando ficamos focados demais em nós mesmos, nosso cérebro desperdiça uma valiosa quantidade de energia, atenção e recursos intelectuais e emocionais que seriam mais úteis se alocados de outra maneira. Um exemplo comum é o que acontece quando cometemos uma gafe no trabalho. Certa vez, perto do fim de uma palestra em um encontro de CEOs da Adobe, na Califórnia, depois de ter tomado uns três litros de café, comecei a andar agitado de um lado para outro no palco e chutei sem querer a perna da mesa, dando um verdadeiro banho de água e café no palco e na mesa dos CEOs. Morrendo de vergonha, perdi a concentração e o foco e, totalmente atrapalhado, continuei até o fim da minha apresentação. Eu achava que tudo o que as pessoas se lembrariam daquela palestra seria aquele acidente. Mas, quando voltei seis meses depois e mencionei o banho de café e água na mesa dos CEOs, quase ninguém se lembrou do que eu estava falando. Foi quando percebi que ninguém tinha dado muita atenção ao fato. Meu constrangimento mal tinha entrado no mapa mental daquelas pessoas porque elas estavam focadas em como aplicar as informações da palestra em sua equipe ou família.

Em seu livro *A descoberta do fluxo*, o famoso psicólogo Mihaly Csikszentmihalyi escreveu: "Os esquimós, os caçadores da Amazônia, os chineses, os índios navajo, os aborígenes australianos, os nova-iorquinos, todos acreditam que vivem no centro do universo".[11] Isso também vale para os mapas mentais. Nosso cérebro constrói o mundo a nosso redor. Mas, se soubermos expandir ou mudar o ponto focal do nosso mapa para incluir nossos colegas, nossa família e nossa comunidade, de repente liberamos mais recursos do cérebro e abrimos uma gama muito mais ampla de possibilidades. Existem dois jeitos bem fáceis de fazer isso.

Para começar, precisamos mudar nossa opinião sobre as pessoas. Uma das primeiras coisas que os alunos aprendem no curso de Introdução à Psicologia Social é o conceito do "erro fundamental de atribuição", que é a tendência humana de julgar nosso próprio comportamento com base no *contexto*, mas atribuir o comportamento dos outros ao seu *caráter*. Por exemplo, se estiver dirigindo e der uma fechada em outro carro, você pode pensar: "Bom, eu tive de fazer isso porque estou atrasado para o trabalho". Mas, se alguém fizer a mesma coisa com *você*, você pensa: "Que idiota! É um irresponsável mesmo! Ele arrisca a vida dos outros para chegar dois segundos antes!". Esse fenômeno acontece o tempo todo no trabalho. Se alguém não faz um projeto com perfeição, você decide que ele é preguiçoso ou incompetente. No entanto, se você comete um erro parecido, você o atribui ao fato de estar exausto naquele dia (provavelmente por causa do imbecil do seu chefe) ou às instruções incompletas que lhe deram. Nos dois casos, você decidiu que o comportamento dos outros explica o que eles devem ter pensado, ao passo que você usa o que pensou para justificar seu próprio comportamento. Precisamos dar aos outros o mesmo benefício da dúvida que damos a nós mesmos. Se não fizermos isso, estaremos cometendo um erro contraproducente, resultante de nos colocar no centro do nosso mapa. Mas, ao optar conscientemente por reorientar nosso mapa para tentar explicar o comportamento dos outros com base no contexto e não no caráter, podemos aos poucos começar a expandir as fronteiras do nosso universo mental.

Essa simples mudança de foco pode levar a enormes retornos no trabalho, nos possibilitando ser empresários, vendedores ou chefes melhores. Jordan Brock, um dos melhores vendedores da Dell, certa vez me disse que, como os vendedores principiantes vivem preocupados com o que os clientes pensam deles, eles tendem a falar sem parar. Essa atitude pode irritar ou afastar os clientes. Mas, como ele explicou, os vendedores experientes parecem muito mais confiantes e seguros de si porque sabem que os clientes não estão esquadrinhando cada palavra que dizem. Na verdade, os clientes estão ocupados demais pensando na própria realidade para analisar os defeitos do vendedor.

Outra maneira de reorientar seu mapa em torno dos outros é empenhar-se para oferecer apoio social, em vez de limitar-se a receber. Quando os cientistas tentam avaliar os níveis de "apoio social" (a profundidade e a amplitude das relações sociais das pessoas), eles tendem a analisar quanto apoio as pessoas estão recebendo, não quanto apoio elas estão dando. E isso é um erro.

É bem verdade que o apoio social que recebemos é um dos melhores indicativos para prever nossa satisfação e engajamento no trabalho (que se correlacionam diretamente com a produtividade).[12] Pensando assim, seria natural presumir que a melhor maneira de ser mais conectado e, portanto, mais produtivo seria receber mais apoio social das pessoas no trabalho, certo? Isso não é exatamente o que acontece.

Algumas das maiores descobertas da psicologia acontecem quando decidimos fazer perguntas de um jeito diferente. A conexão social é meu tema de pesquisa favorito, mas percebi, não muito tempo atrás, que eu estava usando uma abordagem totalmente equivocada. Com base em um estudo que realizei com 1.600 estudantes de Harvard em 2007, tinha encontrado uma correlação de 0,7 entre o apoio social percebido e a felicidade. (Esse número pode não *parecer* alto, mas é. Na verdade, é muito mais alto que a relação entre tabagismo e câncer.) E, quanto mais meus colegas e eu estudávamos o apoio social, mais comprovávamos que as redes sociais de apoio eram cruciais para todos os resultados nos negócios e em atividades acadêmicas.[13] Alguns estudos chegaram a demonstrar que o apoio social afeta a nossa saúde e que altos níveis de apoio social são fatores tão preditivos da longevidade quanto se exercitar regularmente, enquanto baixos níveis de apoio social são tão prejudiciais quanto a pressão alta. Os maços de cigarro vêm cheios de advertências. Talvez fosse interessante incluir avisos nas empresas que têm baixo apoio social.

Como ficou claro que o apoio social era crucial para a felicidade e a produtividade, minha equipe e eu, incluindo o dr. Max Weisbuch, da Universidade de Denver, resolvemos encontrar uma maneira de medir quanto apoio as pessoas tinham na vida. Começamos com o tipo de perguntas que os cientistas passaram 20 anos fazendo: "Você *recebe* apoio e conexão dos amigos em dose significativa nos momentos de dificuldade? Você *recebe*, de seus pais, o apoio e a segurança de que tem um alto potencial? Você *recebe* um ambiente amistoso e de apoio no trabalho? Você *recebe*, de seus chefes no trabalho, os benefícios do engajamento social?" Deu para ver o padrão?

As duas últimas décadas de pesquisas para investigar o apoio social se concentraram, erroneamente, em avaliar quanto apoio você *recebe*, não quanto *dá*. Acontece que dar apoio nos leva a nos sentir melhor, traz mais resultados e proporciona maiores retornos no longo prazo do que receber apoio. Estivemos fazendo a pergunta errada.

Começamos a analisar então quanto apoio as pessoas estavam dando aos colegas. Assim, passamos a perguntar às pessoas com quanto empenho estavam se *dedicando* a seus relacionamentos no trabalho, fosse convidando os colegas para um *happy hour*, comentando seus posts no Facebook ou tentando conhecê-los melhor. Não perguntamos quanto apoio estavam recebendo dos pais, mas quanto amor e encorajamento estavam dando a eles. Não analisamos se podiam contar com os amigos, mas se os amigos podiam contar com elas.

As descobertas foram extraordinárias. Em um levantamento com mais de 300 participantes de diversas profissões, identificamos vários tipos distintos de provedores de apoio social, incluindo os "altruístas no trabalho" (os que davam mais apoio social no trabalho) e os "isoladores no trabalho" (os que davam menos apoio social). O interessante foi que, quando analisamos a correlação com o engajamento no trabalho, descobrimos que apenas 5% dos isoladores estavam extremamente engajados em seu trabalho e que os altruístas tinham *dez vezes* mais chances de estar altamente engajados do que os isoladores. Além disso, mais da metade dos altruístas no trabalho se dava "extremamente bem" com colegas, em comparação com apenas 20% dos isoladores. Os altruístas no trabalho tinham duas vezes mais chances do que os isoladores de estar satisfeitos no trabalho e quase dois terços dos altruístas afirmaram ter um excelente relacionamento com os chefes.

O mais importante, porém, foi o impacto que dar apoio social teve nos índices de sucesso: *só 7% dos isoladores tinham sido promovidos no ano anterior, em comparação com cerca de 40% de cada um dos outros grupos*. A conclusão foi clara: se você não se doar no trabalho, também não vai avançar.

Acredito que essa constatação é importantíssima para entendermos o gênio positivo. Nos dias de hoje, em que se faz mais com menos, precisamos parar de desperdiçar energia mental reclamando que *recebemos* pouco apoio social dos chefes, colegas e amigos e, em vez disso, precisamos mobilizar os recursos do nosso cérebro para *dar* mais apoio social.[14] Em *O jeito Harvard de ser feliz*, disse que um dos melhores fatores preditivos do sucesso e da felicidade no trabalho é o apoio social. Agora, sabemos que um dos melhores fatores preditivos do gênio positivo é dar apoio social.

Basta nos lembrar da necessidade de incluir os outros na nossa realidade.

Lembre que a realidade que você vive no trabalho e em casa é uma constelação de fatos significativos coletados pelo seu cérebro. Encontrar significado no apoio social que damos aos outros é uma das melhores maneiras de mobilizar nossos recursos cognitivos e nossas inteligências para sermos mais engajados, motivados, produtivos e bem-sucedidos na nossa vida profissional e pessoal.

Como bem disse São Francisco de Assis já no século XIII, "fazei que eu procure mais consolar, que ser consolado; compreender, que ser compreendido; amar, que ser amado. Pois é dando que se recebe".

Estratégia 3: mapeie os caminhos para o sucesso antes das rotas de fuga

No verão de 2011, entrei em um prédio sem graça na cidade de San Antonio, Texas, para conduzir o que eu achava que seria um webinar rotineiro sobre felicidade para a Receita Federal dos Estados Unidos. Fui conduzido até uma sala onde eu daria o webinar usando um laptop do governo. Em seguida, as duas gentis mulheres responsáveis pelo evento começaram a explicar o que aparentemente era a única coisa importante que eu precisava saber antes de começar a aula: onde estavam as saídas de emergência do prédio. Sem brincadeira. E, em vez de se limitar a descrever uma rota de fuga no caso de incêndio, elas acharam que era sua responsabilidade profissional me informar sobre as *diferentes* rotas de fuga. Caramba, será que o prédio da Receita Federal era um alvo frequente de incendiários?

É claro que as rotas de fuga são importantes no caso de um incêndio real, mas acontece muito de, na nossa vida profissional, ficarmos tão focados em mapear rotas de fuga mentais que sobra pouca energia em nosso cérebro para mapear caminhos que levem ao crescimento. Por exemplo, toda a energia mental que gastamos pensando no que faremos se a nossa grande apresentação for um fracasso é uma energia que poderia ser alocada repassando os slides, aperfeiçoando o que vamos dizer ou ensaiando nossas anotações. E todo o tempo que passamos tentando descobrir como bancar nosso novo negócio se os fundos de investimento acabarem é um tempo que poderíamos estar usando para conversar com investidores, arrecadar fundos ou reinvestir nosso capital existente. E esse princípio vale para praticamente qualquer dificuldade em qualquer profissão e setor.

É incrível constatar quantos recursos do nosso cérebro gastamos procurando rotas de fuga para escapar de situações ou ambientes onde o sucesso ainda é possível. É por isso que, se gastarmos tempo e energia demais mapeando caminhos para fugir dos aspectos negativos da nossa vida em vez de nos aproximar dos aspectos positivos, reduziremos radicalmente nossas chances de encontrar oportunidades. Considerando que o nosso cérebro tem uma quantidade limitada de recursos, o que decidimos mapear *primeiro* tem mais chances de se tornar realidade.

Em um artigo para a *Harvard Business Review* intitulado "The Happiness Dividend" [O dividendo da felicidade], descrevi um estudo que mostrava que 75% do sucesso no trabalho é previsível em função de três fatores (além da inteligência): a crença de que nosso comportamento importa; o apoio social e a nossa capacidade de *considerar o estresse um desafio e não uma ameaça.*[15] Se considerar o estresse uma ameaça, seu cérebro se manterá continuamente em busca de rotas de fuga e você deixará de enxergar as sinalizações e se beneficiar dos recursos que poderiam ajudá-lo a ter sucesso. Vi inúmeras pessoas de inúmeras empresas caírem nessa armadilha. Depois da crise bancária de 2008, por exemplo, os diretores-executivos dos maiores bancos do mundo me disseram que o desempenho de suas equipes tinha despencado porque os funcionários passavam tempo demais decidindo se deveriam sair da empresa ou tentando descobrir quais eram as perspectivas de trabalho e pacotes de benefícios em outras organizações, em vez de se concentrar no que poderiam fazer para melhorar sua situação atual. Apenas pense em todas as maneiras como essa tendência nos prejudica no nosso dia a dia. Quantas vezes você passou mais tempo pensando em como fugir de um telefonema ou de um almoço do que o tempo que efetivamente gastaria para simplesmente fazer a ligação ou ir a esse almoço?

Certa vez, conversei com um diretor financeiro da cidade de Holland (a capital dos tamancos nos Estados Unidos), no estado de Michigan, que me disse: "Só consigo ser feliz depois de pensar em tudo o que pode dar errado; só assim eu sei que estou preparado para qualquer eventualidade". Porém, ao mapear apenas a fuga, ele *não* estava se preparando para qualquer eventualidade: só para o fracasso. Quando perguntei quanto tempo ele passava se preparando para o sucesso, ele olhou pensativamente para os sapatos (infelizmente não eram tamancos) e disse: "Hmmm... é engraçado você perguntar isso, porque o nosso problema em 2007 foi que a demanda [pelo produto de sua empresa] superou nossa capacidade de produção". Sua empresa estava preparada para todas as eventualidades, menos para o sucesso de seu produto.

Os pessimistas presumem que imaginar os piores cenários possíveis os ajudará a se proteger no caso de problemas. Mas, na verdade, quanto mais tempo passamos imaginando o que pode dar errado, menos tempo e recursos nosso cérebro tem para pensar em como fazer as coisas darem *certo*. Em um trabalho para a National Association of Safety Professionals [Associação Nacional de Profissionais de Segurança], um dos integrantes me procurou depois do evento e disse: "Acho difícil relaxar em um jantar com os amigos porque passo o tempo todo vendo se as vigas do telhado estão firmes ou se as saídas de incêndio estão longe demais da minha mesa, para o caso de alguma coisa explodir na cozinha". Como ele pode esperar realizar qualquer coisa no trabalho com a mente tão tomada pelos piores cenários possíveis a ponto de ser incapaz de aproveitar um jantar tranquilo com amigos?

Tal como usar um mapa-múndi no qual a Europa está sempre no topo, usar um mapa mental que sempre aponta para a fuga restringe as oportunidades, as possibilidades e os recursos que você consegue enxergar. Pior ainda é que, se mapearmos apenas os caminhos para o fracasso, é inevitável acabarmos presos nesses caminhos. O fracasso se tornará nossa realidade, confirmando nossos piores temores e levando a ainda mais desesperança e pessimismo. Por exemplo, um funcionário negativo pode construir uma realidade na qual as pessoas só o criticam e não lhe dão o devido crédito. Quando os fatos correspondem a essa orientação (já que ele não mapeou nenhuma outra), ele pode se sentir validado, acreditando que sua previsão se concretizou. Na realidade, porém, outras realidades são igualmente verdadeiras, mas ele simplesmente não as mapeou. As pessoas que têm uma mentalidade negativa mudam constantemente sua orientação do mundo até essa orientação justificar seu pessimismo. O gênio positivo evita cair nesse círculo vicioso, procurando caminhos para o sucesso *antes* das rotas de fuga.

Certa vez, quando fui dar uma palestra no Google, em Palo Alto, um dos gerentes descreveu um funcionário de sua empresa anterior que vivia dizendo para quem quisesse ouvir que esperava ser preterido de novo para uma promoção. O desanimado funcionário ficava dizendo: "Ah, vou ser preterido de novo. É o que sempre acontece". Então, quando o chefe não lhe dava a promoção (e quem poderia culpá-lo?), o funcionário saía espalhando ainda mais negatividade pela equipe, reclamando: "Eu não disse que jamais conseguiria aquela promoção?". O gerente me disse que, apesar de o funcionário ter as habilidades técnicas e a inteligência necessárias, ele não conseguia o cargo porque não tinha uma visão voltada ao sucesso. O gerente explicou: "Aquele cara tinha um enorme poder de afetar o desempenho da equipe, só que na direção errada. Como eu poderia acreditar que ele seria capaz de liderar uma equipe para o sucesso, se era incapaz de confiar nas próprias chances de sucesso?".

O pessimismo defensivo, ou presumir o pior até que se prove o contrário, parece ser uma posição muito segura no trabalho. Com essa abordagem, você nunca é pego de surpresa pelos eventos negativos e até já tem um plano pronto para o caso de eles acontecerem. Parece seguro, não é mesmo? O problema é que seu cérebro constrói um mundo baseado em como você espera que ele seja. Então, se for incapaz de imaginar realizações, significado, elogios e gratidão, você estará fadado a viver em uma realidade desprovida desses elementos. Lembre-se: você tem de viver na sua realidade; então, para que construí-la com expectativas negativas?

Uma das principais constatações do campo da psicologia positiva é a revelação de que as pessoas negativas literalmente enxergam uma gama mais restrita de oportunidades e possibilidades. Em seu livro *Positividade*, Barbara Fredrickson escreve sobre suas pesquisas que mostram que, quando o cérebro é negativo, ele opera no modo "luta ou fuga", mas, quando é positivo, o cérebro pode usar toda a gama de recursos intelectuais, sociais e emocionais para "expandir e desenvolver" e é capaz de encontrar novas maneiras de ver e fazer as coisas. Essa constatação foi posteriormente confirmada por pesquisadores da Universidade Brandeis. Eles usaram um equipamento de rastreamento do movimento ocular para literalmente seguir e registrar o que nossos olhos focam e, portanto, nosso cérebro também, e descobriram que, quando as pessoas tinham uma mentalidade negativa, sua atenção se dirigia principalmente para o que aparecia no centro da tela do computador. Mas, quando as pessoas com uma orientação mais positiva olharam para a mesma tela, seu campo de visão foi muito mais amplo e incluiu a imagem toda e não apenas uma ou duas informações no centro.[16] Assim, um funcionário positivo tem mais chances de enxergar caminhos para avançar na empresa, um empreendedor positivo é capaz de ver mais nichos no mercado, um estudante positivo consegue achar mais programas de bolsa de estudo para se inscrever, um atleta positivo verá mais jogadores a quem passar a bola durante o jogo e assim por diante.

Qual tipo de mapa você criou para si? Ele é mais parecido com um mapa de saídas de emergência ou com um mapa do tesouro? Os caminhos se limitam a distanciá-lo do fracasso ou o conduzem para o sucesso? Não importa o objetivo que você estiver mapeando na sua vida pessoal ou profissional, procure o caminho para o resultado desejado *antes* de dedicar quaisquer recursos cognitivos a planejar como sobreviver ao fracasso. *Não estou dizendo que se adiantar aos problemas seja inerentemente ruim. Mas, como o que você mapeia primeiro tem mais chances de se concretizar, você só deve alocar os valiosos recursos do seu cérebro procurando uma rota de fuga depois de ter mapeado vários caminhos para o sucesso.*

Assim, se estiver pensando em correr uma maratona, não comece pensando nas possíveis lesões ou na vergonha que será se não conseguir ir até o fim. Em vez disso, comece planejando um programa de treinos, pensando em como se sentirá bem ao ver aumentar as distâncias que consegue percorrer, e imaginando o belo jantar em família que terá depois da corrida para comemorar sua conquista.

Ou, se quiser abrir um negócio próprio, não comece imaginando o que acontecerá se ninguém gostar de seu produto, se o capital acabar ou o que seus amigos pensarão se a empreitada não der certo. Em vez disso, comece analisando o mercado e coletando dados, ligando para investidores, fortalecendo seus recursos e recrutando os amigos para torcer por você.

Se quiser escrever um romance, não comece pensando nas cartas de rejeição que tantas pessoas recebem das editoras, em todo o tempo que está levando para escrever, em como pouquíssimos livros se tornam *best-sellers*. Em vez disso, comece se lembrando de sua paixão por sua ideia, dos contatos que já tem para ajudá-lo nesse projeto, e elaborando um cronograma para a conclusão de cada capítulo.

Mapear o percurso visando primeiro ao sucesso lhe possibilitará aproveitar melhor todas as suas inteligências e construir um prisma do sucesso.

O trabalho de um cartógrafo nunca tem fim

Para se manter no caminho rumo a seus objetivos profissionais, você precisa checar periodicamente o seu mapa. É fundamental ter em mente que mapas da realidade falhos, contendo caminhos que deixaram de ser viáveis, são responsáveis por alguns grandes desastres, não só nos negócios, mas também no cenário internacional.

Em 1999, a CIA bombardeou a embaixada chinesa em Kosovo. Quando a poeira literalmente baixou e o mundo começou a protestar, descobriu-se que os pilotos usaram uma cópia impressa de um mapa de 1996 para definir o alvo. Infelizmente, a embaixada chinesa tinha se mudado para aquele local em 1997.[17] O mapa dos pilotos estava um ano desatualizado.

Um ano antes, em um dia frio de inverno nas belas pistas de esqui nas Dolomitas italianas, quando a asa direita de um avião militar norte-americano cortou o cabo de um teleférico, 20 pessoas caíram de uma altura de 60 metros. Todas morreram na hora. Nas investigações que se seguiram, os novos mapas, que indicavam os cabos, foram encontrados fechados na cabine do avião. Os mapas que os militares tinham usado estavam obsoletos e não indicavam os "fios assassinos". Esse tipo de situação não é incomum. Entre 1980 e 1999, ocorreram 59 colisões entre aeronaves militares e obstáculos não mapeados.[18]

Uma última história verídica publicada no *New York Times*: um comandante militar nicaraguense chamado Edén Pastora quase provocou uma guerra com a Costa Rica quando despejou equivocadamente várias toneladas de sedimentos fluviais no lado errado da fronteira entre a Costa Rica e a Nicarágua.[19] A presidente da Costa Rica, Laura Chinchilla, achou que seu país, que nem sequer tem um exército, estava sendo invadido. Descobriu-se que Pastora simplesmente usava o mapa do Google, que deslocava um pouco a fronteira.

Também no mundo dos negócios, mapas desatualizados da realidade podem levar a resultados negativos não intencionais. Na tentativa de cortar custos após o colapso econômico de 2008, um grande banco europeu para o qual prestei consultoria decidiu combinar os departamentos de RH e de aprendizagem de suas três unidades de negócios: patrimônio privado [*private equity*], *banking* e administração de patrimônio. Contudo, apesar de as fronteiras formais entre esses departamentos terem sido removidas, as fronteiras mentais e culturais permaneceram. Assim, enquanto os líderes da empresa seguiam esses novos mapas sem fronteiras, os funcionários da empresa continuaram usando os mapas agora desatualizados para saber com quem deveriam falar e como deveriam tratar diferentes pessoas da empresa. O resultado foi um atoleiro de conflitos culturais, problemas de comunicação e conflitos interpessoais que acabaram gerando altos custos à empresa, tanto em termos de produtividade quanto de lucros.

Uma das editoras de livros mais conceituadas de Nova York me contou uma história que ilustra a importância de atualizar continuamente nossos mapas da realidade. Ela falou que tinha entrado no setor editorial porque adorava editar textos e queria avançar na carreira e se tornar uma editora respeitada. Usando esses marcadores de significado para orientar seu caminho, depois que se formou na faculdade, ela se dispôs a trabalhar como estagiária em uma editora, com todas as tarefas maçantes e sem reconhecimento que isso representava, sabendo que aquele seria um passo necessário na direção de seus objetivos. Então, percebeu que, se continuasse seguindo o mesmo caminho mental que tinha traçado assim que saiu da faculdade, mais cedo ou mais tarde teria um problema. Se fosse promovida ao próximo nível, teria um cargo mais alto, mas deixaria de editar livros. Ela só decidiria quais livros adquirir e quando eles deveriam ser publicados. Em vista disso, ela voltou a seu mapa e o atualizou.

Traçar um mapa profissional e deixar de revisá-lo ou atualizá-lo é um fenômeno muito comum na vida profissional, já que *a maioria das pessoas se empenha para ser promovida sem parar para pensar se realmente gostaria do novo cargo ou função*. Se você não parar de vez em quando para avaliar se seus antigos marcadores de significado ainda o estão conduzindo a seu objetivo profissional, pode acabar perdendo completamente o rumo.

Assim, reserve um tempo todo mês para ter certeza de que seus planos de curto prazo realmente o estão conduzindo a seus objetivos profissionais e pessoais. Você pode fazer isso de algumas maneiras. Uma é ver seu mapa de outro ponto de vista. Peça a um amigo, colega ou até a um especialista vocacional para lhe dar uma opinião objetiva sobre o direcionamento de sua carreira no momento. Outra estratégia é simplesmente se fazer uma pergunta simples: o meu comportamento hoje está me levando a um dos meus marcadores de significado? Se não está, você identificou um caminho que não precisa ser percorrido. Uma terceira maneira é reservar um tempo, talvez apenas uma hora no primeiro sábado do mês, para refletir sobre o mapa que traçou no início do capítulo. O mapa continua refletindo seus objetivos e planos? Há novos marcadores de significado ou novos caminhos para incluir? Minha sugestão é manter um diário ou criar um documento do Word para monitorar suas metas para o próximo ano e compará-las periodicamente com o seu mapa. Você pode ter criado o melhor mapa do mundo, mas, se não o mantiver atualizado, pode estar totalmente fora de curso.

Acima de tudo, lembre que, se mapear seus objetivos e ambições, seu cérebro terá um caminho a seguir. Agora que já aprendeu como fazer isso, você está pronto para a próxima estratégia: mobilizar os aceleradores de sucesso para atingir seus objetivos com mais rapidez.

Colocando a teoria em prática

1. *Diversifique o seu portfólio de marcadores de significado.* Faça agora uma lista do maior número possível de marcadores de significado da

sua vida. Inclua pelo menos dez e seja específico. Em vez de usar termos genéricos como "dinheiro" ou "família", escreva coisas como "Ser um exemplo positivo para o meu filho", "Encontrar tempo para ler mais" ou "Fazer uma viagem de aventura com a família". Não deixe de procurar marcadores de significado em todas as áreas da sua vida. Quanto mais diversificado for seu portfólio de significados, mais caminhos levarão ao crescimento e menos chances você terá de perder seu rumo no trabalho.

2. *Faça uma "orientação de significado" diariamente.* Todo dia de manhã, pergunte a si mesmo: "O que vou fazer hoje para me aproximar das minhas metas mais significativas?". Mesmo se fosse fazer essa tarefa de qualquer maneira, enfatizar o fato de que está fazendo algo significativo todos os dias treinará seu cérebro para reajustar e reorientar seu mapa de modo constante e automático em torno de significados.

3. *Mapeie a sua vida.* Faça um mapa real do seu atual local de trabalho, bairro ou cidade. Quais áreas ou pessoas são maiores? Quais ficaram mais perto do centro? Agora, pense no que está faltando. Você consegue pensar em pessoas, lugares ou recursos importantes que deixou de fora (como aquele engenheiro tímido, mas inteligentíssimo, da sua equipe ou a biblioteca repleta de ferramentas profissionais)? Se for o caso, você provavelmente os está ignorando no trabalho real também. Pense em maneiras de utilizar melhor essas pessoas e recursos.

4. *Identifique e impeça os sabotadores.* Identifique três sabotadores de mapas que você sabe que o desviam de seu caminho (por exemplo, receber alertas de recebimento de e-mails, conviver com pessoas negativas, invejar o que os outros têm, fofocar, beber demais, fazer compras on-line). O que você pode fazer hoje para evitar esses sabotadores? Com quais hábitos positivos e significativos você pode substituí-los? Se você achar que é muito vulnerável

aos sabotadores, passe uma cópia da lista a um bom amigo, um colega ou seu cônjuge para ajudá-lo a neutralizá-los.

5. *Use um mapa do tesouro.* Para a próxima reunião, projeto ou apresentação importante, crie um mapa mental do tesouro em vez de um mapa de rotas de fuga. Comprometa-se a focar seu cérebro no que seria necessário para ter sucesso, em vez de no que você fará se for um fracasso. Se os outros começarem a focar nos problemas ou a se preocupar, direcione a conversa de volta aos aspectos positivos: "Vamos descobrir como ter sucesso antes de falar sobre o que pode dar errado".

6. *Atualize o seu mapa.* Reserve uma hora por mês para refletir sobre seu mapa mental. Escolha um sábado ou um domingo, em algum momento do dia em que não estará ocupado com responsabilidades familiares ou profissionais, e passe um tempo só pensando nas suas metas atuais e se continua no caminho certo. Essa breve pausa é imprescindível para garantir que seu mapa se mantenha atualizado e exato. Você não faz ideia de com quantas pessoas já trabalhei que criam mapas e continuam seguindo o caminho que traçaram uma década atrás sem parar para pensar se aquele continua sendo o destino que querem alcançar.

HABILIDADE 3

O ponto X

Encontre aceleradores de sucesso

Uma das melhores maneiras de testemunhar o enorme potencial do ser humano é ver um atleta cruzando a linha de chegada de uma maratona. É incrível ver os meses e os anos de treinamento físico, determinação e autodisciplina culminando naquele momento de pura conquista. O que sempre me fascinou nos momentos finais de uma maratona é que nunca vi um corredor desacelerar ao se aproximar da linha de chegada. Apesar da exaustão que devem sentir naquela altura, os maratonistas na verdade *aceleram* e correm com toda a energia que lhes resta para cruzar a linha de chegada. Como?

Quando os maratonistas estão mais ou menos a 150 metros do fim da corrida de 42 quilômetros, um evento cerebral especial ocorre naquele ponto, chamado de "ponto X", onde os corredores dobram a esquina e finalmente conseguem ver a linha de chegada. O cérebro libera uma torrente de endorfinas e outras substâncias que dão aos atletas mais energia para acelerar nos últimos metros da corrida. Se você for um maratonista, ou qualquer outro tipo de atleta, já deve ter passado por algo parecido. Quando seu cérebro vê que *o sucesso não só é possível como passou a ser provável*, a reação é de uma potência física incrível. Na verdade, o efeito é tão forte que alguns maratonistas não conseguem aguentar.

Por incrível que pareça, em todo o penoso percurso de 42 quilômetros, o ponto X é o local mais provável para a ocorrência de uma parada cardíaca. É por isso que, na Maratona da Filadélfia, o dr. Lewis Maharam, presidente do conselho da International Marathon Medical Directors Association [Associação Internacional de Diretores Médicos de Maratonas], tomou a brilhante providência de alocar socorristas para ficarem de prontidão no ponto X. Ele sabe que, em alguns casos raros, um atleta ultrafatigado não consegue lidar com a incrível onda de aceleradores neuroquímicos liberados no corpo, e ele está certo. Maharam foi responsável por dez reanimações no ponto X só em 2011![1] Mas, naturalmente, a descoberta do ponto X tem outras implicações além de prevenir um raro ataque cardíaco. O ponto X revela um dos atributos mais importantes do nosso cérebro: no exato momento em que ele percebe que atingir o objetivo não só é possível como provável, ele libera um grande fluxo de substâncias que nos ajudam a acelerar.

O ponto X ilustra quanto a linha de chegada pode ser poderosa para aumentar nossa energia e foco. Assim que conseguimos ver o objetivo se aproximando, intensificamos nosso empenho. Isso acontece porque, quando o nosso cérebro se convence de que chegaremos lá, ele libera esses potentes aceleradores. Da mesma maneira, qualquer fã de futebol americano sabe que os jogadores correm mais rápido e com mais empenho quando chegam perto de marcar pontos. Com a recompensa quase ao alcance das mãos, o cérebro aprova a liberação de mais energia, em vez de guardá-la para recompensas posteriores. E o corpo, portanto, é recompensado com mais vigor, velocidade, clareza mental e resistência. Assim, se você quiser acelerar seu índice de sucesso, precisa encontrar seus pontos X logo e com frequência.

É claro que esse fenômeno não se restringe aos esportes. Não importa qual seja o seu objetivo (terminar uma maratona, concluir um grande projeto no trabalho ou perder dez quilos), o seu cérebro se comportará exatamente da mesma maneira. Assim que registra que você vai atingir seu objetivo, ele libera essas mesmas substâncias que lhe darão o impulso adicional necessário para acelerar. *Em outras palavras, quanto mais perto você perceber que o sucesso está, mais rápido você se aproxima dele.*

E se pudéssemos ter acesso a essa energia, foco e motivação aumentados ao nos aproximar não só da linha de chegada, mas de qualquer ponto da corrida? E se pudéssemos aplicar essas mesmas técnicas para acelerar na direção de qualquer objetivo no trabalho?

Pesquisas no campo da psicologia positiva revelam que isso é possível. O cérebro libera os aceleradores não só quando um maratonista *enxerga* a linha de chegada, mas assim que ele *percebe a probabilidade* do sucesso. O que isso significa para todos nós no trabalho é que não precisamos estar no fim da corrida para nos beneficiar das recompensas cognitivas do ponto X. Ao mudar nossa *percepção* da distância que resta até a linha de chegada, podemos preparar o cérebro para liberar antes essas substâncias e acelerar nosso sucesso. O objetivo deste capítulo é fazer com que sua realidade positiva possível pareça mais provável.

Pintando o alvo

Como parte da bolsa de estudos do Corpo de Treinamento de Oficiais da Reserva da Marinha, passei um verão treinando diferentes especialidades de operações militares. Um dia, os outros cadetes e eu fomos convidados para um passeio a bordo de uma das joias da coroa da Marinha: um destroier Aegis. Essas extraordinárias embarcações foram as primeiras do tipo a serem construídas com o avançadíssimo sistema de combate Aegis e o radar de ponta SPY-1, o que significa que elas eram basicamente um sistema flutuante de mísseis guiados de altíssima tecnologia. Aqueles gigantes de 9.200 toneladas levavam mais de 90 mísseis e usavam uma série de sistemas interconectados de armamento para localizar possíveis ameaças ao navio e aos países vizinhos, e destruí-las sem dó nem piedade.

A tecnologia empregada nesses navios está além do escopo deste livro (e da minha compreensão), mas, basicamente, quando um míssil disparado de um navio se aproxima de seu alvo, ele é capaz de detectar a energia dispersa proveniente do alvo e, com base nisso, ajustar tanto sua trajetória quanto seu impulso. Isso era chamado de "pintar o alvo", e aquelas naves davam conta dessa tarefa com uma precisão incrível.

Por que estou contando isso? Porque "pintar o alvo" é exatamente o que seu cérebro precisa fazer sempre que quiser atingir um objetivo. Uma vez que seu cérebro tenha mapeado um caminho em direção a um objetivo que você quer alcançar ou, em outras palavras, um "alvo" que você deseja atingir no trabalho ou na sua vida pessoal, ele passa a ler constantemente sinais no ambiente indicando o que é necessário para chegar lá.

Nesta altura, você já aprendeu como definir objetivos significativos e como mapear seu caminho em direção a eles. Mas, se quiser mesmo se tornar um gênio positivo no trabalho, a próxima pergunta deve ser: como você pode construir realidades que o ajudem a atingir esses objetivos *mais rapidamente*? Em outras palavras, como você pode não só atingir o sucesso na sua vida pessoal e profissional, mas também acelerar esse sucesso? O que você precisa é de "aceleradores de sucesso".

Nosso cérebro é uma máquina orientada para objetivos. No trabalho, quando definimos metas de vendas, estabelecemos prazos para um projeto ou determinamos qualquer outro tipo de objetivo para o nosso crescimento pessoal ou profissional, nossa mente faz subconscientemente uma série de avaliações sobre a distância a que estamos do objetivo (proximidade), nossa probabilidade de atingi-lo (o tamanho do alvo) e o esforço necessário (propulsão) para tanto. Enquanto nos empenhamos para avançar em direção ao objetivo, nosso cérebro está constantemente calculando e recalculando essas três variáveis, assim como o sistema de mísseis Aegis reavalia constantemente a posição de seu alvo. Mas eis um detalhe importante: pesquisas no campo da neurociência ao redor do mundo estão descobrindo que essas variáveis não se baseiam apenas em medidas objetivas, mas, em grande parte, na nossa *percepção* dos fatos. Por exemplo, a menos que tenha a capacidade de ver o futuro, você não tem como saber ou controlar a que distância está sua meta, sua probabilidade de atingi-la e o esforço que será necessário para tanto. Mas você *tem como* controlar a sua *percepção* da proximidade da meta e do esforço necessário para ter sucesso. Em outras palavras, você tem o poder de acelerar o seu avanço na direção das metas (sejam elas metas de vendas, ganhos de produtividade, promoções ou resoluções pessoais) simplesmente alterando suas percepções.

No capítulo "O poder do gênio positivo", descrevi como a questão de saber se um copo está meio cheio ou meio vazio não importa tanto quanto a questão de haver um jarro de água na mesa. Isso porque a maneira como você escolhe interpretar essa marca dos 50% é, em muitos aspectos, uma avaliação subjetiva. Se você estiver na marca dos 50% de uma maratona e não estiver cansado demais, provavelmente será encorajado pelo seu progresso e motivado a se empenhar ainda mais. Se estiver a 50% do caminho em uma maratona e estiver preocupado com uma dor no joelho, os 50% restantes provavelmente parecerão intimidadores e você pode desanimar e desistir. O mesmo se aplica a seus objetivos profissionais. Seu sucesso é determinado em grande parte pela maneira como você *percebe* seu progresso atual.

Por exemplo, você sabia que seu desempenho em uma prova como o vestibular pode ser afetado pelo número de pessoas que você vê na sala fazendo aquela prova? Você sabia que tem mais chances de acertar um buraco no golfe se cercá-lo com um círculo imaginário composto de círculos menores para criar uma ilusão de óptica que faz o buraco parecer maior? Ou que, se destacar a marca dos 70% à medida que avança em direção ao seu objetivo, você será capaz de acelerar? Criar percepções mais positivas das nossas metas pode aumentar muito o nosso engajamento, foco, produtividade e motivação e, em consequência, aumentar a velocidade na qual as atingimos.

Neste capítulo, você aprenderá três habilidades para ajudá-lo a fazer exatamente isso.

Estratégia 1: dê um *zoom* no alvo (proximidade). Pesquisas demonstram que, quanto mais as pessoas se aproximam de um objetivo, mais elas se empenham e aceleram. Mudar a percepção do nosso cérebro em relação à distância para atingir um objetivo (seja uma meta de vendas, a conclusão de um projeto, uma promoção ou qualquer outro objetivo profissional) nos dá ímpeto, foco e motivação e leva nosso cérebro a trabalhar na capacidade máxima.

Estratégia 2: amplie o tamanho do alvo (probabilidade de sucesso). No arco e flecha, quanto maior for o alvo, maior será a probabilidade de atingi-lo. Nessa mesma lógica, quanto mais o alvo *parece* maior, mais o seu cérebro *acredita* que você vai acertá-lo. Vários estudos demonstraram que, quando as pessoas percebem que as chances de acertar o alvo são maiores, seus índices de sucesso aumentam consideravelmente. Os golfistas acertam mais buracos, os jogadores de futebol fazem mais gols, os funcionários têm mais chances de concluir um grande projeto e a produtividade da equipe chega a aumentar até 31%.

Estratégia 3: recalcule a propulsão (a energia necessária). Para atingir qualquer objetivo, profissional ou pessoal, é necessário certo nível de energia, mas diferentes tipos de objetivos têm custos mentais diferentes. Quanto mais baixos forem os custos mentais, mais depressa você se aproxima do sucesso. Pesquisas mostraram que, ao mudar as suas percepções desses custos, você pode aumentar sua velocidade em direção ao alvo em até 35%.

Qualquer pessoa, seja pessimista ou otimista, estabelece metas. A diferença é que os gênios positivos constroem os fatos de sua realidade para que esses objetivos pareçam ser atingíveis. Como consequência, eles são capazes de mobilizar todos os seus outros recursos mentais e suas inteligências para atingir esses objetivos com mais rapidez e eficiência do que os pessimistas. Você também pode aprender a fazer isso usando as três estratégias que aprenderá neste capítulo.

Estratégia 1: dê um *zoom* no alvo (proximidade)

Dizem que as pessoas que não aprendem com a história estão condenadas a repeti-la. Essa afirmação é ainda mais verdadeira na ciência. Nos cursos de Psicologia que fiz na faculdade, os professores costumavam ridicularizar estudos que tinham sido conduzidos apenas dez anos antes. Com uma risadinha zombeteira, do alto de seu conhecimento, desprezavam esses estudos rotulando-os de ultrapassados, antiquados e obsoletos. Deixavam claro que acreditavam que tínhamos avançado muito em relação às descobertas científicas da década anterior.

Nós, cientistas, ficamos tão empolgados com novas informações que frequentemente esquecemos a importância de descobertas anteriores. Talvez seja por isso que, quando converso com educadores, poucos ouviram falar do famoso efeito Pigmaleão, descoberto por Robert Rosenthal e Lenore Jacobson em 1968, que constataram que os alunos têm um desempenho no nível esperado pelo professor, mesmo que o professor nunca chegue a verbalizar essa expectativa.[2] E é por isso que, quando conversei com médicos de casas de repouso, poucos tinham ouvido falar do estudo de 1979 da professora Ellen Langer, de Harvard, no qual ela conseguiu reverter os efeitos do envelhecimento simplesmente propondo que homens de 75 anos de idade passassem uma semana fingindo que tinham voltado 20 anos no tempo.[3] E é por isso que você provavelmente nunca ouviu falar da hipótese do gradiente de meta de Clark Hull, embora ela afete praticamente todos os nossos resultados profissionais, acadêmicos e pessoais.[4]

O incrível Hull

Clark Hull nasceu em 1884, o que significa que cresceu junto com a ciência moderna.[5] A vida de Hull não foi fácil. Na infância, contraiu febre tifoide e quase morreu. Por milagre, Hull sobreviveu, mas o tifo o deixou com sequelas, prejudicando para sempre sua visão e sua capacidade de memória. Mesmo assim ele persistiu e, quando se formou na faculdade, apesar de suas limitações de memória e visão, parecia que finalmente tinha superado as adversidades. Foi quando o azarado jovem de 24 anos foi diagnosticado com poliomielite.

A poliomielite arrasou o corpo de Hull; uma de suas pernas nunca mais seria normal. Mas Hull estava decidido a não abandonar as metas que tinha estabelecido. Enquanto algumas pessoas usam as dificuldades da vida como muleta ou desculpa para desistir de suas maiores ambições, Hull continuou avançando, apesar de tudo. Levou dez anos para concluir o doutorado em Psicologia, pois teve de abandonar o programa em várias ocasiões para trabalhar em um segundo emprego e pagar os estudos. Realizada essa enorme façanha, Hull poderia muito bem ter relaxado e desacelerado um pouco, mas ele só estava começando. Quanto mais metas atingia, menos tempo levava para atingir a próxima.

No campo da psicologia, costumamos brincar dizendo que você acaba estudando a sua própria realidade. Se estuda depressão, provavelmente tem uma tendência à depressão. Se estuda a psicologia da obesidade, provavelmente está com sobrepeso. Se estuda controle da agressividade, bem... tenho até medo de dizer por quê...

Então, o que foi que Hull estudou? Se o dia a dia for uma batalha constante devido a um corpo doente e mesmo assim você persiste para realizar grandes conquistas, pode estar interessado em estudar por que algumas pessoas atingem seus objetivos e outras, não. Você pode querer estudar como o impacto de processos como ímpeto, engajamento, motivação e energia afeta os índices de sucesso de uma pessoa. Em 1926, Hull escreveu: "Muitas vezes me ocorreu que o organismo humano é uma das máquinas mais extraordinárias, mas não deixa de ser uma máquina". Ele acreditava que os seres humanos eram máquinas que podiam ser reguladas ou ajustadas para melhorar sua velocidade e precisão.

Na época, nenhum psicólogo fazia pesquisas comportamentais em máquinas humanas reais, então Hull teve de se contentar com a segunda melhor opção: ratos. E você conseguiria pensar em uma maneira melhor de estudar o atingimento de metas do que observar ratos tentando encontrar uma recompensa no fim de um labirinto?

Depois de mais de dez mil horas de observação, Hull começou a notar um fenômeno que deve ter parecido familiar: quanto mais os ratos se aproximavam do fim do labirinto, mais rápido pareciam avançar. Para confirmar essa constatação, Hull equipou o labirinto com sensores elétricos para obter leituras precisas da velocidade do rato ao longo do tempo. E o que ele descobriu foi que os ratos de fato aceleravam à medida que se aproximavam de seu objetivo, exatamente como os maratonistas fazem quando chegam ao ponto X.

Você já notou que começa a ler mais rápido quando chega perto do fim de um livro? Ou que começa a falar mais rápido quando sabe que um telefonema está prestes a chegar ao fim? Ou que trabalha com mais diligência e eficiência quando está perto de concluir um grande projeto? Essa é a hipótese do gradiente de metas de Hull em ação: quanto mais próximo você estiver de seu objetivo, mais rápido avança.

Hull foi um behaviorista, o que significa que ele acreditava que nosso cérebro segue regras objetivas de comportamento. Mas eu sou um psicólogo positivo, o que significa que acredito que nosso cérebro se orienta não só por medidas objetivas, mas também pela percepção. Com base em minhas pesquisas (não com ratos em gaiolas, mas com funcionários reais em empresas e escritórios, e não usando labirintos, mas objetivos e equipes reais), proponho um importante adendo à hipótese de Hull: trabalhamos com mais empenho e rapidez não só quando nos aproximamos objetivamente da nossa meta, mas também quando *percebemos* que estamos mais perto dela. Em outras palavras, *quanto mais perto nos percebemos do sucesso, maiores são nossas chances de sermos bem-sucedidos.* E, ao cuidadosamente "pintarmos" nossos alvos para parecerem mais perto, podemos desencadear o ímpeto, a energia, o foco, a motivação e os recursos cognitivos que nos ajudarão a chegar lá mais rápido.

Agora, vejamos exatamente como você pode criar pontos X para acelerar projetos, aumentar a produtividade, elevar os lucros e melhorar seus resultados pessoais e profissionais.

Labirintos de rato e café grátis

Em 2006, pesquisadores da Faculdade de Administração da Universidade Columbia realizaram uma série de fascinantes estudos que levaram a hipótese de Hull ao mundo corporativo. Um deles, que viria a ser publicado no *Journal of Marketing Research*, analisou se a hipótese do atingimento de metas podia ser aplicada para acelerar os gastos dos consumidores. Mas como replicar a pesquisa de Hull com consumidores de verdade? Ninguém corre em labirintos no mundo real (a menos que seja em algum *reality show*). Os pesquisadores precisavam de uma situação que simulasse o atingimento de metas no contexto do varejo.

Então, chegaram à criativa solução de analisar os índices de participação e compra em um programa de fidelidade de um café. O experimento funcionava assim: todos os clientes recebiam um cartão fidelidade e eram informados de que cada compra daria direito a um carimbo; com dez carimbos, ganhariam um café grátis. Em seguida, eles simplesmente registraram as datas em que as pessoas compravam café para verificar se os clientes aumentavam a frequência de compra à medida que se aproximavam de ganhar o café grátis. E, de fato, foi exatamente o que aconteceu. Como previa a hipótese de Hull, quanto mais os clientes se aproximavam do objetivo, mais rápido corriam em direção à linha de chegada.

É nesse ponto que a pesquisa dá uma guinada interessante. Os pesquisadores repetiram o experimento do café, mas dessa vez metade dos clientes recebeu um cartão "compre dez cafés e ganhe um grátis" e a outra metade recebeu um cartão "compre 12 cafés e ganhe um grátis" que já vinha com dois carimbos preenchidos. Assim, nos dois casos, o cliente precisaria comprar dez cafés para ganhar um grátis (a distância da meta não variava), mas o segundo grupo recebeu uma vantagem inicial *percebida*. A lógica era a seguinte: antes mesmo de comprar um único café, o grupo 2 parecia estar a um sexto do caminho em direção à recompensa, enquanto o grupo 1 não tinha sequer começado seu longo percurso até chegar a um café grátis.[6] Se você estivesse no grupo 1, seu primeiro café o levaria a apenas um décimo (10%) do caminho em direção à recompensa, ao passo que, no grupo 2, o primeiro café levaria os participantes a um terço (33%) do caminho até lá. Como isso afetou o comportamento de compra? Os resultados foram fascinantes. As pessoas do grupo 2 (cuja distância *percebida* da meta era menor, apesar de objetivamente ser a mesma que a do grupo 1), comprou os dez cafés restantes bem mais rápido que as pessoas do grupo 1.

Essa série de estudos é precisamente o motivo pelo qual a hipótese de Hull precisa ser revista. O que prevê nosso comportamento não é a proximidade objetiva da meta, mas nossa *percepção* subjetiva dessa realidade objetiva.

Como você pode imaginar, isso tem enormes implicações para as empresas, considerando que os clientes que compram com mais frequência obviamente comprarão mais com o tempo. Em seguida, os pesquisadores se perguntaram: será que isso também se aplica ao comportamento dos consumidores na internet, onde os riscos para as empresas são ainda maiores? Afinal, considerando o pouco tempo de atenção focada dos compradores on-line e todo o ruído da concorrência, é importantíssimo levar os consumidores a clicar no botão "comprar" o mais rápido e com a maior frequência possível. Para averiguar essa hipótese, os pesquisadores criaram um sistema de recompensa semelhante ao cartão do café grátis após dez compras: as pessoas ganhariam um vale-presente por avaliar um determinado número de músicas. Também nesse caso, eles descobriram que, quanto mais as pessoas se aproximavam de ganhar o vale-presente, três coisas aconteciam: elas (1) avaliavam mais músicas por visita ao site; (2) visitavam o site com mais frequência, e (3) persistiam por mais tempo avaliando as músicas. Em outras palavras, elas não só trabalharam mais rápido, como passaram mais tempo trabalhando e trabalharam com mais empenho à medida que se aproximavam do objetivo.[7]

E, ainda mais importante, esses estudos contêm algumas lições muito úteis para empresas e para qualquer pessoa que lida com clientes. A primeira lição é óbvia: se você quiser incentivar seus clientes a visitá-lo com mais frequência, crie programas de recompensa de modo que as pessoas (1) tenham uma vantagem inicial percebida e (2) possam perceber um grande progresso.

Essas constatações também têm enormes implicações para a maneira como devemos definir e estruturar metas para nós mesmos e para nossas equipes. Para começar, dê a si mesmo uma vantagem inicial percebida estabelecendo as suas metas com algum progresso já incluído. Por exemplo, se a sua resolução de Ano-Novo for arrecadar mil dólares para uma instituição de caridade, não comece com o indicador de arrecadação de fundos no zero. Em vez disso, comece com algum dinheiro que acumulou de algum outro modo para sentir que já avançou parte do caminho em direção a seu objetivo. Ou, em vez de começar a contar o atingimento das metas de vendas a partir de 0% a cada novo trimestre, estruture as metas para incluir o mês ou a semana de vendas anterior. A distância até a meta pode continuar sendo a mesma (por exemplo, se sua meta original era de 10 mil dólares e você estiver começando com mil, pode aumentar a meta para 11 mil dólares), mas você e sua equipe trabalharão mais rápido e com mais empenho para chegar lá porque a meta *parecerá* mais próxima (da mesma maneira como aconteceu com os clientes que ganharam um cartão de 12 carimbos com dois cafés já carimbados).

Não importa em qual setor você trabalha ou quais são suas responsabilidades, a melhor maneira de transformar uma maratona no trabalho em uma corrida de velocidade é mudar a sua percepção da linha de chegada. Crie pontos X para a sua equipe sempre e onde puder, e mostre como o sucesso pode estar perto usando elogios constantes, metas mais próximas e mostradores gráficos ou visuais de progresso. Pode ser algo tão prático e simples quanto estabelecer metas semanais, em vez de anuais. Ou tente criar mapas de hábitos diários nos quais você pode ticar cada hábito ou ação positiva, em vez de tarefas distintas, que geralmente levam mais tempo e envolvem várias etapas. É muito mais fácil ver a linha de chegada quando esta for "Responder ao e-mail do chefe" em vez de "Responder aos e-mails recebidos".

Divida os grandes projetos em metas menores e incrementais, mas também crie pontos X apontando marcos na altura dos 70%. Por exemplo, se a meta incremental for 1 milhão de dólares em receita, configure um lembrete para mostrar a você e à equipe quando atingirem a marca dos 700 mil. Ou, se a meta for retornar dez ligações de clientes, não deixe de anotar quando concluir a sétima ligação. O simples fato de saber que você está chegando ao fim dará a seu cérebro o sinal para liberar os aceleradores de sucesso que aumentarão seu ímpeto e a produtividade e acelerarão seu progresso.

Um funcionário da Microsoft na Europa me ensinou uma das melhores técnicas que conheço para criar pontos X no trabalho. A sugestão dele é: ao criar uma lista de tarefas para o dia, anotar as coisas que você já fez e ticá-las imediatamente. Assim como o cartão de recompensas que o cliente recebe já com dois carimbos, a sua lista diária de tarefas também pode criar essa vantagem do ponto X. E inclua três coisas que você sabe que vai fazer de qualquer maneira, como comparecer à reunião semanal da equipe, e não deixe de ticá-las também. Isso aumenta as chances de você ter a experiência do ponto X porque destaca o progresso realizado ao longo do dia. O que importa é sentir que você está se aproximando da linha de chegada em vez de focar na distância que ainda precisa percorrer.

Olhe para trás

As pesquisas mais recentes do campo da teoria das metas acrescentaram outra dimensão importante ao conceito do ponto X. Pode parecer um contrassenso, mas Minjung Koo e Ayelet Fishbach, da Universidade de Chicago, descobriram que, em situações nas quais você se sente menos comprometido ou motivado, a melhor maneira de acelerar o crescimento não é olhar para a frente, para a linha de chegada, mas *para trás*, para o que você já conquistou.[8]

Faz sentido que, quanto mais uma meta ou objetivo for importante para você, mais energia e esforço você invista para atingi-la. Acontece que essa é uma via de mão dupla ou, em outras palavras, quanto mais você investir em uma tarefa ou desafio, mais ela vai começar a parecer importante para você. Esse é o fenômeno chamado de "escalada do comprometimento" e você já deve ter visto isso acontecer muitas vezes. Quanto mais dinheiro, tempo e energia você investe em um projeto, mesmo que ele acabe se revelando um péssimo investimento, mais você acha que precisa continuar se empenhando na tentativa de obter algum retorno. Quanto mais longe você chega em um livro chato, maiores são as suas chances de terminar a leitura. Quanto mais tempo você dedica a aprender uma nova habilidade, mais determinado fica para dominá-la. Mesmo que no começo não estivesse totalmente comprometido com a tarefa, destacar seu progresso até o momento e o esforço que você já investiu instrui seu cérebro a liberar mais aceleradores de sucesso, dando-lhe mais energia e foco para continuar se empenhando.

Olhar para trás e comprovar toda a energia e recursos que você já investiu para atingir um objetivo pode ser uma incrível fonte de motivação, especialmente se você não estiver muito comprometido com esse objetivo. Essa estratégia pode ser de enorme utilidade no trabalho, onde muitas vezes somos alocados à nossa revelia em um projeto, comitê ou tarefa que não nos empolga muito. Pense em uma meta importante no trabalho com a qual você não está muito comprometido. Você pode ter recebido a tarefa de montar uma nova equipe, embora esses novos funcionários não vão se reportar a você e você odeie fazer entrevistas de emprego. Em vez de focar no número de currículos que ainda precisa analisar e no número de candidatos que ainda tem para entrevistar, veja quantos currículos já analisou e quantos candidatos entrevistou. Ou talvez você pode esteja achando difícil manter uma dieta saudável durante o dia no trabalho. O seu comprometimento com a meta de perder peso é muito menor do que seu comprometimento com frango frito e sanduíches. Se for o caso, tente encontrar pontos de progresso. Pense no quilo que você perdeu no mês passado ou naquela vez que escolheu frutas em vez de chocolate na sobremesa. Pesquisadores descobriram que, quando as pessoas começam a se exercitar, elas podem passar a manter uma dieta mais saudável porque, depois de investir recursos do cérebro na atividade física, parece uma enorme perda de investimento sair da academia e ir comer churros.

Seja qual for a meta, e mesmo se você estiver frustrado com seu progresso, reserve alguns minutos para anotar todo o trabalho que já fez e o progresso que realizou até agora. Veja até onde você chegou ou quanto já investiu no projeto. Transforme esses pontos de progresso nos seus pontos X. Lembrar-se de sucessos do passado ajudará seu cérebro a achar que está mais perto do objetivo final e você ficará mais energizado e motivado para acelerar.

Estratégia 2: amplie o tamanho do alvo (probabilidade de sucesso)

A proximidade do seu objetivo não é o único fator que importa para o seu cérebro quando se trata de construir uma realidade. Assim como os mísseis Aegis de última geração, nosso cérebro está constantemente calculando *o tamanho do alvo* ou, em outras palavras, *a probabilidade de atingi-lo*. É importante entender esse ponto a respeito dessa habilidade: o *tamanho do alvo* se refere à probabilidade percebida de atingir uma meta, não o tamanho ou a importância da meta em si. Ironicamente, alguns dos maiores objetivos têm os menores alvos. Por exemplo, tornar-se o CEO da Apple é um objetivo enorme, mas o alvo é minúsculo. Em termos realistas, suas chances de atingir esse objetivo são mínimas ou quase nulas. Pense em um jogo de dardos. Quanto maior for o centro do alvo, maiores são as chances de você acertá-lo. Mas será que isso faz com que acertar o alvo seja uma grande conquista? Não particularmente (embora eu conheça alguns estudantes que discordariam), mas faz com que seja mais viável.

A boa notícia é que novas pesquisas conduzidas nos últimos cinco anos mostram que mudar a sua percepção sobre o tamanho do seu alvo (ou seja, a sua percepção da probabilidade de sucesso) pode ter os mesmos benefícios cognitivos que aumentar a proximidade percebida do objetivo.

Um dos meus experimentos favoritos para investigar esse acelerador de sucesso específico diz respeito ao golfe. Nesse estudo, os participantes foram solicitados a acertar uma bola a 1,7 metro de distância do buraco.[9] Usando um projetor de vídeo, os pesquisadores projetavam a imagem de um anel composto de cinco círculos grandes ou 11 círculos pequenos ao redor do buraco, criando a famosa ilusão de Ebbinghaus. No diagrama a seguir, qual círculo do meio é maior?

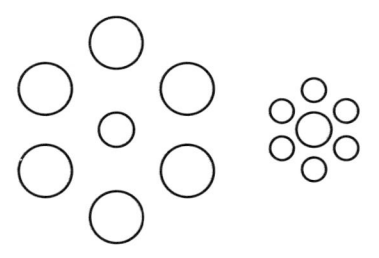

A resposta, evidentemente, é "nenhum deles": *eles são do mesmo tamanho*. Na ilusão de Ebbinghaus, um círculo só *parece* maior quando é cercado de círculos menores, e vice-versa. Portanto, para criar essa ilusão, os pesquisadores cercaram um buraco de golfe com círculos grandes para ver se os participantes o *perceberiam* como menor apesar de, naturalmente, terem consciência de que era do mesmo tamanho. Depois, analisaram se a percepção do tamanho do alvo pelos golfistas afetaria seu desempenho. De fato, foi o que aconteceu. Embora os dois buracos fossem exatamente do mesmo tamanho, quando o buraco *parecia* maior (devido às imagens projetadas dos círculos menores), os participantes acertaram um número significativamente maior de tacadas. Quando o buraco parecia menor, eles erraram significativamente mais.[10]

Esse estudo é muito importante porque mostra que, quando percebemos uma realidade na qual o sucesso é provável, esse sucesso acaba se concretizando. Que tipo de realidade você vê quando está diante de um desafio no trabalho ou na sua vida pessoal? Parece que suas chances de sucesso são pequenas ou grandes? Por sorte, há algumas maneiras muito simples de melhorar suas chances de sucesso simplesmente aumentando o tamanho do alvo.

Digamos que você esteja com dificuldade para concluir um complexo e desafiador projeto que seu chefe lhe passou na última hora. No início, o buraco (suas chances de concluir o projeto a tempo) pode parecer pequeno. Mas o que acontece se você se lembrar de todos os projetos que concluiu com sucesso no passado e que foram ainda mais difíceis e com prazos ainda mais apertados do que este? De repente, o sucesso vai lhe parecer mais provável e seu cérebro mobilizará todas as suas experiências, pontos fortes e inteligências para atingir esse alvo, agora maior.

Um estudo envolvendo um dos jogos eletrônicos mais antigos, Pong, nos mostra uma excelente maneira de entender o funcionamento desse acelerador de sucesso específico. No Pong, você move uma barra horizontal, generosamente chamada de "raquete", da esquerda para a direita para impedir que uma bola passe. É como um jogo de hóquei no ar, só que o objetivo é o lado inteiro da sua tela. Quanto mais tempo você sobrevive, mais rápida a bola vai ficando. Quanto mais rápida a bola, mais difícil o desafio de interceptá-la e devolvê-la para o outro lado da tela.

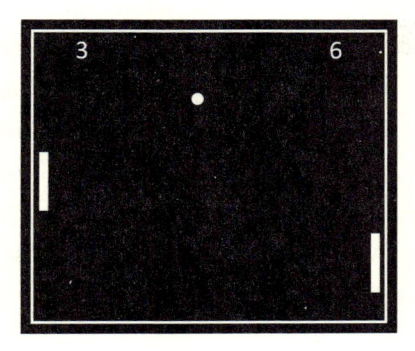

Em um estudo criativo, as pesquisadoras Jessica Witt e Mila Sugovic fizeram alguns ajustes simples no jogo para manipular a percepção dos participantes em relação ao tamanho do alvo.[11] Alguns participantes tiveram a chance de jogar com uma raquete maior (o que facilita o jogo), enquanto outros receberam uma raquete mais curta (que torna o jogo mais difícil). Apesar de o tamanho da raquete afetar as chances de vencer o jogo, isso não tem absolutamente nenhum efeito sobre a velocidade da bola. No entanto, quando os participantes foram solicitados a avaliar a velocidade da bola, os que jogaram com a raquete mais comprida acharam que a bola estava se movendo muito mais devagar do que os participantes do grupo com raquetes curtas. Em outras palavras, a avaliação dos participantes sobre a velocidade da bola variou de acordo com a dificuldade percebida da tarefa.

A questão é que, diante de dificuldades no trabalho, como concluir um projeto complicado, lidar com um chefe difícil ou tentar aumentar a receita em uma economia em crise, se você achar que sua raquete (ou seja, sua capacidade de superar esses desafios) é pequena, os objetos da sua realidade no trabalho parecerão chegar mais rápido. Mas, se você achar que sua capacidade (sua raquete) é grande, os objetos da sua realidade no trabalho parecerão chegar em uma velocidade manejável, e você vai conseguir encarar esses desafios com mais energia, confiança e ímpeto. Já falamos sobre uma das maneiras mais fáceis de fazer isso: elabore uma lista dos recursos que você tem à disposição e alguns "momentos de vitória" para lembrá-lo de seus sucessos em situações parecidas. Vários atletas com quem trabalhei me dizem que o segredo para não ficar paralisado no fim de um campeonato é se lembrar de vitórias que tiveram em situações semelhantes. Encontre seus momentos de vitória no trabalho, mesmo se não forem tão impressionantes quanto vencer um campeonato, e use-os para aumentar o tamanho de seu alvo.

O efeito N

Lembre que o ponto X não diz respeito apenas à sua distância em relação ao objetivo, mas também à probabilidade percebida de atingi-lo. Uma das decorrências mais fascinantes do ponto X é um fenômeno psicológico chamado de "efeito N". Se você curte curiosidades científicas, já sabe que N se refere ao número de participantes de um estudo. Se você for um pesquisador, vai querer que seu N em um estudo seja o mais alto possível, porque, quanto maior o tamanho da amostra, mais confiáveis serão os dados. (Por exemplo, se você estiver testando se as pessoas gostam mais de Coca ou de Pepsi e tiver um N de apenas cinco pessoas, é possível que, por acaso, as cinco pessoas pesquisadas gostem mais de Pepsi e você pode concluir erroneamente que 100% das pessoas gostam mais de Pepsi do que de Coca-Cola.)

Qual é a relevância disso para a nossa discussão sobre o tamanho do alvo? O fato é que o N é um dos fatores usados pelo cérebro para determinar a probabilidade de sucesso e, em consequência, o tamanho de N (o número de participantes de um estudo) realmente afeta o desempenho dos participantes.

Isso também vale para o desempenho no mundo real, não só em laboratórios. Em um estudo, Stephen Garcia e Avishalom Tor correlacionaram o número de estudantes em cada local de teste com as notas no SAT em 2005.[12] Ninguém imaginaria que o número de pessoas que estavam na sala para fazer a prova poderia afetar as notas no SAT. Qual você acha que é o fator mais preditivo das notas do SAT? As notas na escola na última década? As verbas federais recebidas pela escola? A porcentagem de estudantes pertencentes a grupos minoritários? A classe socioeconômica? Nada disso. É o N ou, em outras palavras, o número de pessoas que fizeram a prova. Incrivelmente, os pesquisadores encontraram uma correlação de -0,68 entre o N de participantes por local e a nota no SAT, o que significa que, quanto maior foi o número de pessoas fazendo a prova na sala, mais baixas foram as notas no SAT. Estamos falando de um efeito enorme. Uma correlação de -1,0 significaria que a nota *inteira* das pessoas no SAT dependeria unicamente do número de pessoas na sala e que a inteligência e o grau de escolaridade, por exemplo, não afetariam em nada as notas. Uma correlação de -0,68 é enorme. Se todos os outros fatores forem mantidos constantes, uma das maneiras mais fáceis e eficazes de melhorar sua nota em uma prova é simplesmente fazer o teste em uma sala com menos pessoas.

Por que o número de pessoas na sala diminuiria a nota? A resposta está no tamanho do alvo. Os autores do estudo explicam que, se houver menos pessoas na sala, o cérebro *percebe* que a concorrência é baixa e a probabilidade percebida de tirar uma das melhores notas aumenta muito. Por outro lado, se você estiver rodeado de uma multidão de concorrentes, *perceberá* inconscientemente uma probabilidade menor de ser um dos melhores. Em outras palavras, *quando percebemos que temos menos concorrentes, acreditamos que temos uma maior probabilidade de sucesso, o que resulta em mais engajamento e concentração e um desempenho melhor.*

Para confirmar a teoria, os pesquisadores pediram que os participantes fizessem uma série de testes curtos. Antes de fazer o teste, todos os participantes foram informados de que, se ficassem nos 20% superiores, eles ganhariam 5 dólares. Em seguida, foram divididos aleatoriamente em dois grupos. Cada pessoa ficou sozinha em uma sala para fazer o teste, mas os participantes do grupo A foram informados de que competiriam com dez pessoas, e os participantes do grupo B foram informados de que estariam competindo com cem pessoas.[13]

Você, um leitor esperto, sabe que o N não deveria ter nenhum efeito sobre a probabilidade real de sucesso de uma pessoa, já que, nos dois casos, os participantes teriam 20% de chances de ganhar a recompensa. Mesmo assim, os participantes do grupo A terminaram o teste significativamente mais rápido do que os do grupo B. Isso aconteceu porque as pessoas do grupo A perceberam que só precisariam superar oito pessoas para ganhar a recompensa, enquanto as pessoas do grupo B perceberam que precisariam superar 80. O desafio monumental parecia maior, o que levou as chances de sucesso a parecer menores. Assim como os participantes acertando a bola de golfe no buraco que lhes parecia maior, as pessoas do grupo A perceberam que o sucesso era mais provável e, em consequência, se empenharam mais para ganhar a recompensa. Isso pode ter implicações fascinantes sobre ser melhor trabalhar em uma empresa grande ou pequena, competir em esportes da primeira ou da segunda divisão, ou deixar que nossos filhos sejam peixes pequenos em uma excelente escola ou peixes grandes em uma escola não tão boa.

Como podemos aplicar esse conhecimento quando nos virmos diante de uma situação competitiva ou um desafio? Você precisa encontrar maneiras de levar seu cérebro a perceber que o N, ou o número de concorrentes, é o mais baixo possível. Se você estiver se candidatando a um emprego, marque a sua entrevista para o primeiro horário da manhã, quando provavelmente não encontrará muitos candidatos esperando na recepção. Se estiver abrindo um negócio, pense em estabelecer sua empresa em um bairro onde não verá todos os dias muitos concorrentes. Se estiver estudando para uma prova importante, não estude em uma sala enorme, com muitas outras pessoas estudando para a mesma prova. Se você for um autor, nada pode ser mais desanimador do que entrar em uma grande livraria e ser lembrado de que já existem mais livros do que qualquer ser humano conseguiria ler mesmo se dedicasse a vida inteira a isso. Posso dizer por experiência própria que não vai ser fácil voltar para casa e escrever depois desse lembrete desolador.

Mova as cercas

Se você alguma vez já entrou em um campo de beisebol profissional, sabe que o estádio parece gigantesco e que as cercas do *home run* parecem estar a mais de 1 quilômetro de distância. Mas Prince Fielder tem uma percepção diferente de um campo de beisebol. Ele passou sete anos fazendo *home runs* (rebatendo para fora do campo) no estádio Miller Park, em Milwaukee, com a mesma facilidade com que eu acertaria uma bola de vôlei com um taco de beisebol e faria um *home run* para fora de uma caixa de areia (apesar de o salário dele ser muito maior). Fielder é um poderoso rebatedor. Seu trabalho é fazer *home runs*. Em qualquer estádio que ele jogue, sua meta é atingir a cerca, mas nem todos os jogadores miram na cerca todas as vezes. Se você jogar em um time de beisebol profissional e for um rebatedor normal ou constante, que às vezes é capaz de acertar *home runs*, mas que geralmente rebate para avançar uma ou duas bases, terá de escolher como rebater cada bola. Você rebate para avançar uma base ou mira na cerca e tenta tirar a bola do campo? Essa decisão se baseia na percepção que você tem do seu alvo.

Uma coisa que eu adoro no beisebol é que o jogo envolve muita ciência e estatísticas (por outro lado, é arrastado como um bicho-preguiça bêbado e não há muito o que fazer além de analisar os números). Segundo o pessoal da estatística esportiva, alguns estádios são melhores para bater *home runs* do que outros.[14] E não é só o tamanho do campo que importa: entre os chamados "fatores do estádio" – que afetam a probabilidade de uma bola passar por cima da cerca – também estão o vento, algumas características arquitetônicas que bloqueiam o vento, a temperatura, a altitude, o teor de umidade, e assim por diante.[15]

Os jogadores sabem exatamente quais estádios são bons para bater *home runs* e quais não são. Então, o que aconteceria se um jogador fosse transferido para um time que tenha um estádio com fatores melhores que seu estádio atual, digamos, 28,6% melhor? Estatisticamente, seria de se esperar que ele faria 28,6% mais *home runs*, mas uma análise descobriu que a proporção de *home runs* para o número de rebatidas do jogador na verdade mais do que dobra e ele faz 60% mais *home runs*.[16] Por quê?

A explicação está no tamanho do alvo. Se estiver jogando em um estádio onde acha que tem uma probabilidade maior de fazer um *home run*, você terá mais chances de mirar na cerca. Mas, se perceber uma realidade mais negativa, na qual suas chances de rebater a bola para fora do campo são menores, seu cérebro enviará sinais para você só tentar avançar uma base.

No trabalho e na vida, assim como no beisebol, nossas percepções podem afetar nossa decisão de tentar fazer um *home run* ou, em outras palavras, nos empenhar ao máximo para atingir um objetivo. Mas as pesquisas sobre o beisebol nos mostram que o que importa não é a distância real até a cerca, mas a *percepção* do nosso cérebro sobre essa distância. Dê uma olhada na sua vida profissional e pessoal. Você consegue ver algumas áreas da sua vida nas quais acha que jamais conseguiria fazer um *home run* porque a cerca parece estar a mais de 1 quilômetro de distância? Basta mover a cerca para a tarefa parecer mais fácil. Um jeito de fazer isso é definindo metas razoáveis. Se acreditarmos que temos menos de 70% de chances de manter um novo hábito ou atingir um objetivo, nossa probabilidade de persistir despenca. *Assim, estruture todos os seus objetivos para que você possa acreditar que tem pelo menos 70% de chance de atingi-los.*

Por exemplo, digamos que você queira aumentar o número de clientes de 15 para 25 no próximo mês, mas acredita que só tem 50% de chances de fechar esses dez clientes novos nesse período. Por que não mover a cerca e determinar a meta aparentemente mais viável de fechar cinco novos clientes em duas semanas? Evidentemente, o número de clientes que você precisa adicionar em um determinado período não mudou, mas, como adicionar cinco clientes por vez parece menos intimidante, o sucesso de repente parece mais alcançável. Você também pode redimensionar o alvo de outra forma. Talvez queira mais dez clientes por achar que isso levaria a mais 50 mil dólares de receita, uma meta que parece mais viável do que incluir os dez clientes. Basta determinar a meta de vender mais 50 mil dólares e seu cérebro liberará mais energia, engajamento e foco para atingi-la.

Estratégia 3: recalcule a propulsão (a energia necessária)

O terceiro acelerador de sucesso é a propulsão. A propulsão é a quantidade de energia que seu cérebro percebe ser necessária para atingir o alvo. Há pesquisas demonstrando que nem todas as demandas do cérebro são equivalentes. Algumas tarefas nos parecem requerer muito mais energia mental, esforço e recursos do que outras. As pesquisas também mostram que, quanto mais propulsão (esforço mental) acreditamos ser necessária para atingir uma meta, maiores são as chances de desistirmos.

Por exemplo, em um estudo, pesquisadores liderados por Dennis Proffitt, da Universidade da Virgínia, descobriram que, se você colocar um objeto no alto de um morro, as pessoas têm menos chances de gastar energia para ir buscá-lo.[17] Quantas vezes achamos, erroneamente, que determinada tarefa ou desafio vai ser uma batalha quase impossível e acabamos descobrindo que fechar aquela venda, sair vencendo naquela negociação ou ganhar aquela promoção foi muito mais fácil do que imaginávamos? Foi o que vi no meu trabalho com a National MS Society. Os pesquisadores tinham descoberto anteriormente que, quando você coloca um objeto no final de um longo corredor, uma pessoa que sofre de dores neuromusculares crônicas percebe (compreensivelmente) que o corredor é muito mais comprido do que uma pessoa que não tem dificuldade de andar. Na realidade da pessoa com dor, o corredor *de fato* é mais extenso porque ela precisa se empenhar muito mais para percorrê-lo. A boa notícia é que temos o poder de mudar nossas percepções do esforço necessário (propulsão) para superar nossas maiores dificuldades ou obstáculos.

Em 2011, tive a chance de dar uma palestra em um importante estúdio de animação da Califórnia, e um dos participantes observou: "Quando faço um trabalho normal, costumo ter muita energia sobrando para me exercitar depois do expediente. Mas, quando preciso ser criativo para trabalhar em um novo projeto, recebo uma injeção de energia, mas depois fico cansado demais para ir à academia. O tempo que passo no trabalho não muda, mas é como se eu tivesse trabalhado três ou quatro dias num dia só". Os coaches corporativos têm o mesmo problema. Eles podem passar de oito a dez horas por dia dando treinamento, mas, se tiveram de fazer uma importante palestra de 45 minutos, muitas vezes saem exaustos do auditório. Você já deve ter sentido esse efeito no seu trabalho. Pode passar cinco horas sem parar escrevendo um programa de computador sem esforço algum, mas se concentrar para ler este capítulo pode estar consumindo uma enorme quantidade de energia mental. O que poderia explicar isso?

A razão é que as funções cognitivas são como músculos. Se estiver fazendo uma tarefa que conhece bem e que usa uma parte do cérebro que você exercita com frequência, você pode passar oito horas nela sem se cansar. Mas, sempre que precisar usar habilidades, inteligências ou partes do cérebro que usa com menos frequência, uma hora pode parecer tão exaustiva quanto três ou quatro dias normais de trabalho.

O motivo para isso está nos níveis de glicose do cérebro, sua principal fonte de combustível. Como as tarefas difíceis usam mais glicose do que as simples, tentar usar partes do cérebro que estão fora de forma – e, portanto, precisam trabalhar mais – tem um alto custo cognitivo. Susan Weinschenk, presidente da User Experience Network, se propôs a investigar maneiras de reduzir os custos cognitivos (a propulsão) associados a interações sociais e no trabalho. De acordo com Weinschenk, os custos mentais aumentam à medida que passamos do processamento físico (por exemplo, mover um mouse) ao visual (por exemplo, passar os olhos e observar) e ao cognitivo (por exemplo, raciocinar, tomar uma decisão).[18] O que vem a seguir vai além do foco da pesquisa de Weinschenk, mas, com base no meu trabalho com empresas da Fortune 100, eu incluiria um processo no extremo mais custoso do espectro: o "processamento emocional e social". Alguns exemplos incluiriam angustiar-se com o que escrever num e-mail para o chefe ou tentar interpretar as expressões das pessoas em uma reunião.

Do mesmo modo como, quando você está fisicamente exausto, subir um lance de escadas pode parecer tão desgastante quanto correr uma maratona, quando você está mentalmente fatigado, até uma tarefa simples como escrever um e-mail ou dar uma passada de olhos em um relatório pode parecer automaticamente mais difícil. É por isso que, se você estiver diante de um problema difícil ou intimidante no trabalho, *evitar a fadiga mental é crucial para reduzir a percepção do cérebro quanto à propulsão necessária para realizar a tarefa.*

Como cada decisão que tomamos requer algum esforço cognitivo e os recursos que temos à nossa disposição são finitos, para evitar a exaustão quando mais importa precisamos alocar com sabedoria nossos recursos cognitivos e guardá-los para as tarefas e desafios prioritários. Por exemplo, evite almoçar com um colega negativo no dia em que precisa trabalhar em um projeto importante. Não leia um artigo acadêmico hermético pouco antes de ir a um evento de networking no qual você precisará estar "ligado".

Além disso, como Kathleen Vohs e seus colegas descobriram, se você precisar tomar várias decisões antes de ter regulado suas emoções, seu cérebro se desgastará com mais rapidez, você terá mais chances de procrastinar, ficará com menos energia e terá mais probabilidade de desistir da tarefa antes da hora.[19] Desse modo, quanto mais puder rotinizar tarefas sem importância no trabalho, eliminando assim a necessidade de tomar decisões conscientes, mais propulsão sobrará para atingir as metas importantes. Tente rotinizar o horário em que chega ao trabalho, o que come no café da manhã, em que momentos faz pausas para um café e assim por diante. Com isso, você não precisa gastar uma valiosa energia mental para decidir se vai comer um bolinho ou um mingau de aveia, ou se vai fazer uma pausa às 10h30 ou às 11 horas.

Em segundo lugar, faça o trabalho mais importante no começo do dia (não precisa ser a primeira tarefa do dia) e nunca marque duas reuniões realmente importantes ou tarefas mentalmente desgastantes uma em seguida da outra. O pesquisador Roy Baumeister descobriu que a autorregulação (ou força de vontade) do nosso cérebro funciona exatamente como um músculo do braço. Podemos aumentar nossa força de vontade, mas só se ela estiver descansada. Você não tentaria ajudar um amigo a fazer uma mudança logo depois de uma sessão de levantamento de peso na academia. Então por que tentaria fazer o seu trabalho mais importante logo depois de tomar muitas decisões emocionais e cognitivas?

Não esqueça que é a sua *percepção* do esforço envolvido que mais importa. Se estiver começando a se sentir sobrecarregado com uma tarefa ou uma meta no trabalho, você pode estar nutrindo a percepção equivocada de a tarefa ou trabalho ser mais difícil do que realmente é. Uma solução é pensar nas tarefas em termos de unidades objetivas e não do esforço envolvido. Por exemplo, se a sua caixa de entrada estiver lotada, conte quantos e-mails você precisa responder em vez de se concentrar no esforço necessário para responder àquele e-mail difícil que anda evitando. Se estiver achando que vai levar uma eternidade para fazer uma compra numa loja que fica do outro lado da cidade, crie uma rota no Google Maps para saber quantos minutos você realmente vai levar. Se acha que seria ridiculamente difícil obter todas as informações necessárias para tomar uma decisão ou resolver um problema no trabalho, faça uma lista das pessoas com quem precisa conversar. Em quase todos os casos, pensar em uma tarefa em termos de unidades individuais fará com que ela pareça muito menos difícil e intimidante.

De olho no relógio

O esforço mental não é o único fator que afeta nossas percepções da propulsão necessária para realizar uma tarefa. Da mesma maneira como acreditar que uma tarefa demandará um enorme esforço exaure nosso entusiasmo e motivação, o mesmo acontece quando acreditamos que a tarefa ou projeto levará muito tempo. É interessante notar que o modo como vivenciamos o tempo depende mais do nosso cérebro do que do relógio. Philip Zimbardo, o psicólogo da Universidade Stanford que ficou conhecido por seu famoso experimento de aprisionamento, que mostrava até que ponto as pessoas se submetem à autoridade, escreveu depois um livro intitulado *O paradoxo do tempo*, no qual discute a maneira como os seres humanos percebem o tempo. Sua premissa básica é que, *quanto mais energia mental temos de gastar em um determinado período, mais longo esse período nos parece.* Se você estiver fazendo uma tarefa maçante no trabalho e não tiver nada para pensar a não ser aquela tarefa, pode parecer que o tempo está se arrastando. Mas, se estiver fazendo esteira na academia enquanto vê seu time jogar a final do campeonato na TV, o tempo vai voar e você terá a sensação de que seu treino de 20 minutos passou em um piscar de olhos.

Isso tem enormes implicações para empresas e funcionários que lidam diretamente com os clientes porque, quanto mais processamento mental você exigir dos clientes (ler as letras miúdas de um contrato, fazer diversas escolhas), mais tempo eles acharão que as tarefas estão levando. E, na presente era da gratificação instantânea, se os clientes percebem que fazer negócio com você requer muito tempo e esforço, eles simplesmente não se darão ao trabalho, como fizeram os participantes do estudo que não se deram ao trabalho de ir pegar o objeto no alto do morro.

Um executivo do Google me falou de uma ocasião em que ele queria ouvir uma música animada para correr. Quando pesquisou "melhores músicas animadas da Liga Nacional de Futebol Americano" na internet, encontrou um site (o endereço está nas notas no fim do livro, se você tiver interesse) se vangloriando de disponibilizar cem músicas animadas.[20] Mas o site o forçava a clicar para ouvir cada música e esperar que cada página fosse atualizada no celular, com uma nova imagem e descrição. Ele brincou dizendo que, quando chegou à 98ª música, ele estava tão mentalmente exausto que decidiu nem sair para correr (ele ainda está para incluir os exercícios físicos em sua rotina). Acessei o site e vi que ele tinha razão: nem cheguei a passar das dez primeiras músicas. Para o meu cérebro, a propulsão necessária pareceu excessiva.

Quanto mais tempo você acha que vai levar para realizar uma tarefa ou resolver um problema, mais difícil você achará que a tarefa ou problema é. E, como vimos, quanto mais seu cérebro achar que um objetivo é difícil, mais dificuldade você terá de atingi-lo. Em *O jeito Harvard de ser feliz*, expliquei que um atraso de apenas 3 a 20 segundos entre você e a atividade que está tentando realizar pode acabar sendo um verdadeiro impedimento. *Quero mandar um e-mail para aquele possível cliente, mas não sei onde anotei o endereço... depois eu faço. Quero comer uma maçã, mas as frutas estão na cozinha e estas balas de goma estão aqui na minha mesa... vou de açúcar mesmo.* Mas também descrevi a Regra dos 20 Segundos para ajudar seu cérebro a criar o caminho de menor resistência para aproximá-lo dos hábitos positivos e distanciá-lo dos negativos. Contei como parei de assistir a três horas de TV por dia tirando as baterias do controle remoto e deixando-as em outro cômodo, a 20 segundos de distância, e como finalmente criei o hábito de me exercitar de manhã dormindo com minhas roupas de ginástica por 21 dias seguidos. Esses são dois exemplos de técnicas para reduzir a percepção da propulsão.

As expectativas emocionais também têm um papel importante na formação de nossas percepções de tempo. Se a sua empresa tiver um cliente na espera e o sistema telefônico automatizado informar que uma pessoa o atenderá em menos de um minuto, mas acabar levando quatro minutos, o intervalo de quatro minutos lhe parecerá interminável. Mas, se o cliente for informado de que o tempo de espera será de dez minutos e ele for atendido em quatro, os mesmos quatro minutos não parecerão demorar tanto. Se um trem atrasa cinco minutos na Alemanha (onde os trens são absolutamente pontuais), as pessoas ficam inquietas e irritadas e começam a olhar para seu relógio. Mas, se o metrô atrasa cinco minutos em Nova York, os nova-iorquinos acham que estão com sorte. Hoje em dia, se um site demorar sete segundos para carregar, não temos paciência para esperar, ao passo que, 20 anos atrás, teríamos ficado maravilhados com a velocidade milagrosa do nosso modem de última geração.

A questão é que o tempo é uma experiência muito subjetiva e relativa. Se você já se perguntou por que uma semana pode parecer uma eternidade para um garoto de 11 anos, mas um piscar de olhos para um homem de 55, pense nos seguintes termos: 24 horas para um menino de 11 anos representam 1/4.000 de toda sua vida.[21] Para um homem de 55 anos, 24 horas representam apenas 1/20.000 de sua vida. Nesse mesmo sentido, um ano de retração econômica ano pode não parecer uma grande tragédia para um empresário de 60 anos, para quem esse ano representa 1/40 de sua vida profissional, mas pode parecer absolutamente catastrófico para um jovem de 25 anos, para quem um ano constitui um 1/3 de sua vida profissional.

Em um estudo fascinante, o pesquisador Peter Mangan descobriu que, quando as pessoas envolvidas numa tarefa eram solicitadas a estimar quando três minutos tinham passado, os jovens de 18 a 25 anos foram bastante precisos em suas estimativas, mas pessoas de 60 a 80 anos ultrapassaram o tempo em 40 segundos. Em outras palavras, para o grupo mais velho, o tempo pareceu passar 20% mais rápido.[22]

Essa descoberta pode parecer irrelevante, mas ter a percepção de tempo de uma criança de 8 anos leva a muitos benefícios práticos. Por exemplo, se você passou oito horas trabalhando em um projeto, mas *parece* que só passaram seis, você tem mais energia e resistência para continuar. Se passou 20 minutos correndo na esteira, mas acha que só se passaram 13 minutos, você deve ter mais sete minutos de disposição. Você já notou que fica sem energia exatamente quando espera que isso aconteça? Por exemplo, se planeja correr por 20 minutos, assim que esse tempo termina, parece que você não conseguiria correr nem um minuto a mais. Ou você planeja trabalhar em um projeto até às 17 horas e, passado esse horário, "não consegue nem pensar mais no projeto". Se quiser mobilizar a energia necessária para trabalhar mais e com mais afinco, tudo o que precisa fazer é mudar sua percepção do tempo que passou trabalhando.

Ironicamente, o segredo para administrar bem o tempo é perder a noção dele ou, dito de maneira mais precisa, perder a noção dos intervalos de tempo. Todo mundo sabe que o tempo parece voar quando estamos completamente imersos em alguma atividade. Isso acontece porque, quando nosso cérebro está totalmente engajado, o "cronometrista" do cérebro, localizado no córtex cerebral, desvia seus recursos para as partes do cérebro que estão se empenhando. Desse modo, ele não tem recursos suficientes para monitorar a passagem do tempo. O que acaba acontecendo é que as horas parecem passar mais rápido, o que lhe permite trabalhar mais, com mais rapidez e por mais tempo.

Em seu estudo seminal sobre a felicidade, Mihaly Csikszentmihalyi chama de "fluxo" esse estado no qual a pessoa fica completamente absorta em uma tarefa e quase 100% do funcionamento cognitivo consciente é voltado para a realização dessa atividade.[23] Csikszentmihalyi argumenta que o fluxo se correlaciona com os níveis mais elevados de felicidade, sugerindo que há uma verdade científica no ditado "o tempo voa quando você está se divertindo".

Uma maneira muito prática de perder a noção do tempo de propósito é simplesmente virar o relógio para a parede ou tirá-lo do pulso para não cair na tentação de ficar vendo que horas são. Quando corro na esteira, cubro intencionalmente o relógio com a toalha porque, se eu não fizer isso, meu cérebro passa o tempo todo focado no relógio. Quanto mais você se concentrar no tempo, mais parecerá que ele está se arrastando e você ficará menos engajado e focado no momento presente. O mesmo vale para qualquer experiência ou atividade que você considerar monótona ou chata. Se não acredita em mim, na próxima reunião entediante de que participar, conte as vezes que você olha as horas.

Momentos de medo, preocupação, expectativa e tédio mantêm seu cronometrista em alerta máximo, fazendo com que seja impossível focar em qualquer outra coisa além do tempo. É por isso que, quando você está esperando o fim do dia do trabalho antes de sair de férias, ou quando o seu avião está parado na pista de decolagem, o tempo parece levar uma eternidade para passar. É por isso que, quando você tem de esperar um dia pelos resultados de um exame médico importante, esse dia parece durar uma semana. E é por isso que soldados dizem que, quando estão em combate, alguns minutos parecem se arrastar por horas. Quanto mais você puder reduzir o foco naquilo que o preocupa ou de que tem medo, mais fácil será perder a noção do tempo para poder mobilizar todos os recursos do cérebro para realizar a tarefa em questão.

A trajetória faz diferença

Como aprendi no tempo que passei na Marinha, um sistema de armamento pode até ter o míssil mais rápido do mundo, mas, se o alvo não estiver na mira do radar, o míssil vai passar por ele sem atingi-lo. Assim, também no trabalho, você pode até ter todos os aceleradores de sucesso que quiser, mas, se não estiver na trajetória certa, não conseguirá atingir seu objetivo.

Em uma manhã tempestuosa e nublada em Maui, a segunda maior ilha do Havaí, me matriculei num curso de surfe. Como o mar estava agitado, vi pouquíssimos surfistas amadores na água naquele dia de vento forte, mas eu nunca tinha surfado antes e queria experimentar antes da palestra que daria naquele dia à tarde. Os pesquisadores da psicologia positiva costumam ter um defeito em comum: nós tendemos a confiar demais na nossa capacidade de dominar novas habilidades quase imediatamente usando apenas o poder da mente. O problema é que, como passei a infância no interior do Texas, minhas pernas na água eram tão boas quanto as de uma vaca bêbada com vertigem, o que me dava uma pequena desvantagem natural.

Depois de remar a meu lado em sua prancha, vencendo ondas cada vez mais agitadas, e logo antes de me dar um empurrão na direção de uma bem grande, o instrutor gritou: "Tudo bem se você cair, só tome cuidado para não bater nas pedras!". Foi quando vi que a praia inteira parecia coberta de rochas enormes, tirando um pequeno trecho de areia a uns 50 metros à direita. "É só olhar para a areia", ele gritou acima do estrondo do oceano. "A prancha vai para onde você olhar." E ele me empurrou.

Senti uma massa enorme de água atrás de mim, agarrei a prancha e me levantei. É com imenso orgulho que relato que fiquei de pé numa prancha de surfe logo da primeira vez. Como seria de se esperar, meu breve momento de orgulho logo foi interrompido por uma parede de rochas. Teria sido mais inteligente saltar da prancha, mas eu estava tão impressionado com minha habilidade no surfe que segui em frente, apesar de estar avançando em linha reta em direção às rochas. Eu sabia que o instrutor tinha dito para olhar para a areia, mas naquele momento me pareceu mais necessário olhar para as rochas do que para a areia.

Só que o instrutor também tinha dito que "as ondas vão te levar para onde você olhar", e ele tinha razão. A onda me empurrou com grande velocidade e força diretamente para as rochas. Eu caí, meu pescoço bateu nas rochas logo abaixo da superfície da água e tentei me levantar bem quando a prancha, que estava presa por uma corda a meu pulso, me atingiu no meio do peito. Tive sorte. Podia muito bem ter quebrado uma perna ou um braço ou ter ficado paraplégico, mas só saí com o orgulho ferido. Quando o instrutor me viu voltando, envergonhado, remando na minha prancha, só balançou a cabeça e resmungou: "Era só olhar para a areia...". (Em minha defesa digo isto: por que diabos alguém daria uma aula de surfe para iniciantes em uma praia rochosa?)

No meu trabalho com empresas, vejo esse padrão repetidas vezes: passamos toda a nossa vida no trabalho tentando evitar as pedras só para acabar indo diretamente para elas. Quanto mais focamos nos resultados que tememos (perder o cliente, a fusão não dar certo, ser preterido para uma promoção, tomar bomba na faculdade, e assim por diante), mais nosso cérebro insiste em focar nisso e processar essa informação, e acabamos em uma trajetória que nos leva diretamente à nossa suposição pessimista. E, quanto mais a nossa realidade confirmar nossas piores suposições, mais tempo e energia nosso cérebro gasta temendo os piores cenários no futuro.

Vi esse círculo vicioso ser vivido por um especialista em investimentos de 60 anos que trabalhava em uma empresa de prestígio de Nova York. Voltávamos juntos de uma conferência sobre investimento em Phoenix, no Arizona. Dez minutos depois que entramos no carro, ele já tinha me contado quanto patrimônio tinha e que, apesar de já poder se aposentar, ainda trabalhava 80 horas por semana. Acho que ele pensou que eu fosse um *workaholic* como ele (porque tinha contado que passava muito tempo viajando para fazer pesquisas e dar palestras), porque ele se abriu e me disse que, quando era menino, sua família não tinha muito dinheiro e que a pressão financeira tinha resultado no divórcio de seus pais. Ele me contou que as dificuldades financeiras que passara na infância tinham sido tão dolorosas que ele jurou que jamais submeteria os próprios filhos a isso. Por isso, tinha ido trabalhar no setor bancário, mas passou a ser consumido por esse medo. Disse que vivia preocupado em ganhar dinheiro para poupar os filhos da difícil vida familiar que havia tido na infância. Mas, quanto mais se preocupava em ganhar dinheiro, mais trabalhava e, quanto mais trabalhava, menos tempo passava com a família. Além de faltar a recitais de piano e jogos de beisebol, não demorou muito para deixar de ir a festas de aniversário e outros eventos importantes da vida em família. Sua esposa acabou não aguentando e pediu o divórcio. Ele tinha fixado o olhar nas rochas e acabou indo diretamente para elas.

Aquilo em que focamos acaba se transformando na nossa realidade e por isso é tão importante que o nosso cérebro se concentre em objetivos reais, significativos e positivos. Isso vale para praticamente todos os aspectos da vida. O técnico de um importante time de basquete universitário da Califórnia me contou que, se um jogador ficar pensando "Não posso errar este lance" é quase certo que errará. Seria muito melhor o jogador direcionar seu cérebro para como acertar o lance. Nesse mesmo sentido, Jamie Taylor e David Shaw fizeram um experimento no qual pediram que os participantes visualizassem acertar ou errar tacadas de golfe. E, como seria de se esperar, aqueles que se imaginaram errando a tacada tiveram mais chances de errar do que os participantes que visualizaram acertar.[24] Seja qual for seu objetivo ou problema, imaginar como seria o sucesso ajudará a direcioná-lo para a areia e não para as rochas.

Outra técnica para ajudá-lo a se manter focado nos seus objetivos é espalhar lembretes visuais para lembrá-lo de seus marcadores de significado. Uma das maneiras mais mal-empregadas de fazer isso é o "quadro de visualização". O "quadro de visualização" (também conhecido como "quadro dos sonhos") é uma estratégia na qual as pessoas pensam em suas fantasias mais loucas, recortam fotos de revistas que façam alusão a esses sonhos e colam em um quadro de cortiça no quarto ou no escritório. O problema dessa técnica é que os quadros quase sempre refletem uma visão fantasiosa e comercialmente motivada de como as pessoas acham que sua vida "deveria" ser (lembre que a definição da realidade mais valiosa é uma realidade ao mesmo tempo positiva e *verdadeira*). Esse exercício não só é improdutivo como pode ter um efeito *negativo* sobre o nosso futuro. Como pesquisadores da Universidade de Nova York descobriram, incluir metas fantasiosas e impraticáveis no quadro de visualização faz com que nos sintamos pior com quem somos por serem um lembrete constante do que achamos que deveríamos ter.[25] Fantasias impraticáveis são verdadeiros cantos de sereia que atraem nossos barcos em direção às rochas. Mas isso não significa que os quadros de visualização sejam intrinsecamente prejudiciais. Eles podem ser úteis se usarmos (1) metas realistas, (2) se estas forem baseadas em nossos verdadeiros marcadores de significado e (3) se forem possíveis em futuro próximo. Se bem aplicado, o processo do quadro de visualização pode nos ajudar a determinar nossos verdadeiros objetivos (manter uma dieta mais saudável este ano) em vez das coisas que a sociedade quer que tenhamos (uma barriga "tanquinho").

A visualização positiva tem um grande poder de afetar a nossa realidade. A Cleveland Clinic Foundation patrocinou um estudo no qual um grupo de voluntários saudáveis passou 15 minutos por dia praticando o que eles chamaram de "rosca digital", que é basicamente a rosca bíceps [exercício para fortalecer os bíceps], mas feito com os dedos. A um segundo grupo de voluntários saudáveis foi solicitado *se visualizar* exercitando o dedo durante o mesmo período e o terceiro grupo não fez nada. Doze semanas depois, as pessoas que exercitaram os dedos todos os dias tiveram, em média, um aumento de 53% na força dos dedos. Como seria de se esperar, o grupo de controle, que não fez nada, não apresentou mudança alguma. Mas o fascinante foi que as pessoas do grupo 2, que literalmente não moveram um dedo (exceto mentalmente), apresentaram um aumento de 35% na força dos dedos. Por incrível que pareça, praticar mentalmente uma ação aumentou a força física.[26]

O que pode explicar isso? Quando você pratica algo mentalmente, seja um pensamento ou uma ação, seja positivo ou negativo, seu cérebro intensifica o envio de sinais corticais referentes a esse pensamento ou ação (ou, em outras palavras, reforça sua habilidade de criar esse resultado). É claro que a visualização não substitui a ação. Você pode passar o dia inteiro se imaginando na academia, mas pode ter certeza de que vai ficar muito mais forte se realmente se exercitar. A visualização não é um meio para atingir seus objetivos. É o acelerador que o conduz à trajetória certa na direção desses objetivos.

Não perca seu tempo contemplando as estrelas ou as rochas. É melhor manter os olhos no seu verdadeiro objetivo: a praia com areia. Lembre-se de que o poder do gênio positivo está em focar uma parcela maior do cérebro e concentrar mais recursos no sucesso do que no fracasso.

* * *

Quaisquer que sejam seus objetivos pessoais ou profissionais, fique de olho no alvo e crie pontos X usando os três aceleradores (proximidade, tamanho do alvo e propulsão) e seu cérebro canalizará a energia, o ímpeto, as inteligências e os recursos cognitivos necessários para atingir o sucesso.

Colocando a teoria em prática

1. *Identifique seus pontos X.* Os pontos X ajudam o cérebro a acreditar que o sucesso está próximo, é possível e vale a pena. Não é obrigatório que fiquem apenas perto da conclusão de um projeto; eles podem ser encontrados em vários momentos ao longo do caminho. No trabalho, estabeleça minimetas que você possa atingir *diariamente* para se certificar de colher os benefícios dos aceleradores mentais todos os dias. Defina marcadores de significado que mostrem quando você estiver a 70% do caminho para atingir cada minimeta. Isso dará ao seu cérebro a oportunidade de liberar substâncias que melhorarão sua produtividade e acelerarão seu progresso. E, para tarefas particularmente difíceis ou tediosas, concentre-se no "progresso realizado até o momento" e não "no que ainda falta fazer". Uma das melhores maneiras para isso é, ao criar uma lista de tarefas para o dia,

anotar aquilo que você já fez e marcá-las imediatamente como tarefas concluídas. Anote as que você sabe que fará de toda maneira e marque-as quando as concluir. Isso aumenta as chances de seu cérebro liberar os aceleradores ao atingir o ponto X porque destaca o progresso realizado ao longo do dia.

2. *Dê a si mesmo uma vantagem inicial.* Defina suas metas já incluindo algum progresso. Por exemplo, se você acabou de se inscrever em uma academia e deseja criar uma rotina de exercícios, monte uma lista de exercícios com vários dias já marcados, em vez de começar no dia 1. Se a sua resolução de Ano-Novo for levantar mil dólares para uma instituição de caridade, não comece com o indicador de arrecadação no zero. É melhor começar anotando algum dinheiro que você tenha guardado para sentir que já avançou parte do caminho em direção à sua meta.

3. *Seja objetivo.* Se estiver se sentindo sobrecarregado com as tarefas no trabalho, pense em termos de unidades objetivas e não de esforço envolvido. Por exemplo, se precisar ir a uma reunião com o cliente e achar que vai levar uma eternidade porque o escritório dele fica do outro lado da cidade, crie uma rota no Google Maps para saber quanto tempo você realmente vai levar para chegar lá. Se acha que seria ridiculamente difícil obter todas as informações necessárias para tomar uma decisão ou resolver um problema no trabalho, faça uma lista das pessoas com quem precisa conversar. Quando seu cérebro usa unidades objetivas, você consegue evitar ser emocionalmente sabotado pelo esforço necessário percebido (propulsão) para completar a tarefa ou resolver o problema.

4. *Use momentos de vitória.* Se você ou sua equipe estiver diante de um projeto intimidante, crie "momentos de vitória". *Antes* de iniciar a tarefa, faça uma lista de três casos de sucesso em situações parecidas no passado. Quando seu cérebro é lembrado dos sucessos do passado e reconhece que o sucesso é provável, atingir seus

objetivos parecerá muito mais possível. Seu cérebro será mais capaz de mobilizar todas as suas inteligências e recursos para enfrentar o projeto ou problema em questão.

5. *Mantenha seus olhos na praia, não nas rochas.* Pratique mentalmente e visualize os pequenos passos que precisará dar para chegar a seu destino. Sabendo que seu cérebro o conduzirá naturalmente ao ponto que você focar, em vez de visualizar o fracasso, faça uma visualização *realista* de como seria atingir o sucesso.

6. *Use a regra dos 70% para definir sua meta.* Estabeleça metas ou minimetas que você realmente acredita que tem mais de 70% de chances de atingir. Se duvidar de sua probabilidade de sucesso desde o começo, suas chances de atingir o alvo despencarão. Se acredita que tem menos de 70% de chances de atingir a meta, ajuste-a para aumentar a probabilidade de sucesso para mais de 70%.

7. *Faça com que suas metas sejam visíveis.* Crie uma apresentação de slides ou faça um mural no seu escritório com imagens ou palavras representando as metas realistas e significativas que você gostaria de alcançar. A maneira mais prática que encontrei de fazer isso foi manter uma série de fotos na área de trabalho do meu computador ou como protetor de tela. Lembre que esses objetivos devem ser (1) realistas, (2) significativos e (3) possíveis em futuro próximo. Vai levar uns 15 minutos para encontrar imagens dos seus objetivos no celular ou no computador (por exemplo, usei a foto de um livro que eu queria ler) e colocá-las em uma pasta no computador. Você pode configurar o protetor de tela para exibir as imagens dessa pasta.

HABILIDADE 4

Cancelamento de ruído

Potencialize seu sinal positivo eliminando o ruído negativo

Na época em que atuei como orientador de calouros em Harvard, os Estados Unidos entraram em guerra com o Iraque. Uma grande manifestação foi rapidamente organizada no *campus* e algumas emissoras de TV foram registrar o tumulto. Assim que chegou ao *campus*, uma equipe de reportagem seguiu o alvoroço e encontrou uma intensa movimentação no refeitório dos calouros. Os estudantes tinham cercado o prédio e estavam exibindo cartazes e gritando em uníssono. As câmeras foram ligadas e a repórter se pôs a descrever o pandemônio em protesto à decisão do presidente Bush de enviar soldados ao Iraque.

No meio do noticiário ao vivo, um estudante vestindo uma fantasia de elefante passou atrás da repórter gritando algo ininteligível antes de se afastar saracoteando. A repórter continuou descrevendo a ira dos estudantes diante da decisão do presidente republicano, apontando para os cartazes que traziam mensagens como "Tudo bem, nós nem queremos você aqui!" e "Cai fora, novato!" (que ela deve ter presumido ser uma referência ao tempo de mandato do presidente Bush). A repórter concluiu o relato e a notícia foi postada no site da emissora cinco minutos depois. Em dez minutos, não estava mais disponível.

Acontece que a equipe de reportagem tinha cometido um erro razoavelmente embaraçoso. Na verdade, não tinha filmado o protesto contra a guerra no Iraque, mas o ritual anual do Dia do Dormitório, no qual os calouros são aleatoriamente alocados em dormitórios permanentes (pense no "Chapéu Seletor" de Harry Potter, mas com mais barulho). Os calouros se fantasiam de mascotes, os veteranos ostentam bandeiras e entoam os gritos de guerra de seus dormitórios, e, no café da manhã, os calouros ficam sabendo se vão morar nas luxuosas dependências do River Houses ou se serão relegados ao Quad. Naquele dia, o ritual tinha se transformado no mais completo caos. Então, quando a equipe de reportagem foi atrás do barulho, eles deram de cara com o ridículo ritual do Dia do Dormitório em vez da manifestação pacifista que estava ocorrendo em outra parte do *campus*.

A moral da história é que o ruído tem um grande poder de distorcer a realidade. Os cassinos de Las Vegas sabem muito bem disso e usam esse fato para sobrecarregar nosso cérebro com sons e luzes a fim de nos distrair da realidade de que estamos perdendo dinheiro. Mas o ruído é muito mais do que uma distração e chega a bloquear sinais que poderiam nos conduzir a um crescimento positivo.

Enquanto o ruído pode levar a uma realidade negativa na qual nosso potencial é restrito, um sinal positivo pode nos ajudar a criar uma realidade mais valiosa, mapear caminhos para o sucesso e acelerar nosso progresso em direção a nossos objetivos. Mas, dada a montanha de informações às quais somos expostos todos os dias, nem sempre é fácil distinguir o sinal do ruído. Felizmente, pesquisas surpreendentes dos campos da psicologia positiva e da neurociência demonstraram que, ao reduzir conscientemente em apenas 5% o fluxo de informações recebidas pelo cérebro, podemos aumentar de maneira considerável nossas chances de encontrar esse sinal positivo.

Contudo, é importante saber que o ruído não provém apenas do mundo externo. Nosso cérebro também é muito barulhento. Como já dizia William James, fundador do Departamento de Psicologia de

Harvard, "parte do que percebemos nos chega através dos sentidos, proveniente dos objetos diante de nós, e outra sempre se origina... da nossa própria cabeça".[1] Em outras palavras, grande parte da nossa realidade é criada não pelos fatores externos, mas pelas nossas próprias vozes internas. E, quando essas vozes criam um coro ensurdecedor de preocupação, ansiedade, negatividade e medo, nossos índices de engajamento e sucesso despencam. Assim, se quisermos criar uma realidade mais valiosa e sermos mais eficazes na nossa vida pessoal e profissional, também temos de encontrar uma maneira de bloquear não só o ruído externo, mas também o interno.

Neste capítulo, você aprenderá estratégias simples para cancelar o ruído negativo e potencializar o sinal que o conduzirá a decisões melhores, soluções mais inovadoras, mais vendas, uma saúde melhor e mais realizações.

Estratégia 1: reconheça o sinal. Nesta estratégia, mostrarei como reconhecer o ruído usando quatro critérios e como treinar seu cérebro para diferenciar o sinal do ruído.

Estratégia 2: deixe de ser um viciado em ruído. Nesta seção, você aprenderá medidas práticas e diárias que pode tomar para reduzir seu nível de ruído e aumentar a intensidade do seu sinal em até 25%.

Estratégia 3: cancele o ruído interno. Nesta última seção, você aprenderá a intensificar seu sinal eliminando ativamente o ruído interno do medo, do pessimismo e da insegurança. Você aprenderá a intensificar o sinal, silenciando a ansiedade e a negatividade, ao tomar duas medidas simples.

Estratégia 1: reconheça o sinal

Vamos começar repassando as definições de sinal e de ruído.

Um *sinal* é uma informação verdadeira e confiável, que nos alerta para oportunidades, possibilidades e recursos que nos ajudarão a atingir nosso máximo potencial.

O *ruído* é todo o resto: qualquer informação que seja negativa, falsa ou desnecessária ou que nos impeça de enxergar um mundo no qual o sucesso é possível.

Um ruído é qualquer coisa que distorce nossa realidade positiva e nos distrai da tarefa de mobilizar nossas diferentes inteligências para traçar um caminho em direção a nossos objetivos. Pode ser a lembrança de um professor da escola nos dizendo que mulheres não se dão bem em engenharia, uma bronca do chefe por atrasar um relatório, o único comentário negativo que seu livro recebeu na Amazon. (Ouvi dizer que só existem dois tipos de autores: os que se deixam afetar por críticas negativas e demonstram isso e os que são profundamente afetados, mas não demonstram.)

O sinal, por outro lado, é a nota máxima que você tirou no curso de engenharia, os elogios que recebeu do chefe nos últimos cinco relatórios, ou as cem avaliações positivas que seu livro recebeu na Amazon. Os sinais também podem ser encontrados em informações que parecem negativas, mas que contêm um conhecimento importante. Por exemplo, uma crítica construtiva, honesta e útil pode não parecer positiva à primeira vista, mas pode dar início a uma mudança que acaba levando a um enorme crescimento pessoal. O segredo é descobrir o que merece sua atenção.

Neste exato momento, seu cérebro está recebendo todo tipo de informações, desde a temperatura do ar até o cheiro do café. A maioria dessas informações, como o fato de um colega ter ido ao escritório com uma camiseta regata que você considera inapropriada para o trabalho, é um ruído sem importância. Quanto mais o seu cérebro focar nesse ruído irrelevante ou, em outras palavras, negativo, mais difícil será ouvir o sinal. O problema é que, no nosso mundo de hoje, ruidoso e saturado de estímulos e informações, pode ser difícil, se não impossível, distinguir o sinal do ruído. Mas, se conseguirmos reduzir o ruído da nossa vida em apenas 5%, poderemos aumentar muito nossas chances de perceber o sinal. E vai valer bastante a pena, porque a capacidade de diferenciar o ruído do sinal não só pode aumentar nossa felicidade e melhorar nossa saúde como até nos tornar milionários.

Mais rico do que a Oprah

Em seu *best-seller The Newest Trade Ever*, que foi destaque na lista de livros mais vendidos do *The New York Times*, Gregory Zuckerman contou como, em 2006, John Paulson, proprietário de um dos maiores fundos *hedge* do mundo, percebeu sinais de que o mercado hipotecário de crédito *subprime* entraria em colapso, usou essa informação para apostar contra o mercado e ganhou a fortuna de 19 bilhões de dólares (dos quais 15 bilhões foram para sua empresa e 4 bilhões, para o seu próprio bolso). Dezenove bilhões de dólares: isso é mais do que o patrimônio da Oprah, do Tiger Woods e da J. K. Rowling juntos.

Como será que Paulson conseguiu silenciar o ruído emitido por todos os preços de ações e projeções do mercado, todos os analistas de mercado apresentando prognósticos 24 horas por dia na TV, e toda a "sabedoria" convencional ecoando em seu cérebro para ouvir o débil sinal que a grande maioria dos economistas, *traders*, advogados, políticos, especialistas em finanças e investigadores da mídia, brilhantes e experientes, deixou de enxergar? A resposta é que ele não só estava em sintonia com os sinais de que o mercado padecia de profundos problemas, como também estava aberto a *aceitar* o sinal, que era algo que o resto dos Estados Unidos não queria ouvir.

A maioria dos americanos nunca tinha ouvido falar de Paulson até que seu incrível golpe de sorte ganhou as manchetes da mídia não especializada. Por outro lado, outro economista, Irving Fisher, era uma lenda viva do mundo dos negócios, um verdadeiro Warren Buffett, Bill Gates e Steve Jobs da época. Seu histórico acadêmico era impecável e seu QI se situava nas alturas. Milton Friedman, um economista internacionalmente famoso e ganhador do Prêmio Nobel, classificou Irving Fisher como "o maior economista que a América já produziu".

Os leitores com formação em Economia já devem ter ouvido falar de Fisher, mas a maioria das pessoas, não. A razão é que ele desastrosamente deixou de perceber o sinal. No dia 21 de outubro de 1929, "o maior economista que a América já produziu" proclamou: "O preço das ações atingiu o que me parece ser um patamar permanentemente alto". Três dias depois, o mercado despencou e 40% da riqueza do país virou pó, pegando os Estados Unidos totalmente desprevenidos. Aquele dia, 24 de outubro de 1929, apelidado de Quinta-Feira Negra, marcou o pior *crash* da Bolsa de Valores americana da história. Como um economista tão importante como Fisher pôde deixar de enxergar todos os sinais? Porque, ao contrário de Paulson, Fisher entregou-se ao otimismo irracional, à crença de que um mercado em alta permaneceria em alta para sempre. Ele desprezou os sinais de alerta de economistas mais racionais como se fossem apenas ruído e, em consequência, não percebeu o sinal.

Doze anos depois, com a Segunda Guerra Mundial assolando a Europa, os agentes de inteligência dos Estados Unidos começaram a interceptar comunicações indicando que o Japão poderia atacar os Estados Unidos. Os melhores cérebros das Forças Armadas americanas decidiram que não havia por que se preocupar e que as mensagens interceptadas não passavam de ruído. Essa atitude pode explicar a seguinte declaração do secretário da Marinha dos Estados Unidos, Frank Knox: "Aconteça o que acontecer, a Marinha dos Estados Unidos jamais será pega cochilando". Ele disse isso no dia 4 de dezembro de 1941.

Três dias depois, o Japão atacou Pearl Harbor, pegando os Estados Unidos completamente desprevenidos e destruindo 40% dos navios de guerra do país.[2] Naquele dia, a Marinha dos Estados Unidos, assim como a economia em 1929, sofreu um golpe devastador do qual o país levaria anos para se recuperar.

Como pessoas tão inteligentes puderam entender tudo errado em tantas ocasiões? Sim, eles eram inteligentes, mas o problema é que estavam usando o tipo errado de inteligência. O QI pode tê-los ajudado a projetar porta-aviões ou desenvolver modelos financeiros complexos, e a inteligência social pode tê-los ajudado a promover o trabalho em equipe em seus batalhões ou colaborar com colegas economistas, mas é preciso usar a inteligência positiva para diferenciar o sinal do ruído.

"Mas, espere aí!", você pode estar pensando. "O sinal não devia ser *positivo*?" À primeira vista, esses sinais (de que o mercado estava prestes a entrar em colapso, de que os Estados Unidos estavam prestes a serem atacados) não parecem nem um pouco positivos, mas a questão é a seguinte: eventos negativos podem ser sinais positivos *se inspirarem uma ação que leve a um resultado melhor*. Nesses casos, se Fisher tivesse alertado os manda-chuvas do governo federal sobre o iminente desastre financeiro, ou se o secretário Knox tivesse colocado os soldados em Pearl Harbor em alerta máximo, o resultado desses eventos poderia ter sido bem menos desastroso. É só quando somos capazes de ver a realidade na qual nosso comportamento faz diferença, mesmo diante de uma grande calamidade, que podemos mobilizar todas as nossas inteligências para captar o sinal em meio ao ruído.

Lembre que o gênio positivo não tem nada ver com enxergar o mundo através de lentes cor-de-rosa. Os gênios positivos são capazes de perceber os problemas tão bem quanto os pessimistas. A diferença é que, quando um pessimista vê um problema, ele só espera deparar com mais problemas, enquanto um gênio positivo espera *superar* o problema e trabalha com mais afinco e mais inteligência para encontrar soluções e caminhos para chegar a isso. É claro que nem os gênios positivos são capazes de *prever* o sinal em todas as ocasiões. Um gênio positivo não é uma bola de cristal. Mas ele ajuda o cérebro a absorver as informações, as ideias e os recursos necessários para atingir o sucesso (o sinal), enquanto descarta as informações negativas, irrelevantes ou equivocadas que impedem o crescimento (o ruído).

Quando o cérebro fica sobrecarregado

Nosso cérebro passa o tempo todo filtrando informações. E isso precisa ser feito, já que o cérebro humano simplesmente não tem capacidade para absorver todo o ruído com o qual somos bombardeados dia após dia. Como vimos anteriormente, os pesquisadores descobriram que nossos sentidos são capazes de receber até 11 milhões de informações *por segundo*,[3] mas nosso cérebro consciente só tem como processar efetivamente cerca de 40 bits de informação por segundo, o que significa que o resto é processado pelo cérebro inconsciente ou considerado "spam" e eliminado. Por isso, nosso cérebro precisa decidir ativamente o que descartar e o que registrar e absorver. Podemos optar por ouvir informações negativas, errôneas ou irrelevantes, ou absorver informações que nos ajudarão a atingir nossas metas. Mas, como a quantidade de informações que podemos captar é limitada, uma coisa acaba excluindo a outra. Quanto mais informações negativas absorvemos, menos sinais positivos podemos ouvir e vice-versa.

Para ver como seu cérebro filtra informações em tempo real, faça o rápido experimento a seguir. Veja se consegue ignorar as palavras *em itálico* e só ler as palavras **em negrito**. Tente fazer isso rápido.

> *Se* **Um** *você* **dos** *estiver* **traços** *constantemente* **cognitivos** *ouvindo* **mais** *o* **espetaculares** *ruído,* **é** *seu* **sua** **capacidade** *cérebro* **de** *não* **escolher** *tem* **rapidamente uma** *como* **mensagem** *encontrar* **em** *o* **detrimento de** *sinal,* **outra.** *o* **Por** *que* **exemplo,** *significa* **você** *que* **tem** *você* **como** *vai* **captar** *deixar* **esta** *passar* **mensagem** *possibilidades* **dizendo** *no seu que* *ambiente* **amanhã** *de* **vai** *trabalho.* **Por** **chover,** *exemplo,* **que** *escondida* **o** *debaixo da* **mercado de** *sua* **ações** *cadeira* **nunca** *neste* **mais** *exato* **vai cair** *momento* **e** **tem** **que** *é* **uma** **melhor** *caixa* **sempre** *que* **se planejar** *contém* **para** *um* **o** *mapa do* **pior** *tesouro que leva* **para** *a um baú* **nunca** *contendo um se milhão* **deixar** *de dólares* **surpreender** *em ouro.* **por** *É preciso* **eventos** *cancelar* **ruins.** *o ruído!*[4]

E aí? Conseguiu? Parabéns! Se for como a maioria das pessoas, você conseguiu deixar de fora as palavras em itálico. Seu cérebro deve ter sido capaz de eliminar o ruído com facilidade (no caso, as palavras em itálico) e focar no sinal (as palavras em negrito). Mas não fique muito contente ainda. Apesar de a capacidade do nosso cérebro de fazer isso poder ser vantajosa em algumas situações, ela também pode ser muito perigosa. Esse experimento original foi descrito no W Blog e o alterei de um jeito especial. Mudei o texto em itálico. Releia o texto *em itálico* e você vai ver aonde quero chegar com isso. Você deixou passar o tesouro quando só leu as palavras em negrito? Neste exemplo, propus que você se concentrasse no ruído e ignorasse o sinal para mostrar como é fácil para o nosso cérebro confundir os dois e o que pode acontecer quando fazemos isso: corremos o risco de o cérebro excluir automaticamente informações valiosas.

Para ver como isso nos afeta no nosso dia a dia, tente responder à seguinte pergunta: adoçantes artificiais fazem mal à saúde? Pesquise a resposta no Google e você obterá milhares de respostas; a maioria é totalmente contraditória. Ou tente fazer isso com qualquer outra questão subjetiva. A pena de morte é justa ou injusta? O mercado de ações vai subir ou cair? O número de respostas é infinito e é você que tem de decidir a quais delas dar ouvido.

Os advogados conhecem muito bem o poder do ruído. Quer confundir um júri? Basta sobrecarregá-los de informações para forçá-los a decidir com base nas emoções. Dê um milhão de documentos para eles analisarem. Bob Gomes, ex-CEO da Renew Data, uma empresa forense que ajuda empresas, incluindo escritórios de advocacia, a administrar e organizar dados, disse que "um dos nossos clientes tem 42 mil fitas de backup, contendo *2.500 terabytes de dados*". Para você ter uma ideia do que isso quer dizer, de acordo com Gomes, a Biblioteca do Congresso dos Estados Unidos só tem 10 terabytes de dados. Estamos falando de um único cliente com *250 vezes mais dados* do que na soma total de todos os livros dos Estados Unidos. Encontrar o sinal, mesmo em uma pequena parcela dessa montanha de dados, é uma tarefa simplesmente impossível para o cérebro humano realizar sem ajuda.

No mundo do trabalho, no qual estamos sujeitos a um fluxo constante e interminável de informações, o ruído pode ser especialmente perigoso. Se você der atenção ao ruído, sua realidade no trabalho se baseará nas informações erradas, informações que só sabotarão sua motivação e reduzirão seu foco. Pior ainda, como a capacidade do cérebro de absorver informações é limitada, quando nos concentramos nas informações negativas, automaticamente ignoramos informações valiosas que nos ajudariam a identificar oportunidades e soluções no ambiente. Em resumo, o sinal e o ruído são mutuamente excludentes, e é por isso que, para ter sucesso, precisamos aprender a intensificar nossa *taxa de sinal/ruído*.

Mas vamos começar pelo começo. Antes de podermos aumentar essa taxa, precisamos melhorar nossa capacidade de filtrar o verdadeiro tsunami de informações ao qual somos submetidos diariamente e aprender a diferenciar o sinal do ruído.

Os quatro critérios do ruído

Não é fácil aprender a distinguir o sinal do ruído. Em um artigo intitulado "The Evolution of Superstitious and Superstition-like Behaviour" [A evolução do comportamento supersticioso e similar ao supersticioso], publicado no *Proceedings da Royal Society of London*, os biólogos Kevin R. Foster e Hanna Kokko propuseram uma explicação evolucionária para o fato de os humanos serem naturalmente programados para ter essa dificuldade.[5] Como, para os nossos ancestrais pré-históricos, o custo de deixar de detectar um sinal (o de que um tigre estava prestes a atacar) era tão alto, nosso cérebro primitivo simplesmente não podia se dar ao luxo de ignorar *qualquer* informação. É por isso que, milhares e milhares de anos depois, temos de lutar contra a nossa natureza primitiva se quisermos excluir as informações falsas ou enganosas (o ruído) para podermos captar as informações realmente importantes (sinal).

Podemos não ter nascido com essa capacidade, mas é possível aprendê-la. Graças aos avanços recentes nos campos da psicologia e da neurociência, meus colegas e eu, do Applied Positive Research, conseguimos isolar quatro diretrizes para ajudá-lo a identificar as informações irrelevantes ou distrativas que reduzem sua produção, levam a erros e desaceleram seu avanço em direção a seus objetivos.

Mesmo se uma informação se encaixar em apenas um dos quatro critérios a seguir, é quase certo que se trata de um ruído.

1. *Inutilizável: o seu comportamento não será alterado pela informação.* Se a informação não o levar a mudar seu comportamento, ela é irrelevante. Quando você começar a aplicar este algoritmo mental, perceberá que, infelizmente, a maior parte da enxurrada de informações que invade seu cérebro todos os dias se encaixa nessa categoria. Um excelente exemplo é nossa tendência a ficar obcecados com o que vemos nos noticiários. Um terremoto na Birmânia, por exemplo, é uma grande tragédia, mas não temos controle nenhum sobre o evento. A menos que você planeje fazer algo para ajudar as vítimas, ocupar-se com atualizações da notícia não fará nada além de abrir sua mente para o ruído. Se, por outro lado, você fizer uma doação, orar pelas vítimas ou decidir viver uma vida com mais significado e propósito, essa notícia será um sinal útil. Se você ficar distraído ou deprimido com alguma informação, se ela não o levar a mudar seu comportamento, essa informação é inutilizável e, portanto, ruído.

2. *Na hora errada: você não pretende usar essa informação de imediato e ela pode ter mudado quando decidir usá-la.* Se você comprou ações que pretende manter por um tempo, checar o mercado de ações todo dia não só cria ruído como desperdiça valiosos recursos mentais

e energia que poderiam ser alocados em algo produtivo para criar um valor concreto. Se a informação puder se tornar irrelevante quando você decidir usá-la, faça um favor a seu cérebro e pare de procurá-la.

3. *Hipotética: baseia-se no que se acredita que "poderia ser" e não no que "realmente é".* Exemplos clássicos desse tipo de informação incluem a maioria das previsões do tempo e projeções de mercado. E se você pudesse recuperar todos os minutos da sua vida que passou ouvindo previsões, sendo que 90% delas acabaram se revelando equivocadas? Algumas pesquisas demonstram que até as previsões dos melhores "especialistas" não conseguem ser melhores do que o puro acaso. Vejamos, por exemplo, um estudo sobre as previsões do tempo da BBC para a cidade de Cambridge, na Inglaterra. O estudo mostrou que as previsões do dia seguinte (e nem estamos falando de três dias ou uma semana adiante) tiveram uma precisão de meros 53%.[6] A grande maioria das previsões meteorológicas não passa de ruído ou, como afirmou o pesquisador J. D. Eggleston no blog *Freakonomics*: "É lastimável que 13% de todos os noticiários (na verdade cerca de 20%, se descontarmos os comerciais) sejam dedicados à previsão do tempo, que, em grande parte, não passa de uma enorme perda de tempo".[7] As previsões hipotéticas, em praticamente todos os casos, não passam de ruídos que só abafam informações úteis que você poderia usar para tomar decisões melhores.

4. *Distrativa: a informação o distrai de seus objetivos.* Pense nos objetivos que você mapeou (com base em seus marcadores de significado): ganhar uma promoção, tirar notas melhores, poupar dinheiro para a aposentadoria, ser uma boa mãe, e assim por diante. Agora, observe o fluxo de informações que você recebe todos os dias. As informações têm relação com os seus objetivos? Se o seu objetivo for terminar logo o trabalho para poder passar mais tempo

com a família, passar a tarde inteira lendo os resultados e as análises do campeonato de futebol não passa de ruído (a menos, é claro, que você seja um locutor esportivo ou um agenciador de apostas).

Essas quatro regras básicas não só o ajudarão a identificar o ruído mas também, como um bônus, o ajudarão a poupar seu tempo! Eu costumava passar umas duas horas por dia na internet, lendo sobre política, acompanhando as notícias e assistindo analistas na TV. Mas, ao aplicar esses critérios, especialmente aquele que diz respeito à mudança de comportamento, percebi que podia eliminar a maior parte do ruído (mantendo só o suficiente para permanecer relativamente informado) e me concentrar nas minhas pesquisas, no meu trabalho, na minha família e nas ações de caridade nas quais acredito ou, em outras palavras, nas áreas nas quais o meu comportamento tinha como fazer diferença.

Agora que você já conhece os critérios para saber o que distingue um sinal de um ruído, veremos, na próxima seção, como aumentar sua taxa de sinal/ruído neutralizando apenas 5% do ruído.

Estratégia 2: deixe de ser um viciado em ruído

Nas minhas palestras, muita gente me pergunta por que a mídia é tão negativa, sensacionalista ou tendenciosa, ou seja, só transmite ruído. Como pesquisador de psicologia, não me surpreende que a mídia (e a sociedade em geral) costume se concentrar tanto no ruído, considerando que nosso cérebro primitivo é programado para perceber a negatividade. Isso não é só uma teoria. Nosso cérebro foi configurado para reagir mais rapidamente a ameaças.[8] Como já vimos, as equipes de alto desempenho precisam de mais de 2,9 experiências positivas para cada experiência negativa para manter sua boa performance.[9]

Também vimos que precisamos de mais de três eventos positivos na nossa vida profissional e pessoal para neutralizar um único evento negativo.[10] Para entender por que isso acontece, vamos voltar alguns milhões de anos no tempo.

Leões e coelhos

Presumo que, se chegou até este ponto na leitura do livro, você não é um coelho pré-histórico, mas vamos fingir por um momento que seja. Lá está você, feliz da vida, mastigando a grama verdinha que encontrou quando ouve um farfalhar nos arbustos. Seria um predador? Se achar que é um predador, você vai sair correndo e provavelmente conseguirá chegar a um lugar seguro. Se não fugir e for um predador, você já era. Se fugir e não for um predador, o máximo que vai acontecer é você não conseguir terminar seu almoço. Mas perder o almoço não é nada comparado com perder a vida. Você pode ficar com fome, mas pelo menos vai sobreviver, o que lhe possibilitará passar seus genes às próximas gerações de coelhos.

A maioria dos leitores concordaria que o coelho, apesar de medroso e arisco, tem razão de fugir a qualquer sinal de predador, mesmo se o sinal não for muito forte. Mas e se você fosse um leão em vez de um coelho? Se tiver consciência de que está no topo da cadeia alimentar, você não precisa fugir de predadores, porque consegue enfrentar qualquer ameaça.

A maioria de nós está no topo da cadeia alimentar no trabalho, mesmo sem se dar conta. Não estou falando necessariamente do topo da hierarquia corporativa. Você pode ser um leão no trabalho, ocupando o cargo de CEO, sendo um gerente de nível médio ou até um assistente júnior. Quando digo que você ocupa o topo da cadeia alimentar no trabalho, quero dizer que você é um profissional inteligente, competente e valorizado. E, se leu até este ponto neste livro, você também está a caminho de se tornar um gênio positivo. Mas por que será que é tão difícil acreditar nisso? Por que permitimos que nosso cérebro se concentre naquela venda que não fechamos, naquela promoção que não ganhamos ou naquela interação negativa com o chefe, entendendo-a como evidência de que não merecemos o sucesso?

Porque, quando éramos homens das cavernas, não ocupávamos o topo da cadeia alimentar e, portanto, tivemos de aprender a fugir a qualquer sinal de perigo, exatamente como o coelho. O que acabou acontecendo foi que nosso cérebro primitivo passou milhares e milhares de anos de evolução sendo programado para ficar ligado até nas menores ameaças vindas do ambiente. É por isso que o ruído negativo é muito mais potente do que o sinal e que somos mais afetados pelos eventos negativos do que pelos positivos.

Embora ficar atento a ameaças do ambiente possa ter sido uma vantagem para os nossos ancestrais que viviam fugindo de leões, hoje em dia os custos dessa vigilância são altos e variados. Quando lemos notícias, absorvemos e lembramos mais as sensacionalistas do que as ponderadas. Quando vemos TV, somos mais propensos a seguir as recomendações dos "gurus" incisivos e ruidosos do que de fontes mais cautelosas. Em outras palavras, para o nosso cérebro, o ruído é cinco vezes mais potente do que o sinal.

Vejamos o exemplo de Jim Cramer, apresentador do programa *Mad Money* e um dos especialistas financeiros mais divertidos e vociferantes da TV americana. Ele apresenta seus argumentos com tanto vigor e carisma que, sempre que o via, eu me sentia um idiota por ainda não ter seguido sua recomendação. Mas, em 2008, quando o analista Michael Zhaung, em um artigo publicado pelo *Seeking Alpha*, avaliou as recomendações que Cramer tinha feito no ano anterior, ele constatou que a precisão combinada de suas projeções foi de apenas 35,6% ou, em outras palavras, 15% menos precisas do que jogar cara ou coroa.[11]

Não estou dizendo isso para desmerecer Cramer, que claramente tem uma grande inteligência convencional (ele se formou *magna cum laude* por Harvard). Além disso, a análise só cobre um ano de projeções. Mas ouvir as recomendações de Cramer viola claramente a terceira regra dos nossos critérios de detecção de ruído, já que as projeções se baseiam no que ele acredita que "poderia ser" e não no que "realmente é". Você não perderia muito se decidisse não fazer nada com base nas recomendações dele (ou seja, se você simplesmente ouvisse as recomendações e não as usasse, violando a primeira regra). Mas digamos que você tenha seguido todas as dicas de investimento que ele deu em um ano. Se começou em janeiro com 100 mil dólares e investiu tudo, em dezembro teria perdido dois terços desse valor, ou 65 mil dólares.

Não me entenda mal. Esta não é uma crítica pessoal a Jim Cramer. Eu gosto dele e acho que é um sujeito inteligente e divertido. O objetivo aqui é demonstrar que o simples fato de uma informação ser ruidosa não faz com que seja valiosa.

O ruído não só pode levá-lo a tomar decisões ruins (e caras), mas, como mostram algumas pesquisas, ele também pode reduzir os lucros de uma empresa. Em 2000, Sheena Iyengar e Mark Lepper, psicólogos sociais de Stanford e de Columbia, realizaram um estudo criativo para analisar como o ruído afeta a decisão de um consumidor de fazer ou não uma compra.[12]

Os pesquisadores, disfarçados de funcionários de um supermercado chique, passaram o dia oferecendo degustações grátis. Na primeira metade do dia, ofereceram seis tipos diferentes de geleia e, na outra metade, nada menos que 24 geleias diferentes. Quando o banquete de 24 geleias foi oferecido, 60% das pessoas pararam para degustar e, quando os pesquisadores só ofereceram seis geleias, apenas 40% das pessoas pararam. Assim, se você for um fabricante de geleias e o objetivo da sua empresa for levar as pessoas a degustar seus produtos de graça, é melhor oferecer mais opções (ou seja, criar mais ruído). Mas esse não é o objetivo final de nenhuma empresa (ou, se for, a empresa não vai conseguir sobreviver por muito tempo). O objetivo de uma empresa é vender mais. E foi aí que os resultados ficaram interessantes:

enquanto 31% das pessoas que degustaram seis geleias compraram o produto, *apenas 3% dos clientes que pararam na degustação de 24 geleias fizeram uma compra.*

O problema foi que os clientes ficaram tão sobrecarregados com todas as opções que abafaram o sinal que, de outra forma, os conduziria a uma compra. Esse é só um dos vários exemplos que demonstram por que o sucesso nos negócios depende da habilidade que aprenderemos em seguida: reduzir o ruído do seu ambiente externo.

Cancelando ruídos no cérebro

Nos últimos cinco anos, ministrei mais de 500 palestras em mais de 50 países. Isso me leva a passar um bom tempo viajando de avião. No começo, achei que conseguiria aproveitar o tempo de voo para escrever, mas logo descobri que eu mal conseguia me concentrar em fazer um Sudoku, porque todos os anúncios, bebês chorando, conversas e até o barulho de motor me distraíam demais. (Já vi tantos comissários de bordo com problemas de audição que desconfio que os motores podem levar à surdez.) Quando comprei fones de ouvido com cancelamento de ruído, vi que ficou muito mais fácil me concentrar em escrever. Minha produtividade nos aviões aumentou exponencialmente. E se existisse uma tecnologia similar de cancelamento de ruído para nos ajudar a melhorar nosso foco e nossa produtividade no trabalho? Pesquisas realizadas em vários campos diferentes sugerem que pode existir um recurso como esse.

Cientificamente falando, há dois tipos de cancelamento de ruído: o *passivo* e o *ativo*. Usar tampões de ouvido é um exemplo de cancelamento passivo de ruído (mesmo tendo de ativamente colocá-los no ouvido) porque eles só *bloqueiam* o ruído. Meus fones de ouvido com cancelamento de ruído, por outro lado, são um exemplo de cancelamento ativo, porque emitem ativamente ondas sonoras opostas (como você pode se lembrar das aulas de Física no ensino médio, as ondas sonoras são um tipo de energia) que cancelam o ruído do ambiente.

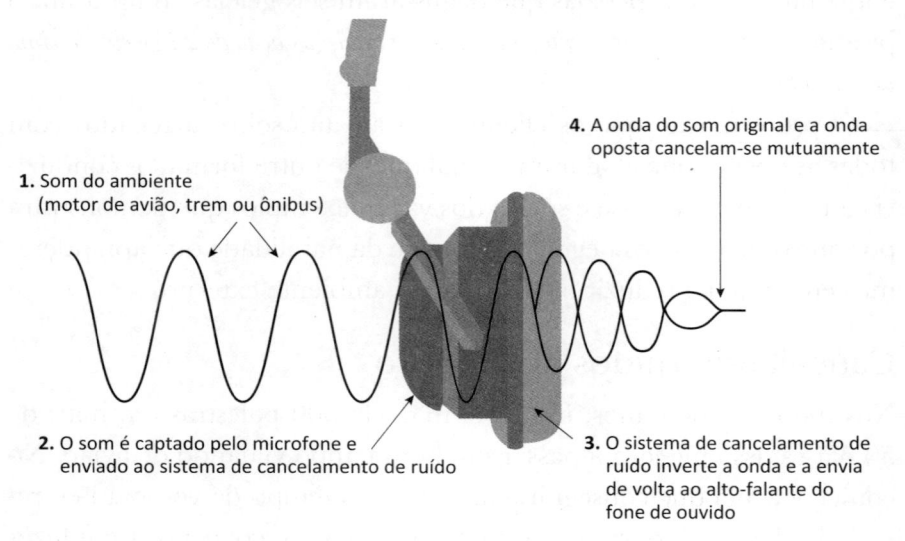

Como funciona o cancelamento de ruído

4. A onda do som original e a onda oposta cancelam-se mutuamente

1. Som do ambiente (motor de avião, trem ou ônibus)

2. O som é captado pelo microfone e enviado ao sistema de cancelamento de ruído

3. O sistema de cancelamento de ruído inverte a onda e a envia de volta ao alto-falante do fone de ouvido

Passamos o tempo todo bloqueando passivamente o som. Você sem dúvida já se viu em uma situação em que estava tão imerso em um programa de TV, por exemplo, que nem notou o telefone tocando. Não foi porque a TV estava alta demais (embora você possa ter usado isso como desculpa), mas porque, quando nosso cérebro está muito focado em alguma coisa (como a TV, um livro ou o celular), ficamos alheios ao mundo exterior. É claro que você pode cancelar passivamente todo o ruído fechando os olhos e os ouvidos, mas, se fizer isso, corre o risco de ignorar o sinal. O melhor é reduzir o volume total de informações que absorvemos. Bastaria reduzir apenas 5% do ruído que absorvemos para aumentar muito as nossas chances de ouvir o sinal.

Não há nada de mágico nesse número. Cinco por cento é só um incremento pequeno o suficiente para não sobrecarregar seu cérebro (veja o Círculo de Zorro em *O jeito Harvard de ser feliz*). Se você puder fazer mais do que 5%, ótimo, mas, como os leitores de *O jeito Harvard de ser feliz* já sabem, uma mudança concreta e duradoura é incremental e é preciso começar de algum lugar para promover o crescimento positivo. Assim, até as menores mudanças vão se acumulando com o tempo para atingir níveis cada vez mais altos de inteligência positiva.

O experimento dos 5%

Todo mundo sabe que o mundo moderno gera muito ruído, mas você pode se chocar ao saber exatamente a quanto ruído somos submetidos no nosso dia a dia. Roger Bohn e James Short, dois pesquisadores da Universidade de San Diego, compilaram um extenso levantamento do volume de informações consumidas pelas famílias americanas (*sem incluir* o trabalho). De acordo com esse levantamento, o tempo *per capita* que as pessoas passam consumindo informações aumentou 60% entre 1980 e 2008, de 7,4 horas por dia em 1980 para 11,8 horas em 2008.[13] Isso equivale a quase quatro horas a mais por dia e lembre que isso não inclui o tempo passado no trabalho!

Esse resultado é ainda mais chocante quando pensamos no fato de que, de acordo com o Bureau of Labor Statistics [Gabinete de Estatísticas do Trabalho], em 2008 metade da população dos Estados Unidos trabalhava (a outra metade era composta de crianças, pais que ficam em casa cuidando dos filhos, desempregados e aposentados) e a média de trabalho semanal era de 40 horas.[14] Assim, pensando que os dois grupos tinham uma média de quatro horas por dia trabalhando e sete horas dormindo, *os americanos passavam em média 75% do tempo desperto sobrecarregando o cérebro com informações.*

Em outro estudo, o pesquisador Ithiel de Sola Pool estimou que, no ano de 1990, os americanos consumiram *4.500 trilhões de palavras*, incluindo TV, mídia impressa, livros e cartas manuscritas.[15] Em 2008, Bohn e Short calcularam que o número de palavras consumidas aumentou para 10.845 trilhões, cerca de *100 mil palavras a mais por dia*! (É curioso que o artigo desses pesquisadores preocupados com o volume de informações consumidas tivesse nada menos do que 20 mil palavras.)

Atualmente, com um acesso tão fácil a buscas no Google, celulares e notícias 24 horas por dia, estamos viciados em informação. Como todo viciado sabe, o primeiro passo para a recuperação é reconhecer que temos um problema. O próximo passo é nos distanciar da tentação. Assim como um alcoólatra deve ficar longe de um bar ou não manter bebidas alcoólicas em casa, os viciados em ruído (ou seja, todos nós) devem evitar situações ruidosas.

Imagine que você esteja em uma festa na casa de um vizinho (se você estiver mesmo em uma festa, pare de ler este livro) e Bob se aproxima e começa a falar sobre um acidente de carro que aconteceu outro dia no bairro, um assassinato que ele viu na TV e um novo estudo que demonstrou que o álcool mata neurônios e emburrece as pessoas. O que você faria? Bem, você pode desistir de tomar a sua taça de vinho (valeu por isso, Bob...). Depois, você provavelmente acenaria para uma pessoa imaginária do outro lado da sala, pediria desculpas e passaria todas as outras festas evitando conversar com o Bob, sem sequer pensar a respeito.

Por que será que achamos tão difícil evitar esse mesmo tipo de informação negativa em outros contextos? Por que passamos horas vendo na TV a cobertura do último terremoto na Ásia? Ou focamos em todos os números negativos dos relatórios trimestrais no trabalho? Ou ouvimos pacientemente quando nossa esposa ou marido chega do trabalho reclamando do trânsito, do supermercado lotado ou do chefe insuportável? A menos que a ideia seja tomar medidas imediatas para melhorar essas situações, perder tempo com elas cria ruído e, portanto, deve ser evitado. Passe a próxima semana tratando essas fontes de ruído negativo como se elas fossem Bob na festa. Não estou sugerindo que você nunca mais veja um noticiário na TV ou abra um jornal, que jogue os relatórios do trabalho no lixo ou ignore seu marido ou sua mulher. A ideia é forçar-se a se afastar de conversas ou notícias que se encaixem em qualquer um dos quatro critérios de ruído: *inutilizável, na hora errada, hipotético* ou *distrativo*.

Seu cérebro com certeza vai reagir com algumas defesas, da mesma maneira como o cérebro de um alcoólatra faria em uma situação equivalente. *E se eu acabar deixando passar uma informação importante?* Essa é a pergunta que mais me fazem quando falo sobre a redução de ruído, e não me surpreende, considerando que somos programados com a necessidade evolutiva de verificar todos os ruídos.

Intuitivamente, esse medo de ficar por fora faz sentido. E se ignorar a recomendação de um especialista financeiro o levasse a perder um investimento que poderia render milhares de dólares? E se ignorar os alertas de tempestade do jornal o levasse a passar a tarde toda parado no acostamento a caminho da praia, esperando a tempestade passar?

Como Jim Collins escreveu em *Empresas feitas para vencer*, todo evento é sempre previsto por *alguém*. Todos os dias, no mercado financeiro, alguém sempre tem razão e nunca houve um *crash* da bolsa que algum divergente não tenha previsto. Como um relógio quebrado que está certo duas vezes por dia, toda fonte de ruído acerta de vez em quando e tendemos a nos lembrar dela só quando acerta. Mas, se quisermos preservar a energia mental necessária para diferenciar as informações valiosas, confiáveis e positivas das informações que não têm mais valor do que um relógio quebrado, precisamos reduzir nosso consumo de informações.

Proponho um experimento que já fiz em empresas como o Facebook, o Google, a UBS e a Freddie Mac: passe duas semanas tentando reduzir seu consumo de informações em apenas 5%. Não estou falando para cortar 5% de qualquer fonte aleatória de informação, mas especificamente as informações que se encaixam em um dos critérios de ruído.

Para esse experimento ter sucesso, é fundamental reduzir seu INFOtotal – o volume total de informações que seu cérebro precisa processar –, para que você possa liberar mais energia e recursos a fim de captar e processar as informações importantes. Eu também estou tentando fazer isso na minha vida. Em *O jeito Harvard de ser feliz*, contei que tentei assistir menos TV tirando as baterias do controle remoto da sala e deixando-as a 20 segundos de distância, no quarto. Agora, decidi tentar algumas estratégias novas. Cancelei minha assinatura de TV a cabo para não ficar horas zapeando as centenas de canais e liguei um computador ao televisor. Quando quero ver alguma coisa, sou forçado a procurar especificamente o que quero ver indo a um site ou canal *pay-per-view*. É bem verdade que ainda perco tempo vendo um ou outro episódio de *Glee* no Hulu, mas estou conseguindo reduzir meu INFOtotal em pequenas doses.

Veja algumas outras dicas práticas para reduzir o consumo de ruído em 5% que aprendi com líderes do campo da psicologia positiva e de empresas ao redor do mundo. Você não precisa levá-las a ferro e fogo, mas eu testei todas e posso dizer que funcionam.

1. Não ligue o rádio assim que entrar no carro; deixe-o desligado pelo menos nos primeiros cinco minutos.
2. Desligue o rádio do carro quando estiver conversando com alguém.
3. Durante os comerciais, deixe a TV e a internet no mudo. (Se você trabalhar em marketing, não precisa surtar. Quando faço isso, eu ligo o som em comerciais que me parecem engraçados ou relevantes.)
4. Remova os links de sites de notícias dos seus favoritos (é incrível constatar que digitar três letras, como "CNN", parece levar uma eternidade em comparação com clicar em um favorito).
5. Limite o tempo que você passa com previsões ("especialistas" tentando prever o que hipoteticamente acontecerá na política ou no mercado).
6. Não leia artigos sobre tragédias que você não pode ou não quer afetar com seu comportamento.
7. Quando estiver trabalhando, ouça música instrumental.

Essas sete estratégias são maneiras excelentes de intensificar o sinal, bloqueando passivamente o ruído do ambiente. Mas, como já vimos, não é só o mundo externo que cria ruído. Nosso próprio cérebro também é uma fonte de ruído. Então, se realmente quisermos controlar nosso vício em ruído, precisamos aprender a neutralizar não só os ruídos do ambiente externo, mas também as vozes de preocupação, insegurança, medo e pessimismo que não param de falar na nossa cabeça. Na próxima seção, você aprenderá a cancelar ativamente o ruído interno do pensamento negativo usando o equivalente mental dos fones de ouvido com cancelamento de ruído.

Estratégia 3: cancele o ruído interno

Relembrando, o cancelamento ativo de ruído envolve não só o bloqueio deste, mas também a emissão de ondas de energia positiva mais potentes para neutralizá-lo. Como mencionei no começo deste capítulo, os fones de ouvido com cancelamento de ruído funcionam porque são equipados com um microfone que capta o ruído do ambiente e emite ondas sonoras opostas. Nosso cérebro tem a capacidade de fazer exatamente a mesma coisa. Podemos criar ativamente padrões de pensamento positivo para neutralizar a energia negativa.

Essa estratégia pode ser usada para neutralizar tanto o ruído proveniente do mundo externo quanto aquele gerado pelo cérebro. O pensamento negativo (seja na forma de medo, ansiedade, insegurança, pessimismo ou preocupação) é o tipo mais perigoso de ruído porque não só reduz nossa capacidade de ouvir o sinal positivo como debilita todas as nossas tentativas de criar uma mudança positiva.

O pessimismo, uma das formas mais comuns de ruído interno, é um mecanismo de defesa que nosso cérebro usa para tentar reduzir o impacto dos eventos negativos que vivenciamos. Testemunhei um exemplo clássico disso em 2008, em uma conversa com um alto executivo de uma empresa financeira da China. Ele contou que usava um truque bem simples para lidar com a incerteza do mercado turbulento de seu país: "Todo dia eu espero que a bolsa e o preço das ações [de sua empresa] caiam. Assim, no fim do dia de trabalho, ou eu provo para a minha equipe que sou muito esperto ou volto para casa agradavelmente surpreso". Ele tinha se convencido de que, se constantemente esperasse que coisas ruins acontecessem, estaria sempre preparado para os eventos negativos e ficaria surpreso com os positivos. Mas essa estratégia tem dois problemas.

Em primeiro lugar, *o pessimismo reduz a probabilidade de um bom resultado.* Em *O jeito Harvard de ser feliz,* descrevi pesquisas voltadas a investigar até que ponto nosso sucesso é predito pela crença de que nosso comportamento faz diferença. Para ver como o pessimismo restringe o sucesso, imagine que você, como aquele executivo chinês, começa seu dia acreditando que, não importa o que fizer, algo ruim vai acontecer. O que vai acabar ocorrendo é que nenhuma energia ou recurso cognitivo vai ser alocado para tentar obter um resultado melhor. Você vai passar o dia inteiro se defendendo, em vez de jogando na ofensiva.

É raro ouvirmos falar desse outro aspecto perigoso do pessimismo, então tenha paciência. Como a minha maior ambição era entrar em Harvard, passei um bom tempo do Ensino Médio viajando com a equipe de debate e passei quase todas as férias fazendo cursos de debate e oratória. Esse passatempo incrivelmente *nerd* teve dois resultados positivos. Para começar, eu tinha bastante tempo para estudar, já que namorar estava fora de cogitação. Em segundo lugar, ganhei uma jaqueta da escola. (As pessoas da minha cidade no Texas começaram a reclamar, e com razão, que não era justo só dar jaquetas aos jogadores de futebol americano da escola e começaram a exigir que outros "esportes", como a equipe de xadrez e a de debate, também ganhassem jaquetas.)

Ganhei minha jaqueta por ter vencido o campeonato estadual (duas vezes) porque eu tinha uma estratégia de debate infalível: a equipe adversária podia argumentar o que quisesse que eu sempre respondia com pelo menos um contra-argumento explicando como o plano ou a política deles acabaria levando a uma guerra nuclear. Quer mudar as políticas ambientais do país? Isso vai enfurecer os chineses, levando a barreiras e tarifas comerciais, o que acabará resultando na intensificação das tensões no Círculo do Pacífico, levando a uma guerra nuclear entre o Paquistão e a Índia. Quer oferecer assistência médica universal? Os mercados vão entrar em pânico, resultando no enfraquecimento do dólar, levando a uma desaceleração econômica global, o que inevitavelmente levará a conflitos e... à guerra nuclear. Quer dar bolsas de estudo a jovens e crianças carentes? Pode ter certeza de que eu daria um jeito de explicar como isso terminaria em uma guerra nuclear. Como alguém poderia competir com isso? Mesmo se eles vencessem todos os argumentos e convencessem os juízes de todas as vantagens de seu plano, se o plano provocasse uma guerra nuclear, ele não teria como valer a pena. Fim de jogo.

Essa estratégia pode parecer ridícula (e era), mas a menciono porque é exatamente essa lógica que os pessimistas costumam usar. Esse exemplo demonstra o que quero explicar sobre o pensamento negativo: quanto mais negativo e pessimista for o pensamento, maior é seu poder de derrubar qualquer argumento positivo. Em outras palavras, ao exagerar os resultados negativos, neutralizei a importância de todos os resultados positivos.

Nesta seção, você aprenderá a neutralizar os padrões de pensamento que levam a uma realidade negativa emitindo três ondas opostas de energia positiva:

- Onda 1: manterei minha preocupação proporcional à probabilidade do evento.
- Onda 2: não estragarei dez mil dias só para estar certo em alguns.
- Onda 3: não acharei que me preocupar equivale a ser amoroso ou responsável.

Assim como os fones de ouvido com cancelamento de ruído, essas ondas cancelam os ruídos internos do pessimismo, do medo, da ansiedade e da preocupação.

Congelando o chutador

No futebol americano, os técnicos gostam de usar uma estratégia apelidada de "congelar o chutador". Quando o *kicker* está prestes a chutar a bola para o gol, o técnico adversário pede um tempo. A ideia é que, se você pede um tempo no último segundo, o *kicker* se desconcentra e, quando o jogo é retomado, erra o chute. O problema é que essa premissa é falsa. De acordo com o *Wall Street Journal*, um *kicker* da NFL [Liga Nacional de Futebol Americano] tem 77,3% de chances de acertar o gol nos dois minutos finais de um jogo ou na prorrogação. Mas, se você pedir um tempo para forçar o *kicker* a perder a concentração, as chances de ele acertar o chute de fato *sobem* para 79,7%, independentemente da distância![16]

Então por que alguns técnicos ainda insistem em usar essa estratégia? Porque, se no último segundo você não pedir um tempo quando tiver a chance e o *kicker* acertar o chute, é como se você não tivesse tentado. Como Steve Weatherford, do New York Giants, explicou ao *New York Times*: "Os técnicos gostam de achar que estão fazendo alguma coisa e, no caso dos chutes a gol, eles só podem fazer isso". O medo de ser responsável por uma derrota é maior do que a razão. A inação parece pior do que uma tentativa desesperada qualquer. Em outras palavras, congelar o chutador é um exemplo perfeito de como o medo de cometer um erro pode efetivamente nos levar a um erro pior ainda!

O medo de errar pode levar a uma tomada de decisão eternamente distorcida.

A única coisa que todas as pessoas de sucesso têm em comum é que elas se arriscam. Todos os executivos de sucesso correram risco com algum novo modelo de negócios ousado, uma nova parceria questionável ou uma manobra estratégica incerta. Todos os gestores de sucesso correram risco com a contratação de um novo funcionário em quem ninguém apostava muito, uma nova iniciativa não confirmada ou um novo processo não convencional. Todo empreendedor de sucesso correu risco com um produto inovador, uma investida em um mercado desconhecido ou uma grande mudança não planejada. Mas, antes de poder correr os tipos de risco que levam ao sucesso, você precisa aprender a silenciar o medo do fracasso.

Sem dúvida, medo é um sentimento muito natural e humano. Temos medo de milhares de coisas: de as pessoas não gostarem de nós, de nosso chefe não nos promover, de adoecermos depois de tomar água no bebedouro de um aeroporto e por aí vai. Seria impossível fazer uma lista completa aqui porque a triste verdade é que a maioria das nossas decisões no dia a dia se baseia no medo. É uma pena, porque *um cérebro temeroso que dá importância demais ao negativo passará o tempo todo fugindo do sucesso.*

Em *Júlio César*, Shakespeare escreve: "Os covardes morrem muitas vezes antes da morte / os valentes provam o gosto da morte somente uma vez". Gosto mais da versão do rapper americano Tupac: "Um covarde morre mil mortes, um soldado morre uma vez só". Eu adoro esse verso e o usei incontáveis vezes para me dar coragem para fazer alguma coisa que estava morrendo de medo de fazer.

A questão é que, seja chutando para o gol, abrindo um negócio na sua garagem ou aceitando um cliente arriscado, se quisermos encontrar a coragem de correr os riscos que nos levam ao sucesso, *precisamos verificar se a preocupação ou o medo que estamos sentindo é proporcional à real probabilidade do resultado temido.* Não é tão difícil quanto parece. Basta pesquisar um pouco. Está preocupado com ficar desempregado? Pesquise as taxas de emprego do seu setor de atuação. Nervoso com a possibilidade de perder um grande cliente? Veja quantas vezes esse cliente trocou de fornecedor ou colaborador no passado. Aterrorizado com a possibilidade de contrair alguma doença terrível? Descubra quantas pessoas da sua idade e com uma saúde similar sofrem dessa doença. É provável que os números sejam muito mais baixos do que você imaginava.

Veja um dos meus exemplos preferidos de como nossos medos mais profundos podem ser ridiculamente irracionais. Praticamente todos os pais que conheço avisam os filhos para examinar os doces que ganham no Halloween devido à ameaça de agulhas, veneno ou lâminas de barbear escondidas nos quitutes. Se você não faz isso, pergunte a outros pais. A maioria confirmará que adverte os filhos e você pode chegar a ver alertas nos noticiários a esse respeito. Mas não há *nenhum* caso conhecido ou documentado de alguém usando doces de Halloween para envenenar as crianças. Absolutamente nenhum.[17]

Mesmo assim, em alguns casos, quando a probabilidade de um evento negativo *é* alta, a preocupação pode ser adaptativa, desde que (lembre-se do primeiro critério do ruído) ela nos leve a fazer alguma coisa para evitar o evento. Então, até que ponto devemos nos preocupar? A fórmula é bem simples: sua preocupação deve ser diretamente proporcional à probabilidade do evento. Assim, se você tiver 95% de chances de conseguir o emprego, fechar com o cliente ou fazer uma apresentação espetacular, recuse-se a gastar mais de 5% do seu tempo se preocupando com isso.

É por isso que a primeira onda de energia positiva é: "Manterei minha preocupação proporcional à probabilidade do evento".

Quando fui tutor da Kirkland House de Harvard, os estudantes costumavam ir à minha sala e anunciar, com grande efeito dramático: "Vou reprovar em tal disciplina e vou ser expulso de Harvard". Devo ter ouvido essa frase literalmente centenas de vezes nos oito anos que passei orientando estudantes. Como seria de se esperar, os estudantes raramente reprovavam. Mas, para protegê-los da natureza autorrealizável de suas profecias negativas, sempre recomendava que parassem para responder a duas perguntas simples:

1. Quantas vezes esse evento negativo aconteceu comigo no passado?
2. Quantas vezes esse evento negativo acontece com outras pessoas na minha situação?

Em geral, aqueles alunos nunca tinham reprovado na vida. Quanto à segunda pergunta, menos de 1% dos alunos são reprovados a ponto de não poderem continuar estudando em Harvard e, mesmo assim, só em circunstâncias especiais. O simples exercício de se lembrar de que as chances de fracasso eram praticamente nulas permitia que o cérebro daqueles alunos emitisse a energia positiva necessária para neutralizar suas vozes internas de insegurança e preocupação.

Você pode usar essa mesma técnica de cancelamento de ruído no trabalho. Certa vez, em uma das minhas palestras sobre como o pensamento negativo impede o sucesso, um funcionário do Google levantou a mão, nervoso, e perguntou: "E quem é ansioso? O que eu posso fazer? Sempre acho que não vou conseguir terminar a programação a tempo e vou ser demitido ou nunca vou ser promovido ou algo do gênero".

Sinceramente, não dei uma boa resposta àquela pergunta na ocasião, mas agora, depois de ter feito mais pesquisas, eis o que eu gostaria de ter dito: você precisa de alguma atividade de cancelamento ativo de ruído. Pergunte a si mesmo: quantas vezes deixei de terminar uma programação no passado ou pisei na bola tão feio que fui demitido? Quantas vezes seus colegas são demitidos por não darem conta de uma carga de trabalho impossível? Eu diria que quase nunca. Afinal, você não trabalharia no Google se não fosse bom. Se respirar fundo e perceber que seu cérebro só está mentindo, você emitirá a energia positiva necessária para cancelar o ruído.

Da próxima vez que estiver se sentindo sobrecarregado e ansioso, pegue uma folha de papel e anote as possíveis consequências, boas e ruins, da situação ou decisão preocupante. Em seguida, anote quais você acha que são as chances (em porcentagem) de cada consequência ocorrer.

Digamos que você tenha decidido pedir demissão para fazer um MBA, mas agora está preocupado com a possibilidade de ter tomado a decisão errada.

Consequência 1: eu tiro meu diploma de MBA e volto à empresa com um salário melhor.
Probabilidade: 90%, considerando que meu chefe prometeu que voltaria a me contratar com um aumento de 20% e eu sei que ele não

tem planos de sair da empresa. Além disso, os dados revelam que 90% das pessoas sempre recebem um aumento (mesmo que pequeno) depois de fazer um MBA.

Consequência 2: a economia entra em crise durante o curso e, quando termino, não consigo encontrar emprego.

Probabilidade: no máximo 10%, já que a maioria das pessoas com MBA encontra um emprego, eu já tenho uma empresa interessada, e um diploma de MBA me torna mais competitivo em um mercado de trabalho em baixa.

Com isso, você poderá se sentir menos estressado e mais confiante sobre a sua decisão. Tudo bem se as suas estimativas não forem absolutamente precisas. A questão é que o simples exercício de pensar na probabilidade das consequências positivas e das negativas força o seu cérebro a pensar nelas objetivamente.

É claro que nem sempre é fácil cancelar a preocupação. As emoções, especialmente as negativas, podem atingir níveis de ruído ensurdecedores. Por isso é tão importante conhecer o verdadeiro custo da preocupação para nos convencer de que não vale a pena pagar esse preço.

O custo oculto da preocupação

A ideia de que a preocupação impede coisas ruins de acontecer é um dos maiores inimigos do gênio positivo, e também um mito muito comum. Como um executivo sênior da Morgan Stanley Smith Barney me disse, "a preocupação é só uma questão de ser responsável. Se eu não me preocupasse com a possibilidade de as coisas não darem certo, você consegue imaginar o que aconteceria com a minha equipe? Ou com meus filhos?". Já perdi a conta de quantas vezes ouvi comentários como esse, mas, se você parar um pouco para pensar, perceberá que essa lógica não faz sentido. O executivo estava preocupado com não se preocupar o suficiente!

Você pode conhecer pessoas assim no trabalho, pessoas que acham que sua missão é se preocupar. Ou pior, pode ter familiares que acham que se preocupar equivale a amar. Esse culto à preocupação tem um alto custo. E não estou falando só do custo emocional. Eu até me disporia a arcar com o custo emocional se isso realmente ajudasse minha equipe, meus amigos ou minha família e suponho que você também. O problema é que a preocupação acaba *prejudicando* sua equipe, seus amigos e sua família porque tira sua atenção (lembre-se do quarto critério de ruído) das coisas verdadeiramente produtivas ou significativas.

Imagine, por exemplo, que você esteja preocupado com a possibilidade de seu filho se machucar na escola. Você pode até estar certo umas três ou quatro vezes no decorrer de toda a vida escolar dele, mas, se você se preocupar com isso todo dia, ou até mesmo toda semana, dos 12 a 15 anos que seu filho passará estudando, você terá vivenciado mentalmente a angústia e o custo da preocupação milhares de vezes. Agora, pense no custo de toda essa preocupação para o seu filho. Ele não só vai internalizar a sua ansiedade e o estresse emocional, como você deixará passar muitos outros aspectos importantes, como conferir se ele fez a lição de casa, conhecer os amigos dele ou jantar em família todas as noites. Preocupar-se faz o contrário de ajudar seu filho.

Isso me leva à segunda e à terceira ondas de cancelamento ativo de ruído: *"Não estragarei dez mil dias só para estar certo em alguns"* e *"Não acharei que me preocupar equivale a ser amoroso ou responsável"*.

Se realmente quisermos fazer o melhor não só para quem amamos, mas para a nossa carreira, nossas equipes e nossas empresas, precisamos nos desapegar do medo, da ansiedade, do pessimismo e da preocupação. E não só isso: precisamos abrir mão do medo e da preocupação porque isso pode estar literalmente nos matando. Pesquisadores de Harvard e outras instituições descobriram que a ansiedade fóbica e o medo destroem as proteínas das extremidades dos nossos cromossomos, chamadas *telômeros*, o que acelera muito o processo de envelhecimento.[18] E novos estudos demonstram que a exaustão e a preocupação no trabalho também podem acelerar o envelhecimento.[19]

Tente reservar alguns minutos para anotar cinco coisas que o fazem se sentir positivo (seus filhos, um esporte que você pratica, seus valores, sua fé). Pode parecer um exercício bobo, mas pesquisadores da Universidade de Chicago descobriram que, quando as pessoas passam alguns minutos escrevendo sobre seus sentimentos positivos, seus níveis de preocupação e pessimismo caem significativamente.[20] Isso não só reduziu a ansiedade dos participantes como melhorou entre 10% e 15% seu desempenho em testes de memória e habilidades críticas.

Ao emitir esse tipo de energia positiva, você não só bloqueia o ruído negativo como também melhora a concentração, o foco e a capacidade de empregar suas diferentes inteligências. (E, como você já está fazendo isso, por que não aproveita para criar o hábito de se exercitar? Uma meta-análise de 40 estudos clínicos com três mil participantes descobriu que se exercitar reduz a ansiedade e a preocupação em nada menos que 20%.)[21]

Ao emitir energia positiva e cancelar o ruído interno, você aumenta sua capacidade de identificar o sinal que leva ao significado, ao sucesso, à felicidade duradoura e até a uma vida mais longa e saudável.

* * *

No nosso mundo de hoje, o ruído negativo está por toda parte e pode abafar o sinal positivo que nos indica oportunidades e informações e nos ajuda a nos beneficiar dos recursos cognitivos, emocionais e sociais que nos possibilitam atingir o sucesso. Para encontrar o sinal do sucesso, precisamos primeiro aprender a diferenciar o sinal do ruído. Em seguida, precisamos usar estratégias tanto passivas quanto ativas para reduzir e cancelar o ruído proveniente do mundo externo e o ruído que nós mesmos geramos. Qualquer redução de ruído, mesmo se for de apenas 1%, intensifica a força do sinal e aumenta nosso potencial.

Neste capítulo, vimos os quatro critérios para decidir se a informação externa é ruído, apresentamos medidas práticas para fortalecer o sinal, reduzindo apenas 5% do ruído e, por fim, discutimos maneiras de bloquear o ruído interno, combatendo ativamente o medo, a preocupação e o pensamento negativo. Essas habilidades, combinadas com as que você aprendeu nos capítulos anteriores (a capacidade de ver diferentes realidades, de mapear suas metas em torno de marcadores de significado e de acelerar seu progresso rumo ao sucesso), o ajudarão a construir uma realidade mais valiosa no trabalho e em casa.

No entanto, para ser um verdadeiro gênio positivo, não basta criar a realidade mais valiosa só para você. O último passo, que você aprenderá no próximo capítulo, é levar essa realidade também às outras pessoas para que você possa se beneficiar do poder exponencial das inteligências combinadas *de todos* e alcançar níveis de sucesso sem precedentes.

Colocando a teoria em prática

1. *Verifique o ruído em sua vida.* Veja se as informações que você recebe se encaixam em um ou mais dos quatro critérios de ruído: inutilizáveis, na hora errada, hipotéticas ou distrativas. Se for o caso, elimine-as.

2. *Faça o experimento dos 5%. Passe duas semanas tentando reduzir seu consumo de informações em apenas 5%.* Não saia por aí cortando qualquer informação. A ideia é reduzir as informações que se encaixam em um dos critérios do ruído. Para esse experimento ter sucesso, é fundamental reduzir o volume total de informações que seu cérebro precisa processar (o INFOtotal), a fim de liberar mais energia e recursos e poder captar e processar as informações importantes. Lembre-se de alguns truques que vimos ao longo deste capítulo, como não ligar o rádio assim que entrar no carro, ver menos noticiários na TV e ler menos artigos sobre eventos negativos do outro lado do mundo.

3. *Crie um sistema de cancelamento ativo de ruído.* Coloque na sua mesa lembretes relacionando as três ondas de energia positiva:

"Manterei minha preocupação proporcional à probabilidade do evento".

"Não estragarei dez mil dias só para estar certo em alguns."

"Não acharei que me preocupar equivale a ser amoroso ou responsável."

4. *Verifique os fatos.* Mantenha sua preocupação proporcional à probabilidade do evento respondendo às duas perguntas a seguir:

Quantas vezes esse evento negativo aconteceu comigo no passado?

Quantas vezes esse evento negativo costuma acontecer com pessoas como eu?

Se você respondeu objetivamente a essas perguntas, verá que as chances de o evento acontecer são bem menores do que receava.

5. *Passe cinco minutos escrevendo sobre coisas positivas.* Sempre que começar a ouvir vozes negativas, reserve cinco minutos para escrever sobre coisas positivas, como seus filhos, um esporte que você pratica, seus valores ou sua fé. Ao cancelar ativamente esses ruídos internos, você pode melhorar entre 10% e 15% seu desempenho em tarefas de memória e que envolvem habilidades críticas.

6. *Exercite-se.* Inclua exercícios físicos à sua rotina para reduzir a ansiedade em até 20%. Se estiver com dificuldade de reduzir ativamente o ruído interno da preocupação, vá à academia. Os exercícios físicos têm o poder de silenciar os centros de preocupação, na região límbica do cérebro, reduzir os níveis de cortisol e reforçar o otimismo.

HABILIDADE

5

Inserção positiva
Transfira sua realidade positiva para os outros

Depois de dominar as quatro primeiras estratégias do gênio positivo, vai ficar faltando só a mais importante: como transferir essa realidade positiva para sua equipe, seus colegas, familiares e para outras pessoas.

No filme *A origem* (2010), do diretor Christopher Nolan, Leonardo DiCaprio interpreta Cobb, um homem que usa uma tecnologia militar futurista (que o filme não explica direito) para roubar segredos corporativos das pessoas invadindo seu subconsciente enquanto elas estão dormindo. Então, um empresário misterioso chamado Saito contrata Cobb para fazer algo um pouco diferente: *plantar* (que o filme chama de "inserção") uma ideia na cabeça de uma pessoa, em vez de roubar. O alvo da inserção é Fisher, herdeiro de um grande império corporativo do setor de energia que Saito pretende derrubar. A equipe de Cobb entra nos sonhos de Fisher para plantar a ideia de que o pai do herdeiro nunca quis que o filho se envolvesse nos negócios da família e está implorando, do além-túmulo, que ele saia da empresa para abrir o próprio negócio.

Para que a inserção tenha sucesso, a ideia que Cobb planta na mente do herdeiro deve ser simples, emotiva e positiva. Assim, em vez de

"Eu preciso acabar com o império do meu pai" ou "Eu odeio meu pai", Cobb planta a ideia de que "Meu pai quer que eu construa algo para mim". Como Cobb explica à sua equipe, "o subconsciente é motivado pelas emoções, certo? Não pela razão. Precisamos dar um jeito de traduzir a ideia 'vou destruir o império do meu pai' em um conceito emocional... As emoções positivas sempre superam as negativas". Para Cobb, é muito mais fácil transferir para os outros as realidades positivas do que as negativas porque elas criam uma mudança duradoura.

Saindo do mundo da fantasia e voltando ao âmbito da neurociência e da psicologia positiva, as pesquisas confirmam a lógica de Cobb. Pesquisadores passaram os últimos anos investigando o modo como percepções e mentalidades podem ser transferidas para as pessoas. Eles descobriram que as três melhores estratégias para transferir o gênio positivo aos outros não são muito diferentes das empregadas por Cobb. Elas são: *criar franquias de sucesso* (criar uma mudança comportamental positiva que possa ser replicada com facilidade), *reescrever o roteiro* (transformar um roteiro social vigente de negativo para positivo) e *criar uma narrativa compartilhada* (criar valor e significado ao recorrer às emoções).

É bem verdade que não temos como *forçar* as pessoas a terem uma visão positiva do mundo (quem decide são elas), mas podemos plantar sementes de realidades positivas em seu cérebro. A inserção positiva leva a dois benefícios. Não só teremos como usufruir dos benefícios óbvios de ter outros gênios positivos na nossa empresa, na nossa equipe e na nossa família, como novas pesquisas do campo da psicologia positiva abordadas neste capítulo provam que é mais fácil sustentar *nossa* realidade positiva e construir nosso próprio sucesso quando ajudamos os outros a reforçar o gênio positivo deles. *A infelicidade pode adorar ter companhia, mas a positividade não consegue sobreviver sozinha.*

Pode ter certeza de que essa técnica não tem nada a ver com algum método futurista de controle mental que só existe no reino da fantasia e da ficção científica. Pelo contrário, pesquisadores dos campos da neurociência e da psicologia positiva estão chegando a algumas conclusões fascinantes sobre como espalhar uma realidade positiva que leva ao sucesso tanto na nossa vida pessoal quanto na profissional. Em *O jeito Harvard de ser feliz*, escrevi sobre o efeito propagador, que explica como a felicidade pode ser contagiante. Este capítulo se aprofunda muito mais no conceito de como as ideias se espalham. A inserção positiva não se refere apenas a disseminar a felicidade, mas a ajudar os outros a enxergar a realidade na qual o sucesso (e a felicidade) é possível. A inserção envolve ajudar as pessoas a explorar suas diferentes inteligências e recursos cognitivos e, desse modo, criar equipes melhores e mais bem-sucedidas. Para isso, você precisará dominar três estratégias fundamentais.

Estratégia 1: crie franquias de sucesso. O primeiro passo para fazer uma inserção positiva consiste em identificar um aspecto de uma realidade (sua ou de outra pessoa) que, se replicado, ajudaria os outros a mobilizar seu ímpeto, sua motivação e suas diferentes inteligências para atingir o sucesso. Pesquisas demonstram que, para serem contagiantes, essas "franquias de sucesso" devem se basear em uma ideia simples e fácil de replicar. Mostrarei como isso funciona no mundo real descrevendo como um hospital conseguiu melhorar efetivamente a felicidade dos pacientes, a satisfação dos médicos com o emprego e a reputação do hospital criando franquias de uma mudança comportamental positiva que eles chamaram de "Regra 10/5". Você verá como a inserção e a disseminação de uma simples mudança comportamental levou não só a melhores resultados para os pacientes, mas também a um aumento potencial de 30 milhões de dólares em receita para o hospital. Em seguida, mostrarei como encontrar e criar uma poderosa e simples mudança na sua vida e como usar a inserção positiva para criar franquias dessa mudança positiva para os outros.

Estratégia 2: reescreva o roteiro social. Todos os aspectos da nossa vida profissional e pessoal são governados por roteiros sociais ocultos, mas alguns roteiros sociais têm mais poder de influenciar nosso comportamento coletivo do que outros. Os psicólogos sociais descobriram que, quanto mais positivo for o *roteiro social* de uma pessoa, maior será sua capacidade de criar uma influência social positiva. Com efeito, um roteiro social positivo pode reforçar o engajamento no trabalho em até 40%. Então, se você quiser exercer uma influência social positiva, muitas vezes terá de mudar o roteiro social vigente. Ser o primeiro a falar (uma técnica conhecida como "entrada positiva") e usar o senso de humor são duas técnicas para criar o tipo de roteiro social que leva a uma inserção positiva.

Estratégia 3: crie uma narrativa compartilhada. Por fim, para que a inserção positiva possa ocorrer, você precisa apelar não só para a razão, mas também para a *emoção*. Novos e fascinantes estudos revelam que, mesmo quando só uma pessoa da equipe apela para as emoções e salienta o significado de maneiras específicas e positivas, ela tem o poder de aumentar a receita da equipe em até 700%. Uma das melhores maneiras de plantar uma realidade positiva é construir uma narrativa em torno de alguma experiência emocional compartilhada, não importa se positiva *ou* negativa. Curiosamente, minhas pesquisas mostram que criar uma narrativa compartilhada em torno de adversidades ou fracassos do passado é uma das melhores técnicas para criar uma inserção positiva. Além disso, pesquisas da Wharton Business School mostram que a inserção positiva é mais eficaz quando vem de outra pessoa da equipe que não o líder. Em outras palavras, qualquer pessoa, seja qual for seu cargo ou posição, pode criar uma inserção positiva apelando para valores e significados.

O objetivo deste capítulo é ajudá-lo a transferir a sua realidade mais valiosa para sua equipe, seus colegas, seus amigos e seus familiares. Fazendo isso, você criará uma fonte renovável e sustentável de energia positiva que motiva, energiza e mobiliza as diferentes inteligências coletivas das pessoas a seu redor. Sem a inserção, nossa própria realidade se torna menos estável.

Uma realidade negativa não compartilhada é uma ilusão.
Uma realidade negativa compartilhada é desastrosa.

Uma realidade positiva não compartilhada é efêmera.
Uma realidade positiva compartilhada é genial.

Estratégia 1: crie franquias de sucesso (faça com que o sucesso seja contagiante)

O que é uma franquia de sucesso?

Na introdução de *Uma breve história de quase tudo*, Bill Bryson escreve: "Bem-vindo. E parabéns! Por que parabéns? Porque trilhões de partículas tiveram de se unir num equilíbrio exato para você poder existir e ser capaz de segurar um livro ou e-book, e ainda ler seu conteúdo... e, para tanto, todos os seus descendentes diretos, sem exceção, tiveram de superar perigos e sobreviver a doenças por tempo suficiente para poder fazer sexo e se reproduzir".[1] É claro que Bryson está fazendo graça, mas o argumento é bom. Você só conseguiu sobreviver tempo suficiente para ler este livro em virtude de um padrão ininterrupto de sucesso reprodutivo.

Qualquer sucesso que não seja devido à pura sorte resultou da replicação de alguma prática, procedimento ou mentalidade eficaz. Só em casos muito raros esses sucessos ocorrem em isolamento. As maiores e melhores conquistas envolvem os esforços coordenados de muitas pessoas replicando um comportamento ou processo efetivo. A "criação de franquias de sucesso" é a técnica de fazer com que as pessoas repliquem um padrão cognitivo ou comportamental positivo que leva continuamente ao sucesso. A grande vantagem das franquias de sucesso é que *qualquer sucesso que pode ser observado também pode ser repetido.*

A criação de franquias de sucesso é uma prática tão antiga quanto a própria humanidade. A capacidade de acender o fogo, uma das conquistas humanas mais primitivas, porém monumentais, é um exemplo de franquia de sucesso. Afinal, os homens das cavernas não ficavam reinventando o fogo. Uma vez que tinham aprendido o segredo, replicaram e transmitiram esse conhecimento a cada geração subsequente.

De modo similar, no século XVI, o Arsenal de Veneza criou uma franquia de sucesso tão forte que lhe permitiu construir um navio inteiro, do início ao fim, em um único dia (e isso sem nenhum maquinário moderno)! Começavam pela manhã com montanhas de recursos e matérias-primas e, no fim do dia, graças ao empenho coordenado de muitas pessoas seguindo o mesmo padrão de sucesso que haviam aperfeiçoado, tinham um navio inteiro pronto para ser lançado ao mar.

Em sua vida moderna no trabalho, você e sua equipe também devem pegar as montanhas de recursos intelectuais e emocionais que têm à disposição para "construir juntos um navio", replicando padrões que tiveram sucesso no passado.

Todos nós temos padrões na nossa vida profissional (mesmo se não forem conscientes), mas o segredo é criar e repetir padrões ou comportamentos que levam continuamente ao sucesso, em vez dos que produzem os mesmos resultados medíocres ou negativos. Se, por exemplo, a dona de um restaurante de sucesso decidisse expandir seu império abrindo uma rede, mas resolvesse não replicar nenhum dos fatores que levaram o primeiro restaurante ao sucesso, você acharia que ela enlouqueceu (e fez um péssimo investimento). Esse princípio parece óbvio, mas o tempo todo escolhemos realidades erradas para replicar. Enquanto não aprendermos a replicar nossa realidade *positiva*, seremos forçados a desperdiçar recursos valiosos tentando reinventar a roda a cada vez.

E a coisa não termina por aqui. Se quisermos ter sucesso no trabalho (não importa se esse sucesso for definido como lucros mais altos, maior participação de mercado, ou melhor, retenção de talentos), precisamos aprender não só a replicar nossa realidade mais valiosa, mas também a espalhá-la para nossa equipe, colegas e até clientes. Um dos melhores exemplos que vi disso foi num trabalho que fiz com um grupo de hospitais de Nova Orleans. Ele apresenta algumas lições inestimáveis sobre como podemos criar franquias positivas na nossa vida e nosso trabalho.

O hospital cinco estrelas: realidades contagiantes

Em um artigo de 2012 publicado na *Harvard Business Review*, escrevi sobre as extraordinárias medidas que a Ochsner Health System, sediada na Louisiana, tomou depois do furacão Katrina para criar um gênio positivo entre seus 11 mil colaboradores, administradores, vendedores e funcionários.[2] Fui convidado várias vezes no decorrer de dois anos para ajudar os líderes a pôr em prática minha pesquisa sobre o Benefício da Felicidade, mas logo me dei conta de que, se realmente quiséssemos ajudá-los a transformar a organização, não bastaria convencer alguns poucos líderes seniores de que a melhor maneira de incrementar os resultados financeiros do hospital era primeiro elevar os níveis de felicidade. Eles precisariam plantar a ideia de que *"a felicidade é contagiante e vantajosa"* no cérebro de todas as pessoas da organização.

O personagem Michael Scott, da série cômica *The Office*, ficou famoso por desnecessariamente, e muitas vezes de um jeito hilário, dizer o óbvio. Em um episódio, ele declara: "Não gosto de hospitais. Na minha cabeça, estão associados a doenças". Essa afirmação é engraçada (para mim) porque *é claro* que os hospitais estão associados a doenças. O problema é que, como algumas pesquisas demonstram, quando pensamos que alguma coisa não é saudável, o efeito sobre nós também não é saudável. É por isso que muitas pessoas começam a manifestar sintomas de doenças com as quais são obcecadas e é por isso que muitos calouros de medicina caem vítimas da famosa "síndrome da faculdade de medicina", quando começam a acreditar que têm todas as doenças que estão estudando.[3] No entanto, isso gera um grande problema para os hospitais: como as pessoas podem se curar em um lugar associado a doenças e enfermidades?

É simples. Basta transformar o hospital em um hotel Ritz-Carlton.

Não é por acaso que a marca de hotéis Ritz-Carlton passou a ser um sinônimo de atendimento "cinco estrelas" ao cliente. Ao contrário do que você possa imaginar, essa imagem não se deve apenas às toalhas felpudas, piscinas enormes ou camas confortáveis. A razão é que o Ritz segue um código de atendimento muito simples: fazer o hóspede se sentir valorizado e superar as expectativas. Certa vez, me hospedei em um Ritz de Washington, pago por um cliente, e, quando pedi para mudar de quarto porque o meu estava cheirando a cigarro, o hotel imediatamente providenciou um quarto melhor, fez questão de me oferecer o jantar e bebidas de cortesia e chegou a incluir uma massagem grátis para me compensar pelo pequeno transtorno. Mas a maioria das pessoas desconhece o ingrediente secreto do atendimento sensacional do Ritz: eles franquearam uma política chamada Regra 10/5, que é um exemplo perfeito de como transformar uma organização usando uma inserção positiva.

A Regra 10/5 inclui algumas diretrizes comportamentais simples que todos os funcionários são treinados para seguir. Se um hóspede passar em um raio de 3 metros de um funcionário do Ritz, este deve fazer contato visual e sorrir. Se o hóspede passar a menos de 1,5 metro, o funcionário deve cumprimentar com um "Olá!". Essa regra é parecida com a política que Sam Walton instituiu para os funcionários do Walmart, que eram instruídos a sorrir sempre que estivessem a 3 metros de um cliente (infelizmente, essa regra deixou de ser seguida).[4] Pode soar simplista, mas pesquisas demonstraram que pequenas mudanças como essa podem ter um impacto enorme na satisfação do cliente, na retenção de funcionários e nos resultados financeiros.[*]

Depois de consultar especialistas e analisar os estudos, os líderes da Ochsner Health System viram que, se quisessem melhorar o desempenho dos hospitais criando uma realidade de felicidade e conforto, seria uma excelente ideia se inspirar em uma das franquias de luxo mais respeitadas do planeta. Por isso eles adotaram a Regra 10/5.

---

[*]   A Regra 10/5 faz referência às medidas 10 e 5 pés, que representam aproximadamente 3 metros e 1,5 metro. [N. E.]

Algumas empresas "adotam" ideias ou políticas limitando-se a enviar um e-mail *pro forma*, achando que o trabalho está feito. Mas a Ochsner *realmente* adotou a Regra 10/5. Eles treinaram formalmente mais de 11 mil médicos, enfermeiros, gerentes e administradores para sorrir sempre que estivessem em um raio de 3 metros e cumprimentar sempre que estivessem em um raio de 1,5 metro de qualquer pessoa (paciente *ou* colega) e chegou a incluir esse critério nas avaliações de desempenho. É claro que um hospital nunca vai ser tão luxuoso quanto o Ritz, mas não era esse o objetivo. A ideia era difundir uma realidade mais positiva entre a equipe do hospital e, em seguida, criar uma franquia dessa mentalidade e perspectiva positiva entre os pacientes.

Contudo, como pesquisador, é meu trabalho receber as ideias com certo ceticismo, então naturalmente levantei uma série de questionamentos sobre a eficácia dessa solução. As pessoas não achariam os sorrisos e cumprimentos forçados? Esse tempo gasto cumprimentando todo mundo não distrairia os médicos e os enfermeiros de todas as outras tarefas importantes que deveriam estar fazendo? Será que os funcionários negativos não se limitariam a evitar as pessoas, afastando-se mais de 3 metros delas?

No começo, muitos médicos e funcionários do hospital também receberam a ideia com ceticismo. Alguns argumentaram: "Mas essas mudanças não são só superficiais? Não é possível que um simples sorriso tenha o poder de afetar o desempenho de um hospital" ou "Eu não tenho tempo a perder com essa iniciativa idiota do RH. Estou ocupado demais salvando vidas". No princípio, foi difícil convencer alguns funcionários mais teimosos, mas, nos seis meses seguintes, sempre que esses colaboradores resistentes e negativos caminhavam pelo corredor, eles viam que algo tinha mudado. Estavam recebendo sorrisos e cumprimentos. E não só dos funcionários, mas dos pacientes também. Você já deve ter notado que, quando alguém o cumprimenta ou lhe dá um sorriso, sua reação automática é retribuir o cumprimento ou sorrir de volta. E foi exatamente o que esses médicos começaram a fazer. Com o tempo, todos tinham adotado a Regra 10/5, mesmo sem se dar conta disso.

Em resumo, o comportamento foi contagiante. Kara Greer, vice-presidente de desenvolvimento organizacional e treinamento da Ochsner, me disse que os funcionários que no começo haviam se recusado a seguir a Regra 10/5 começaram a se sentir tão anormais que passaram inconscientemente a adotar os novos padrões positivos, só para não chamar a atenção pela indelicadeza.

A Regra 10/5 transformou completamente a realidade compartilhada do hospital. A princípio, alguns funcionários tiveram dificuldade de acreditar que um gesto aparentemente tão trivial quanto cumprimentar as pessoas ou sorrir para elas poderia fazer uma diferença concreta na saúde dos pacientes, mas esses céticos tinham se esquecido da correlação científica direta entre a satisfação dos pacientes e a melhora da saúde em fatores tão variados quanto a recuperação de uma parada cardíaca e uma correção ortodôntica.[5] Às vezes, achamos que os melhores médicos são os que têm o conhecimento mais especializado ou os melhores diplomas, mas, na verdade, estudo após estudo, inclusive um publicado no *New England Journal of Medicine*, mostram que os melhores médicos são os que também sabem se conectar com os pacientes.[6] E não é só porque isso faz com que os pacientes se sintam acolhidos; pacientes que sentem um vínculo com o médico são mais propensos a seguir o tratamento e voltar para checkups médicos importantes.[7]

A iniciativa não só melhorou a satisfação dos pacientes com o atendimento como também os resultados financeiros do hospital. Além disso, a satisfação dos pacientes com o atendimento é um dos fatores preditivos mais importantes do lucro de um hospital. De fato, em um ano, de acordo com a Ochsner, os hospitais que aplicaram a Regra 10/5 tiveram um aumento de 5% na avaliação da Press Ganey's Likelihood to Recommend [Probabilidade de Recomendação segundo a Press Ganey] (que avalia se os pacientes recomendariam o hospital aos amigos), além de um aumento de 2,1% no número de consultas e uma melhora significativa nas avaliações do atendimento médico. A Ochsner reportou uma receita de 1,8 bilhão de dólares em 2011. Assim, mesmo se essas melhorias tivessem resultado em um aumento de receita de apenas 0,1%, a inserção positiva poupou milhões de dólares para ajudar a cuidar de mais pacientes![8] Esse tipo de resultado confere um sentido completamente novo à expressão "um sorriso de um milhão de dólares".

Quando olhamos a nossa empresa ou local de trabalho, parece que todos os funcionários são pessoas ímpares, com diferentes personalidades, padrões de pensamento, crenças, valores e estilos de aprendizagem. Apesar de isso ser tecnicamente verdade, ignora um aspecto importante. A *personalidade* das pessoas até pode ser ímpar, mas nossos *cérebros* são altamente interconectados, ligados em uma rede *wireless* de neurônios-espelho. Os leitores de *O jeito Harvard de ser feliz* podem lembrar que os neurônios-espelho são aqueles receptores no nosso cérebro que nos fazem imitar inconscientemente as ações das pessoas que nos cercam. Quando vemos alguém fazer um gesto, como um bocejo ou um sorriso, nossos neurônios-espelho são acionados e mandam um sinal para nosso corpo fazer o mesmo movimento. Esses neurônios são tão importantes para a inserção positiva porque são *nossos pensamentos e percepções* que ditam nossas ações não verbais. Assim, quando você tem uma expressão não verbal de empolgação, por exemplo, meus neurônios-espelho captam e imitam a sua expressão de empolgação. Isso, por sua vez, *leva meu cérebro a pensar que estou sentindo a mesma empolgação que você.* O pesquisador Paul Marsden, da Universidade de Sussex, preparou uma excelente análise dessa pesquisa, demonstrando que não só bocejos e sorrisos são contagiantes, mas também emoções como estresse, ansiedade, otimismo, confiança, tédio e engajamento.[9] Em outras palavras, graças à nossa rede de neurônios-espelho, *somos programados para a inserção.*

A história nos oferece alguns exemplos impressionantes de como somos programados para o contágio social. Em 1962, no incidente que ficou conhecido como June Bug (o nome de uma espécie de besouro, em inglês), 62 operários de uma fábrica têxtil foram "mordidos" por um inseto cujo veneno aparentemente causava intensas náuseas, vômitos e dormência nos braços e pernas.[10] Muitos costureiros foram hospitalizados. Entretanto, depois de meses de investigação, o governo americano descobriu que os sintomas tinham sido causados não pelo veneno de um misterioso inseto, mas por uma pura e contagiosa ansiedade! Constatou-se que os funcionários tinham sido "envenenados" por uma histeria em massa.

Um dos meus exemplos favoritos de contágio social é a Dançomania, também chamada de "Praga da Dança", de 1518 (pode não ser um exemplo tão assustador quanto o ebola ou a Peste Negra, mas é mais interessante). Segundo relatos, o problema começou quando uma mulher de Estrasburgo, na França, conhecida como Frau Troffea, pôs-se a dançar na rua e não conseguia parar.[11]

Com o tempo, ela simplesmente desmaiou de exaustão. No começo as pessoas só acharam que ela havia sofrido um episódio psicótico, mas aí ela voltou a dançar. Em alguns dias, outras 30 pessoas também sentiram a mesma necessidade incontrolável de dançar espasmodicamente. No fim, as autoridades tiveram de interferir porque 400 aldeões estavam dançando compulsivamente dia e noite... e eles nem estavam contentes. Era uma dança maníaca e desesperada, que resultava em ataques cardíacos e, incrivelmente, em mortes. O comportamento bizarro de Frau Troffea tornara-se descontroladamente contagiante.

Um colapso mental solitário deu início a meses de histeria coletiva. Um único caso de uma doença inexistente bastou para criar uma epidemia imaginária. Essas histórias mostram como somos abertos a "contrair" a mentalidade de até uma única pessoa. O campo da psicologia social documenta milhares de histórias como essa, mas, se você já leu as pesquisas ou fez um curso sobre o tema, sabe que as pessoas raramente falam sobre os casos de contágio *positivo* ocorridos ao longo da história, por exemplo, decisões coletivas para abolir a escravidão, quedas globais das taxas de tabagismo ou manifestações pacifistas na Índia ou no Egito. *Surtos positivos também podem começar com um único dançarino.* Se somos capazes de criar franquias negativas, nada nos impede de criar franquias positivas.

O que estou tentando salientar aqui é que você também tem o poder de disseminar hábitos positivos na sua casa ou no trabalho. Tente implementar a Regra 10/5 em sua equipe ou família. Ou, se parecer uma tarefa ou um compromisso difícil demais, tente adotar uma variação que usei no programa da PBS *The Happiness Advantage for Health* [O Benefício da Felicidade para a saúde], que batizei de Exercite seu sorriso. Tudo o que você precisa fazer é exercitar seu músculo mais potente três vezes a mais por dia. Veja bem, a orientação não é sorrir três vezes ao dia, é dar três sorrisos *a mais*. Por exemplo, sorria para um colega para quem você normalmente não sorriria ao entrar com ele no elevador, sorria para o atendente da padaria que lhe servir seu café da manhã (é, eu sei que pode ser difícil sorrir *antes* de tomar o café da manhã, mas tente mesmo assim) e sorria para um desconhecido na rua na volta para casa. Ou sorria três vezes a mais em uma reunião ou durante uma proposta de venda, e note como essa simples mudança de comportamento tem o poder de transformar o ambiente quase imediatamente. Pode parecer uma grande bobagem ou até implausível, mas, como vimos no exemplo da Ochsner, duvido que qualquer outra mudança comportamental de apenas um segundo possa criar um retorno tão alto sobre o investimento.

E há provas científicas de que você também pode aumentar sua inteligência social e emocional sorrindo. Quando David Havas e seus colegas da Universidade de Wisconsin pediram aos participantes para mover os músculos faciais envolvidos no sorriso, ele descobriu que o simples ato de simular um sorriso reduzia a capacidade dos participantes de se enfurecer com alguém.[12] Por outro lado, quando as pessoas usaram os músculos associados ao cenho franzido, elas tiveram mais dificuldade de sociabilizar. Se eu lhe dissesse que você pode aumentar sua inteligência social usando óculos, talvez você considerasse usar óculos no trabalho, mesmo sem grau. Estou certo? Então, estampar um sorriso no rosto é ainda mais fácil (e mais barato) e pode gerar os mesmos benefícios. Além disso, os pesquisadores descobriram que, quando sorrimos, nosso cérebro libera a substância neuroquímica dopamina, que melhora *nosso* humor e nossa realidade. Lembre que as realidades positivas contagiam *em uma via de mão dupla*.

O objetivo desta pesquisa não é mostrar o valor do sorriso, mas mostrar o valor de criar franquias positivas, mesmo que sejam mudanças simples e pequenas. Outra franquia simples adotada pela Ochsner foi a "regra de não reclamar". Os funcionários foram treinados a nunca reclamar na presença de um paciente. Eles poderiam continuar reclamando uns com os outros de não conseguir dormir o suficiente, de cansaço, dos pacientes irritantes ou do que mais quisessem, mas nunca na presença de um paciente, mesmo se o paciente não fosse deles. A regra de não reclamar se aplicava não só nas salas de exame e nos consultórios médicos, mas também nos corredores, no refeitório e em outros ambientes.

Hoje em dia, os escritórios têm áreas específicas para fumar, onde isolamos os fumantes para que a fumaça não incomode os outros. Talvez fosse interessante começar a criar "áreas de reclamação" para impedir que os "reclamões" envenenem os outros com sua negatividade no trabalho.

Não me entenda mal. Não estou sugerindo proibir as pessoas de dar feedback negativo ou apontar problemas que precisam ser reparados. Não estou dizendo que um médico deveria ficar calado se um enfermeiro cometer um erro irresponsável ou se precisar fazer um turno de 24 horas. Nesses dois cenários, não dizer nada seria irresponsável e perigoso. O que estou sugerindo é que um médico se abstenha de fazer comentários que apenas espalham negatividade e reduzem as chances de sucesso. A maior diferença entre reclamar e apontar problemas que podem ser resolvidos é esta: uma reclamação é uma observação sobre uma realidade que o seu comentário jamais poderia mudar. Por outro lado, se você planeja empreender alguma ação positiva, seu comentário não é uma reclamação.

Na semana passada, no cinema, uma mulher não parava de reclamar para o marido: "Está congelando aqui". Não pude deixar de pensar: "Ou você se levanta e pede a um funcionário para reduzir o ar-condicionado ou para de reclamar!". Não quero parecer insensível. Digo isso para o bem dela. Com base em tudo o que aprendemos com a psicologia positiva, sabemos que, ao comentar sobre o frio ela só está tornando seu cérebro mais consciente do frio, o que *só faz com que ela sinta ainda mais frio* (como já vimos, aquilo em que focamos se transforma em nossa realidade!). Então, se você quiser ser bom para si mesmo e se encontrar em uma situação parecida, peça a um funcionário para reduzir o ar-condicionado, vá pegar um agasalho no carro ou concentre sua atenção em outra coisa, por exemplo, curtir o filme.

Nesse mesmo sentido, se você disser: "Não ganho o suficiente", mas não pretende pedir um aumento, nem destacar seu comportamento positivo de um jeito novo para o chefe, procurar outro emprego ou fazer alguma outra coisa para mudar a situação (lembre-se do primeiro critério de ruído que vimos no capítulo anterior: se a informação não levar a uma mudança positiva, ela não passa de ruído e deve ser cancelada), então esse comentário não passa de uma reclamação e de um desperdício de energia cognitiva.

Você pode tentar seguir a regra de não reclamar no trabalho ou em casa... ou pelo menos exilar os reclamões para uma "área de reclamação". Trata-se de uma mudança simples e pequena e essa é exatamente a ideia. Quanto menor for a mudança, mais fácil será espalhá-la para os outros. Tente fazer isso. Nas próximas 24 horas, sorria para todas as pessoas que chegarem a 3 metros de você e evite reclamar. Você vai se surpreender ao ver como essas pequenas mudanças vão transformar todas as suas interações. E é bem possível que em pouco tempo quem está a seu redor aprenda esses mesmos hábitos sem sequer perceber. Este é o poder da inserção positiva.

Por fim, não se esqueça de que as realidades positivas podem ser contagiantes também nos seus relacionamentos pessoais. Uma caloura que orientei em Harvard me contou que vinha brigando muito com os pais; ela achava que eles não confiavam em sua capacidade de tomar decisões sensatas agora que tinha saído de casa. Em vez de sugerir que ela ignorasse aqueles péssimos pais, o que provavelmente resultaria no tipo de comportamento que só confirmaria as piores expectativas deles (de novo: aquilo em que focamos se transforma na nossa realidade), recomendei que ela observasse os padrões. Ela voltou com uma observação incomum. Sempre que ligava para casa depois das 21 horas, ela brigava com os pais, mas isso raramente acontecia quando ela ligava antes desse horário. O problema é que ela estava estudando muito e, às 21 horas, estava cognitivamente esgotada e não tinha mais as reservas mentais necessárias para ser paciente, para explicar suas razões com clareza ou para simplesmente deixar rolar. A solução que ela encontrou foi simplesmente "só ligar para casa antes das 21 horas, e nunca mais tarde, a não ser em caso de emergência". Observe, porém, como essa minúscula mudança levou a uma inserção positiva. Seus pais logo notaram que as interações com a filha ficaram muito mais positivas e que ela estava mais paciente e aberta (mesmo sem saber exatamente por quê). Por sua vez, eles também ficaram mais abertos e pacientes ao telefone e, para a empolgação dela, começaram a confiar mais em suas decisões. Com isso, ela se viu querendo contar mais sobre sua vida universitária, o que criou ainda mais confiança e boa vontade. Dá para ver como o gênio positivo cria um circuito de feedback contínuo se for disseminado corretamente.

Estratégia 2: reescreva o roteiro social (para transformá-lo em um roteiro positivo)

Quando fui professor bolsista de um curso de Psicologia Social, uma das minhas tarefas preferidas era mandar os alunos sair pelo *campus*, violar uma regra social e observar o que acontecia. Podia ser algo como entrar no elevador de um prédio, virar-se lentamente e encarar as pessoas. Ou deitar-se no elevador (o que faz as pessoas surtarem). Podia ser pegar comida do prato de alguém, dar uma gorjeta a um professor depois de uma boa aula, pedir alguém em namoro sabendo que a pessoa já tem namorado, atender o celular no meio de uma aula e por aí vai. Nossa vida é regida por incontáveis regras sociais e instintivamente sabemos quais são elas. Ninguém nunca precisou lhe dizer para não deitar no elevador ou não pegar uma batata frita do prato de um desconhecido. Essas regras tácitas que governam nossas interações sociais são conhecidas como roteiros sociais.

Não há dúvida de que os roteiros sociais têm um valioso papel na sociedade. O problema surge quando esses roteiros nos infectam com realidades negativas que reduzem nossas chances de sucesso. É por isso que a segunda técnica para criar a inserção positiva é encontrar maneiras de reescrever os roteiros sociais.

Em 2012, uma grande empresa, que manterei anônima porque ela estava vivenciando uma taxa de engajamento muito baixa entre os funcionários, me convidou para falar com um grupo de gestores a respeito de pesquisas sobre elogios e reconhecimento e ensiná-los a criar um ambiente de trabalho mais energizado. Depois, a diretora de RH me puxou de lado e disse que tinha gostado da minha palestra, mas que tinha sido um pouco constrangedor porque recentemente os gestores haviam sido encorajados pela empresa a *não encorajar* os funcionários. Devo ter demonstrado minha confusão, porque ela explicou: "Estamos no meio da nossa quarta grande reestruturação em três anos e não achamos que esta é a hora de animar muito o pessoal. Não nos parece muito respeitoso, já que tivemos de demitir muita gente. E como ainda não sabemos quando a reestruturação vai acabar, decidimos dar uma segurada nos elogios. Se não, as pessoas podem pensar: 'Que legal, vou ganhar o bônus' ou 'Posso ficar tranquilo porque não vou ser demitido', e nada disso é certo no momento".

Fiquei chocado. Como aquela empresa não percebia que banir a positividade era basicamente a pior coisa que poderia ser feita em meio àquela enorme incerteza? Afinal, se não tinham como motivar as pessoas com aumentos e promoções, precisavam motivá-las com elogios e uma liderança positiva! Você já trabalhou em uma empresa ou equipe assim? As regras tácitas da empresa diziam: "Podemos falar sobre os aspectos negativos, as frustrações em relação à liderança e as tensões, mas não é certo sair por aí distribuindo elogios a torto e a direito". E eles ainda estavam surpresos com os baixos índices de engajamento dos funcionários? Claramente precisavam de um roteiro social mais positivo. Na verdade, todos nós precisamos.

Três homens fazem um tigre

Embora todos os roteiros sociais afetem nossas interações com as pessoas, nem todos têm o mesmo grau de influência. Segundo Bibb Latané, um pesquisador de psicologia da Universidade Columbia, todos os roteiros sociais possuem três componentes: a força da mensagem (F), o imediatismo (I) e o número de fontes (N).[13] Desse modo, podemos calcular o grau de influência social exercido por um roteiro aplicando a equação a seguir: F + I + N = Influência social.

À primeira vista, essa equação até faz sentido. Quanto mais forte e importante for a mensagem, e quanto mais pessoas a emitirem, mais influência ela terá. Você já deve ter visto isso muitas vezes no trabalho. Se muitos membros da equipe ouvirem de um gestor sênior uma explicação contundente sobre as razões de não estarem recebendo mais informações, por exemplo, é mais provável que acreditem nessa explicação do que se ouvirem a mesma explicação de um único colega.

Na faculdade de Teologia, estudei um pouco da filosofia budista e confucionista. Um dos provérbios chineses de que mais gosto é: "Três homens fazem um tigre". A história por trás do provérbio é algo assim:

Em uma noite escura, três homens estão na selva, sentados em silêncio. De repente, um javali passa correndo, derruba um dos homens e foge para o mato. O homem caído grita: "Tigre!". Os dois outros homens, em pânico, também gritam a plenos pulmões: "Tigre!". Com isso, a aldeia toda acorda, o caos se instala, e os três homens contam a terrível história do ataque do tigre. Um grupo de caçadores é organizado para livrar a aldeia do terror. Enquanto isso, o javali, agora calmo, observa impassível os aldeões construindo cercas de madeira e mães preocupadas mantendo os filhos dentro de suas cabanas até o "tigre" ser morto. A realidade (falsa) de um tigre à solta e à espreita passa a dominar as regras sociais da aldeia.

Terminei a faculdade de Teologia em 2002. Em março do ano seguinte, vi vários experientes políticos americanos repetirem uma ou outra versão dessa história. O tigre deles eram as armas de destruição em massa.

O fiasco todo das armas de destruição em massa demonstra como um roteiro negativo pode ser desastroso, especialmente quando tem grande influência social. Sem dúvida, se você quiser escrever um roteiro mais positivo para a sua vida profissional, terá de reforçar sua influência social.

Às vezes, dependendo das normas culturais da sua empresa, pode ser difícil aumentar a força de uma mensagem positiva sem ser rejeitado ou até banido. E é difícil reforçar o senso de urgência sem parecer histérico ou exagerado. Assim, a melhor abordagem é aumentar o N, o número de pessoas que aderem à mensagem positiva. Como um político que quer vencer a eleição, concentre-se primeiro nas oportunidades mais fáceis, ou seja, nas pessoas positivas que já pensam como você. Depois de aumentar o N, você terá mais influência sobre o pessoal que tende a ficar em cima do muro. E, uma vez plantadas as sementes da mudança positiva nesses dois grupos, você poderá se voltar para os colegas, gerentes ou clientes mais resistentes e negativos. Isso que estou dizendo pode parecer óbvio, mas você ficaria surpreso com o número de pessoas que fazem o contrário. *Muita gente começa identificando as pessoas mais negativas e investem toda sua energia e recursos tentando fazer com que elas enxerguem os aspectos mais positivos. Essa estratégia está fadada ao fracasso. É muito melhor começar encontrando pessoas mais propensas ao positivo e, só depois de aumentar sua influência social, ir atrás dos céticos.* Quanto mais, melhor, quando você está planejando uma inserção positiva.

Seja o primeiro a falar

Quanto mais capazes somos de espalhar nossa realidade positiva, mais chances temos de ajudar nossa empresa a ser mais saudável e positiva. O problema é que, muitas vezes, o roteiro que costumamos seguir para agir e reagir às dificuldades no trabalho é escrito pelas pessoas mais agressivamente negativas. Mas, ao contrário do que você possa imaginar, se quiser que sua mensagem positiva seja ouvida, a solução não é ser quem fala mais alto. É ser o *primeiro* a falar.

Em 2009, Cameron Anderson e Gavin Kilduff, da Universidade da Califórnia, em Berkeley, fizeram um experimento interessante demonstrando o poder de ser o primeiro a falar.[14] Eles dividiram cem participantes em 25 grupos de quatro pessoas e pediram que fizessem uma série de exercícios de matemática do GMAT (uma prova aplicada aos candidatos à faculdade de Administração). Os pesquisadores gravaram vídeos dos grupos trabalhando em colaboração para resolver os exercícios. Depois da prova, mostraram os vídeos a outro grupo (que não conheciam os participantes) e pediram que identificassem o líder do grupo. Na verdade, nenhum dos participantes tinha sido designado como líder, mas os avaliadores identificaram os líderes por unanimidade: em todos os casos, a pessoa que falou primeiro. Ainda mais incrível, nada menos que 94% das respostas que os grupos acabaram dando para os problemas foram as sugeridas pelo participante que falou primeiro. Ou seja, não foram só os avaliadores que consideraram que essas pessoas detinham mais influência social, os próprios colegas de equipe, que sabiam que ninguém tinha sido designado como líder, também acharam a mesma coisa. Esses líderes percebidos jamais intimidavam os colegas da equipe para acatar suas respostas nem foram os participantes que deram o maior número de respostas corretas. Minha parte favorita do estudo foi que os pesquisadores não encontraram nenhuma correlação entre o conhecimento de matemática e ser a primeira pessoa a falar (o que só confirma minhas suspeitas de que a primeira pessoa a falar em uma equipe costuma ser a pessoa menos qualificada para fazer isso). Uma pessoa foi capaz de convencer o grupo simplesmente por ser a primeira a falar.

A questão é que basta ser o primeiro a falar para definir o roteiro social. Michelle Gielan, da Universidade da Pensilvânia, chama isso de "entrada positiva" (*power lead*).[15] Antes de concluir seu mestrado em Psicologia Positiva, Gielan foi âncora de um noticiário nacional da CBS News, em Nova York. Como jornalista, ela notou que os noticiários geralmente começavam com a notícia mais sensacionalista e negativa do dia e que essa primeira notícia definia o tom do noticiário todo. Pense no impacto que a primeira frase de qualquer diálogo tem sobre o teor da conversa toda. Se você for conversar com uma amiga doente e ela começar falando de uma consulta particularmente desagradável com o médico, a conversa vai girar em torno da antipatia do médico e da doença dela. Mas, se você começar falando do positivo, dizendo, por exemplo, que ela parece estar bem melhor desde a última vez que a viu, você tem o poder de mudar o roteiro da conversa toda.

No trabalho ou em casa, é fácil usar a entrada positiva para escrever um roteiro positivo. Basta ser o primeiro a falar e começar as conversas com um tema positivo antes que alguma outra pessoa tenha a chance de iniciar o roteiro social com fofocas, reclamações ou negatividade. Essa ideia me inspirou a mudar o jeito como começo alguns tipos de telefonema. Antes, sempre que eu demorava para dar um retorno sobre algum assunto, eu costumava começar a ligação dizendo: "Desculpe por não ter retornado antes... é incrível como ando ocupado" ou "Estou atolado de trabalho". Isso imediatamente cria um roteiro social negativo e estressado (ou focado em mim). Por isso, agora começo a conversa com alguma coisa legal que está acontecendo na minha vida ou contando por que estou empolgado para trabalhar com a pessoa em determinado projeto. É incrível como as pessoas são abertas a adotar o roteiro positivo quando eu faço isso. Nesse mesmo sentido, em um grupo, se você quiser ditar o tom ou o estado de espírito, tente ser um dos primeiros a falar. Afinal, de qual reunião você prefere participar? Uma que começa com "Vamos logo porque temos muito trabalho a fazer e muitos incêndios para apagar" ou a que começa com "Que bom ver todos vocês aqui hoje! É muito empolgante poder trabalhar nestes novos projetos com uma equipe tão boa"? A realidade é a mesma, mas a perspectiva é totalmente diferente. Depois, observe como as pessoas ficam mais engajadas e motivadas em resposta à sua entrada positiva. Esta é uma das ferramentas mais eficazes deste livro.

Mude a sua cara

Quando se trata de interações sociais, muitas pessoas têm um ponto cego bem diante do rosto. Literalmente. O que quero dizer com isso é que elas costumam se esquecer da importância das expressões faciais para comunicar sua realidade. Pior ainda, muitas vezes elas não percebem que seu rosto está expressando exatamente o contrário de seus verdadeiros sentimentos ou crenças. Já perdi a conta das vezes em que olhei para uma pessoa na plateia que parecia estar odiando a minha palestra e essa mesma pessoa me procurou depois, com a mesma expressão azeda no rosto, me dizendo que a palestra tinha mudado sua vida. É como se andássemos pelo mundo falando uma língua estrangeira que ninguém entende.

Um estudo de 2010 conduzido por Joshua Davis, do Barnard College, destaca como as nossas expressões faciais afetam as pessoas. Em um procedimento um tanto chocante, os participantes receberam uma injeção de Botox ou Restylane.[16] (Não faço ideia de como ele conseguiu permissão da instituição para fazer isso. Harvard levou três meses para me dar permissão para filmar calouros participando de um jogo de charadas com estudantes da Universidade Tufts para um estudo.) De todo modo, as duas substâncias são usadas para reduzir as rugas, mas a ação do Botox consiste em matar os nervos que controlam os músculos faciais, o que restringe a variedade das expressões emocionais. Já o Restylane não inutiliza os nervos que controlam os músculos, de modo que o rosto continua produzindo expressões emocionais normais. Depois de injetar o produto nos participantes, os pesquisadores mostraram vídeos previamente considerados muito emotivos e pediram-lhes que avaliassem o teor do impacto emocional. O que aconteceu? O grupo que recebeu o Restylane disse que o filme foi muito mais emocionalmente carregado do que o grupo do Botox. Em outras palavras, o Botox não só reduziu sua capacidade de expressar as emoções no rosto como também reduziu a reação emocional dos participantes. Essa é uma indicação clara de que deixar de demonstrar emoções positivas no rosto pode dificultar não só a sua capacidade de espalhar a positividade como também a de vivenciar realidades positivas. E também é um alerta para as equipes e organizações (definitivamente as Forças Armadas) que acreditam que não demonstrar as emoções no trabalho não afeta o moral nem o engajamento.

Naturalmente, a comunicação não verbal envolve mais do que um sorriso. A linguagem corporal e o tom de voz também ajudam a preparar o terreno para a inserção. Em um estudo, pesquisadores da Faculdade de Administração de Yale descobriram que o tom de voz do líder era um importante fator preditivo dos resultados da equipe.[17] Os estudantes voluntários foram distribuídos em equipes para trabalhar em colaboração em várias tarefas, com o objetivo de ganhar dinheiro para uma empresa imaginária. No meio do exercício, chegava o "chefe", que na verdade era um ator instruído a seguir um roteiro usando um destes quatro tons: "entusiasmo alegre", "serenidade cordial", "letargia deprimida" ou "irritabilidade hostil". O "chefe" das diferentes equipes foi exatamente o mesmo ator, seguindo exatamente o mesmo roteiro (ou seja, as palavras que ele disse foram exatamente as mesmas), mas o roteiro *social* foi alterado por sinais não verbais. Como seria de se esperar, a equipe que teve um líder alegre e entusiasmado foi mais positiva, mas o que mais surpreendeu foi que, quando o "chefe" leu o roteiro em tom positivo, as equipes também foram significativamente mais lucrativas.

Constatou-se que os sinais não verbais exercem uma poderosa influência social também nas Forças Armadas. Pesquisadores descobriram que, na Marinha dos Estados Unidos, prêmios anuais por eficiência e prontidão (duas qualidades de liderança que, aparentemente, não têm nada a ver com a positividade) são concedidos com muito mais frequência a esquadrões cujos comandantes são abertamente encorajadores.[18] Por outro lado, as equipes lideradas por comandantes com uma postura negativa, controladora e distante, em geral, recebem as piores avaliações de desempenho. Mesmo em um ambiente no qual seria natural achar que o estilo de liderança militar mais rigoroso é o mais eficaz, a positividade se mostra mais vantajosa.

Algumas empresas têm uma regra social tácita segundo a qual "felicidade é fraqueza": se tem tempo para bater papo com um colega quando vai buscar um copo d'água ou sai mais cedo para ver o jogo de futebol do filho, é porque você não está se empenhando o suficiente. Mas, como vimos, esses tipos de roteiro não só criam um ambiente de trabalho tóxico e desagradável como reduzem a produtividade, o engajamento e, por fim, a lucratividade. O lado bom é que, considerando o que aprendemos sobre a inserção positiva, sabemos que você tem o poder de reescrever esse roteiro. Afinal, o roteiro social de qualquer local de trabalho precisa ser escrito por alguém. Por que não você? Se, como vimos no caso da Regra 10/5, algo tão simples como um sorriso é capaz de transformar o roteiro social de negativo para positivo, pense em todas as outras maneiras nas quais a comunicação não verbal pode fazer o mesmo. Para começar, quando for elogiar alguém, não use apenas as palavras. Não se esqueça de usar uma expressão facial e um tom de voz que se encaixem no que você está dizendo. Acenar com a cabeça encorajadoramente enquanto um colega está falando faz com que ele se sinta compreendido e reforça o vínculo entre vocês. Certifique-se de que seu tom de voz e os sinais não verbais não comuniquem cansaço ou tédio. Um jeito simples, mas incrivelmente eficaz, de garantir que seus sinais não verbais sejam positivos é um truque que aprendi com um gerente da Zappos em Las Vegas (uma das melhores empresas do mundo em termos de cultura positiva). O segredo é olhar para a pessoa que está falando com você. Graças às nossas redes neurais, nós espelhamos inconscientemente as pessoas com quem estamos. Então, se a pessoa com quem você está conversando não estiver sorrindo e parecer cansada, distante ou ansiosa, pode ser que os *seus* sinais não verbais não estejam tão positivos quanto deveriam estar. Se você não estiver gostando do que está vendo, primeiro mude a sua própria atitude e então veja se a pessoa segue o novo roteiro.

Mude o roteiro da tragédia para a comédia

No trabalho, os melhores roteiristas são os que escrevem comédias, não tragédias. Não é só porque as pessoas positivas costumam gostar de comédia, mas porque o senso de humor exerce mais influência social e, portanto, é mais eficaz para criar uma inserção positiva. Basta dar uma olhada na popularidade de programas como *The Daily Show* e *The Colbert Report*, que misturam jornalismo e humor. Eles apresentam as mesmas informações que os noticiários convencionais, mas, como as mostram de um jeito divertido, a audiência desses programas chega a ser maior do que a de muitos noticiários tradicionais. E essa popularidade não resulta só do fato de esses programas transmitirem as notícias com uma pitada de entretenimento. Na verdade, as pessoas engraçadas são consideradas mais inteligentes e confiáveis.[19] Incontáveis pesquisas constataram que o senso de humor é um grande fator preditivo da capacidade de um líder de gerar lucros e melhorar o desempenho. Em um estudo, Yung-Tai Tang encontrou uma correlação direta e positiva entre o senso de humor do líder e o nível de inovação de departamentos de P&D.[20]

Todos nós somos naturalmente atraídos por pessoas engraçadas. Por que será? Do ponto de vista evolucionário, ao procurar um parceiro romântico faz sentido que sejamos atraídos por pessoas que nos parecem ter boa saúde ou ser fortes, porque elas poderão defender nossos filhos. Também faz sentido que sejamos atraídos por pessoas com uma pele bonita, cabelos saudáveis, corpo simétrico e outras características físicas que indicam que os genes transmitidos aos nossos descendentes serão de alta qualidade e saudáveis. Mas por que somos atraídos pelo senso de humor? Saber contar uma piada não melhora seu sucesso reprodutivo nem impede que um tigre dente-de-sabre ataque seus filhos. Mas pesquisadores constataram que o senso de humor é atraente não só em parceiros românticos como também em parceiros de negócio, políticos, jornalistas e qualquer pessoa que escreva um roteiro social por ser um sinal de *aptidão cognitiva*.[21] O cérebro de uma pessoa deve ser flexível, rápido e preciso para que ela possa entender ou criar uma piada. As pessoas mais engraçadas são as que conseguem enxergar uma versão da realidade que os outros não veem. Podemos dizer que o senso de humor é um indicativo da capacidade de uma pessoa de incluir pontos de vista vantajosos.

Passei três anos como professor bolsista de uma disciplina chamada Sagacidade e Senso de Humor, em Harvard. No curso, criado pelo professor Leo Damrosch, descrevemos como tudo, desde a liderança até a produtividade, pode ser drasticamente melhorado quando reforçamos nossa capacidade de usar o humor para incluir pontos de vista vantajosos. Nos meus artigos sobre o tema, defino o senso de humor como "a consciência de uma maneira alternativa de ver o mundo que mostra absurdos ou atributos comuns da vida". (Nada mata mais o humor do que as definições científicas.)

Mas o que leva algumas pessoas a achar graça em algumas realidades quando outras só veem irritação ou constrangimento? Como seria de se esperar, a resposta está no gênio positivo. A "teoria de ampliação e construção" da psicóloga Barbara Fredrickson sugere que vivenciar emoções positivas expande os "repertórios de pensamento-ação" momentâneos das pessoas, ou seja, os caminhos que nos levam a usar nossos recursos intelectuais da maneira mais produtiva. Esse é um jeito sofisticado de dizer que a nossa percepção da realidade determina as nossas ações. Se você enxerga um caminho que leva a uma realidade positiva, seu cérebro achará graça mais depressa nos eventos negativos do seu mundo externo. Assim, se você tiver um mundo externo negativo no trabalho, pode usar o humor como uma ferramenta estratégica para ajudar as pessoas a enxergar uma realidade mais positiva.

C. S. Lewis, o famoso escritor e professor de Oxford, afirmou que existem dois tipos de pessoas: as que procuram milagres e os encontram e as que não procuram milagres e não encontram nenhum.[22] O mesmo vale para o humor. Se você não procurar a graça no mundo externo enquanto conduz reuniões, apresenta pessoas em uma conferência, conversa com um cliente ao telefone ou faz um relatório no PowerPoint, você perderá oportunidades de incluir o humor em seu roteiro social. Não se preocupe, você não precisa ser um comediante para usar o humor numa inserção positiva. Você nem precisa inventar piadas. Você só precisa compartilhá-las ou rir delas. Crie uma pasta no seu computador e guarde artigos ou vídeos engraçados que recebe e dê um jeito de usá-los no roteiro social em uma reunião ou palestra. Faça uma lista das histórias engraçadas que sua família conta ou dos momentos embaraçosos da sua infância ou juventude e compartilhe (quando apropriado) com os colegas. Fiz isso em um curso de inglês na faculdade e, a partir daí, sempre que precisava incluir uma história engraçada em uma palestra, eu já tinha uma lista de opções à mão (veja a história do unicórnio no início da minha palestra no TED). Você também pode fazer uma lista de frases engraçadas tiradas de filmes, livros ou programas de TV e tomá-las de empréstimo. Quantas vezes no trabalho alguém fez referência a uma frase do filme *Como enlouquecer seu chefe* ou do programa cômico *The Office*? Provavelmente um bilhão de vezes e, mesmo se nem todo mundo entender, sempre vai ter alguém que ri. Por fim, os pesquisadores sugerem ver mais comédias para melhorar seu *timing* cômico. Melhoramos nos esportes assistindo ao desempenho de bons atletas, e o mesmo vale para o humor. O humor é uma das maneiras mais eficazes (e divertidas) de transformar os roteiros negativos no trabalho em roteiros positivos.

Estratégia 3: crie uma narrativa compartilhada (faça com que ela seja significativa)

Como espalhar a inserção positiva na maior empresa do mundo? Do mesmo jeito que você pode dar uma injeção de felicidade em pessoas que sofrem de uma doença crônica devastadora: encontrando representantes que criem uma narrativa significativa e carregada de emoção. Nesta seção vou explicar essa ligação. Se você puder injetar emoção em sua mensagem, suas chances de criar uma inserção aumentam muito. Além do mais, você não precisa ser um chefe ou um líder para espalhar a positividade. Qualquer pessoa, em qualquer nível da organização, pode criar uma narrativa compartilhada baseada em emoções e significado.

Poucos projetos me deram mais orgulho do que ser chamado para ajudar com meus conhecimentos em psicologia positiva na campanha Everyday Matters. A campanha Everyday Matters da National MS Society [Sociedade Nacional de Esclerose Múltipla], que contou com o apoio da Genzyme, uma empresa da Sanofi, foi um programa interativo de cobertura nacional nos Estados Unidos para descobrir e apresentar histórias autênticas de pessoas que enfrentam os obstáculos diários impostos pela esclerose múltipla. Quando me envolvi no programa, eu sabia pouco sobre a esclerose múltipla, mas, quanto mais eu lia, mais cruel me parecia essa, ainda incurável, doença. Essa doença literalmente destrói a capacidade do cérebro de se comunicar com os nervos do corpo, resultando em episódios recorrentes de extrema exaustão, dor e paralisia. Quanto mais eu aprendia, mais assustadora a doença se tornava.

Entram em cena os representantes: 1.200 pessoas corajosas que enfrentam os desafios físicos, emocionais e sociais da esclerose múltipla se candidataram para participar de um programa no qual aplicariam algumas das técnicas apresentadas em *O jeito Harvard de ser feliz* para melhorar suas habilidades de enfrentar e até reduzir seus sintomas. Em seguida, desse grande grupo, escolhemos cinco pessoas que se tornariam os representantes da inserção. Não escolhemos essas pessoas por serem as mais felizes, mas porque sua história mostraria a outros portadores da esclerose múltipla e ao mundo que *a felicidade é uma escolha*. Conheci os cinco em Denver, onde passamos um fim de semana falando sobre descobertas da psicologia positiva e elaborando um plano para eles passarem os próximos meses trabalhando com a coach de felicidade, Michelle Clos, que também sofre de esclerose múltipla. De julho a novembro, eles foram filmados por Kristen Adams, uma produtora de TV ganhadora do Emmy (que também tem esclerose múltipla), e o filme foi exibido para o público geral. Fiquei impressionado com a história deles. Sallie, uma professora do Ensino Fundamental do interior do estado de Oklahoma acordava toda manhã acometida de um grau de fadiga que muitos de nós jamais sentirá e, em vez de desistir, ia trabalhar todos os dias, levando esperança e inspiração a seus alunos. Como um lembrete visual desse compromisso com sua paixão, ela chegou a fazer uma pulseira de berloque, com um pingente representando cada aluno, para lembrá-la todos os dias de sua gratidão a cada um deles.

Aprendi uma lição valiosíssima com essa experiência. Poderíamos ter passado horas a fio falando com os portadores de esclerose múltipla sobre a ciência da felicidade e o efeito nem chegaria perto dos vídeos postados no site (everydayMSmatters.org, em inglês). Isso acontece porque, para plantar as sementes de uma realidade positiva em um grupo de pessoas que enfrentam alguma dificuldade, você precisa de uma narrativa emocional transmitida por pessoas que passam pela mesma experiência. Em resumo, para criar uma inserção positiva, precisávamos de representantes. E encontramos muito mais do que só cinco. Conheci pessoas que foram diagnosticadas com esclerose múltipla e começaram a correr maratonas, mesmo sem nunca ter corrido antes. Conheci pessoas que encontraram o amor, apesar de a primeira conversa ter começado com: "Tenho uma doença debilitante, degenerativa e incurável". Essas pessoas foram gênios positivos e deram início a todo um movimento. Elas nos deram uma narrativa mostrando que, quando as coisas estão difíceis, há maneiras muito simples de optarmos por permanecer positivos, motivados e focados em superar os grandes desafios da vida.

Indo além do líder

É comum presumir que é preciso ocupar uma posição de liderança para transformar a cultura ou a mentalidade de uma equipe ou organização, mas uma pesquisa interessante realizada por um verdadeiro gênio positivo, o professor Adam Grant, da Wharton Business School, mostra que, na verdade, é mais importante criar vínculos emocionais profundos com as pessoas, como ele descreve em seu fascinante livro *Dar e receber*.

A pesquisa de Grant concentrou-se em um grupo de novos funcionários de um *call center* que participavam de um treinamento de vendas e atendimento. Ele dividiu a turma em quatro grupos e os submeteu a condições de treinamento ligeiramente diferentes. No treinamento do primeiro grupo, o líder fez uma palestra motivacional além de ministrar o treinamento normal. Em outro treinamento, o líder não compareceu, mas um colega (chamado de "beneficiário" por ter se beneficiado do sucesso da empresa) falou um pouco sobre a importância do *call center* para o funcionamento da empresa. Ele explicou como os lucros do *call center* ajudavam a empresa a pagar o salário de todos e possibilitavam o crescimento da organização. O terceiro grupo só recebeu o treinamento normal, sem palestrantes adicionais. Já o quarto grupo contou com palestras do líder e do funcionário beneficiado.

Você pode até ter adivinhado que o treinamento que contou com a presença do líder *e* do beneficiário conseguiu motivar mais os novos funcionários, mas duvido que consiga adivinhar a extensão na qual isso afetou positivamente o desempenho da equipe. O grupo do treinamento normal, sem nenhum palestrante motivador, fez 46 vendas, gerando uma receita total de 3.738 dólares. Quando o líder falou, as vendas saltaram de 46 para 151, um aumento de cerca de 300%. O interessante foi que, no quarto grupo, no qual os participantes ouviram o líder falar sobre a importância do *call center e* tiveram a chance de conhecer uma das pessoas positivamente afetadas por seu futuro trabalho, as vendas saltaram de 46 para 271, e a receita disparou de 3.738 dólares para 21.376 dólares. Em outras palavras, quando um líder compartilhou sua visão positiva da realidade, a receita aumentou, mas, quando um colega aprofundou o vínculo emocional, mostrando como essa realidade o afetou, *a receita decolou 700% e as vendas, 500%.*[23]

O estudo mostra que as pessoas são muito mais propensas a adotar a nossa realidade quando ela é ao mesmo tempo emocional e real. No caso, o funcionário beneficiado deu credibilidade à mensagem do líder. Se você for um líder, pode falar até ficar rouco sobre como o empenho da equipe beneficia a empresa, mas a mesma mensagem será considerada muito mais confiável e forte se a equipe também ouvi-la da boca de um colega do mesmo nível. É exatamente por isso que os políticos convidam pessoas comuns para falar por eles nas campanhas. A mensagem tem muito mais ressonância emocional entre os eleitores quando é comunicada por um cidadão comum, semelhante aos ouvintes.

Grant nos dá outro excelente exemplo de como o impacto de uma mensagem pode ser muito maior quando é comunicada por uma pessoa com quem já temos algum vínculo. Bob Austin, um gerente da Volvo, escreveu um post em um blog com a intenção de aumentar o engajamento e estimular o desempenho positivo na empresa. Ele contou a história do filho de uma cliente da Volvo que sofreu um terrível acidente de automóvel mas sobreviveu graças aos recursos de segurança do carro. "Se fosse em qualquer outro carro, o filho dela teria morrido... O trabalho que fazemos na Volvo realmente salva vidas", disse Austin.[24]

A história que ele contou sem dúvida teve uma grande influência, mas vamos compará-la com a história de outra morte que foi evitada graças aos altos padrões de segurança da Volvo. Dessa vez, a própria mãe subiu ao palco e contou a história: "Minha filha escapou só com leves contusões e arranhões. O policial me disse: 'Se não fosse um Volvo, ela provavelmente não teria sobrevivido'".[25] Qual versão você acha que foi mais eficaz em plantar a mensagem de que os funcionários da Volvo estavam mudando o mundo positivamente com seu trabalho? A questão é que a inserção positiva não precisa vir do líder formal. Na verdade, às vezes é até melhor que não venha.

Certa vez, conversei com um vendedor de uma grande empresa de tecnologia em Austin que estava frustrado por não conseguir motivar sua equipe. Ele me contou que tinha passado a última reunião mensal exibindo gráfico após gráfico para demonstrar quanto a empresa vinha crescendo. Porém, apesar de toda a sua positividade, ele parecia não ter nenhuma influência sobre a realidade de seu pessoal. Então, na reunião mensal seguinte, ele convidou um cliente para falar sobre sua satisfação com o atendimento que tinha recebido da empresa e também um dos vendedores para falar sobre como ele estava muito mais feliz trabalhando na empresa do que em seu emprego anterior. Ele disse que de repente foi como se tivesse uma equipe totalmente diferente. As pessoas se tornaram visivelmente mais engajadas, motivadas e produtivas depois daquela reunião. Muitas vezes, a melhor maneira de aumentar os índices de sucesso e a lucratividade não é usar números, mas o significado.

Essa pesquisa é tão importante porque derruba o mito de que a liderança positiva só pode vir de um líder formal. Se quiser convencer as pessoas de alguma realidade positiva no trabalho, encontre um beneficiário dessa realidade, como um cliente satisfeito, um colega feliz ou até você mesmo. Em seguida, inclua na mensagem exemplos pessoais, mostrando que a realidade do beneficiário é verídica e válida. Por exemplo, se quiser que as pessoas façam uma doação para alguma instituição de caridade, convide alguém que tenha se beneficiado do programa. Se quiser motivar sua equipe, peça a um cliente para gravar um vídeo de 30 segundos descrevendo sua satisfação com algum serviço de sua equipe. E não esqueça que, quanto maior a carga emocional, mais impacto a mensagem terá.

Transforme as adversidades em uma cola para unir as pessoas

Você pode não acreditar, mas as adversidades e os desafios no trabalho não precisam ser inimigos do engajamento e da motivação. Na verdade, podem ser a cola que une as pessoas. Sei que isso pode soar estranho vindo de um pesquisador da psicologia positiva, mas é verdade. Por que será que isso acontece? A resposta está no famoso estudo de Leon Festinger que investigou um fenômeno psicológico chamado "dissonância cognitiva".

A dissonância cognitiva é um estado que ocorre quando o cérebro reconhece que está mantendo duas crenças conflitantes. Por exemplo, digamos que você nunca gostou de azeitonas. Um dia, sua esposa usa azeitonas no molho de macarrão sem você saber e você acha delicioso. Seu cérebro vai registrar uma dissonância incômoda, da qual você vai querer se livrar. Ou digamos que você sempre se considerou de direita. Mas, na eleição seguinte, acha que o melhor candidato é de esquerda. Diante disso, seu cérebro experimenta uma dissonância. O que isso tem a ver com a inserção positiva? Festinger argumenta que, se você gasta muitos recursos em uma tarefa, seu cérebro considera que esse investimento de recursos cognitivos é válido e justificável. Mas e se você gastar muitos recursos em algo que seu cérebro diz que não é importante, que não tem nada a ver com você, que não vale a pena ou que é algo de que você não gosta? Isso leva à dissonância cognitiva. Seu cérebro pensa: "Caramba, por que fui me meter a pagar um custo cognitivo tão alto por algo que não tem tanta importância?". Como o cérebro odeia a dissonância cognitiva, ele cria uma justificativa para explicar esse alto custo, normalmente decidindo que a tarefa na verdade tem um grande valor. Assim, a dissonância cognitiva pode enganar seu cérebro levando-o a achar que você se importa muito com uma tarefa especialmente desagradável ou um problema difícil. Em outras palavras, as adversidades e os desafios podem ser usados para estimular a motivação e o engajamento e, portanto, podem ser usados como ferramenta para espalhar essa mentalidade aos outros.

Apesar da demora das empresas para incorporar essas ideias, os militares as usam há um bom tempo. Com efeito, os militares têm muitas lições que podemos aprender sobre inserção positiva. Sei que já contei muitas histórias sobre o tempo que passei na Marinha (e pode acreditar que todas as histórias que tenho para contar poderiam encher um livro inteiro), mas esta é particularmente instrutiva. O programa de treinamento começou com um *boot camp* (campo de treinamento). Na verdade, eles o chamavam de "orientação", o que meu cérebro, infelizmente, presumiu que seria mais parecido com uma temporada idílica no campo do que um combate armado. Mas eu logo seria despertado dos meus sonhos bucólicos... literalmente. Caí no sono dentro do ônibus a caminho da "orientação" em Newport, Rhode Island, e acordei com um sargento de instrução gritando na minha orelha que eu tinha cinco segundos para sair do ônibus já vazio... mas não antes de fazer 40 flexões. Nas horas seguinte (não faço muita ideia de quanto tempo se passou, porque me tiraram o relógio), eles confiscaram todas as nossas posses, incluindo fotos de família, celulares etc., rasparam nossa cabeça e nos fizeram marchar impiedosamente.

Dormíamos completamente vestidos para acordar às 4 horas da manhã. Tínhamos apenas cinco minutos para fazer as refeições (como os oficiais gostavam de dizer, se o garfo entrar na sua boca, você está comendo muito devagar). Só tínhamos dez segundos para nos barbear (usando aparelhos de barbear do governo, o que geralmente resultava em acusações de tentarmos sangrar até a morte para fugir do treinamento). Quando fiquei com queimaduras depois de passar cinco horas marchando ao sol, o sargento vociferou: "Achor, quem você pensa que é para destruir uma propriedade do governo?". (Eu era a "propriedade do governo".)

Mas tudo aquilo tinha uma razão de ser e não era que os oficiais fossem sádicos (apesar de até ser possível que alguns deles fossem). Evidentemente, é fundamental para os militares não só reter os melhores talentos como também recrutar oficiais com os mais inabaláveis comprometimento e lealdade. Afinal, essas pessoas precisam estar dispostas a morrer por suas tropas e seu país. Mas, você pode estar pensando, por que eles iriam querer afastar esses talentos submetendo-os ao inferno do campo de treinamento? Porque, quando os cadetes passam por esse treinamento infernal, a fim de evitar a dissonância cognitiva, o cérebro os convence de que eles devem dar muito valor ao que estão fazendo. "Estou passando por este inferno agora *porque* quero muito ser um excelente oficial", o cérebro pensa. "Afinal, por que diabos eu me submeteria a todo esse sofrimento se não quisesse?" Em outras palavras, submeter os cadetes a esse rigoroso treinamento leva a mais comprometimento, determinação e lealdade porque o cérebro passa a dar valor ao treinamento.

Quando isto é feito corretamente, dar uma injeção de estresse coletivo na equipe pode ter benefícios parecidos no trabalho. Em uma série de experimentos, Elliot Aronson criou vários cenários de iniciação para novos funcionários.[26] Algumas iniciações foram leves e fáceis, como simplesmente apresentar-se aos colegas ou contar uma breve história. Outras foram embaraçosas, forçando os funcionários a ler em voz alta roteiros contendo palavras constrangedoras. O que você acha que aconteceu? Os funcionários que tinham passado pelas iniciações leves e fáceis relataram que os colegas não eram muito unidos e que não davam muito valor a pertencer ao grupo. Já os que tinham lido os roteiros constrangedores disseram que seu grupo era mais unido e que os colegas valorizavam mais o fato de pertencer à equipe. Assim como os cadetes no campo de treinamento, quando aqueles funcionários foram forçados a pagar um alto custo para participar da iniciação, eles consideraram a experiência algo significativo para poupar o cérebro do incômodo da dissonância cognitiva. Pense nisto: passar por períodos de dificuldade compartilhados com outras pessoas pode criar alguns dos vínculos mais profundos da nossa vida. Por que o mesmo não pode acontecer com o estresse no trabalho?

Não estou sugerindo que você saia por aí espalhando estresse e hostilidade no seu ambiente de trabalho. Afinal, estamos falando de inserção *positiva*. O que estou sugerindo é ajudar as pessoas a encontrar *significado* no estresse e nas adversidades. Isso pode ser feito *concentrando-se em como a equipe superou os obstáculos*. É bem verdade que os militares submetem os cadetes a um verdadeiro inferno, mas eles também criam uma narrativa compartilhada, positiva e significativa, levando os cadetes a se sentir parte de algo maior, mostrando que é uma grande honra participar de uma história tão incrível, com pessoas tão incríveis, lutando por um país tão incrível. A adversidade, aliada à realidade compartilhada de que nosso estresse *tinha* significado, foi o que uniu os cadetes.

Assim, para transformar a adversidade em uma cola para unir nossas equipes e nossas organizações, precisamos plantar e espalhar a mensagem de que "os desafios que estamos enfrentando vão nos melhorar". Quando dou palestras em congressos, muitas vezes tenho a chance de ver apresentações de líderes espetaculares. Por exemplo, depois do encontro de acionistas do Walmart em 2012, em vez de ignorar os desafios impostos pelas restrições orçamentárias do ano anterior, a diretora global de RH do Walmart usou esses mesmos desafios para criar uma inserção positiva. Ela plantou a ideia de que "esta equipe provou sua capacidade de inovar e superar as expectativas". Em vez de ficar atolada em um pântano de negatividade e frustração, a equipe passou a ver os desafios como medalhas de honra, provando que o otimismo com o futuro era justificado. Sempre que sua equipe ou empresa passar por momentos de estresse, você tem uma oportunidade de mostrar como as dificuldades aproximaram e fortaleceram as pessoas. O estresse é inevitável, mas, como já vimos, seus efeitos, não. *O estresse pode dividir uma equipe se for ignorado ou temido, mas, se for imbuído de positividade, pode ser a cola que une as pessoas. O segredo é encontrar a narrativa certa.*

Por exemplo, quando trabalhei com a Adobe em 2011, Maria Yap, diretora de gestão de produtos, me mandou um vídeo fantástico que a empresa tinha produzido para criar uma narrativa compartilhada sobre um desafio que haviam tido no passado. O vídeo, *Por trás da tela inicial: a criação do CS5*, conta a história do lançamento do Creative Suite 5. O vídeo conta como a equipe fracassou no começo, se uniu e finalmente teve sucesso. O importante era que o vídeo apresentava não só o líder da equipe, mas também muitos outros de seus integrantes falando sobre o orgulho que tinham sentido ao superar os desafios do CS5, sobre como tinham revisado o código inteiro e como só tinham tido seis meses para concluir uma tarefa que normalmente levaria um ano.

O gênio positivo desse vídeo está na utilização da narrativa de uma vitória sobre as adversidades para criar um vínculo emocional (como os militares fazem em seus vídeos de recrutamento).[27]

A mensagem é clara: "Somos capazes de nos unir e enfrentar todas as diversidades para criar e inovar com sucesso". Eu podia perceber o orgulho no e-mail de Yap, e você pode senti-lo na voz dos membros da equipe no vídeo. É o orgulho que percebemos nas pessoas que valorizam profundamente o trabalho que fazem.

A maioria das equipes e líderes esquece que o sucesso é seguido de uma oportunidade incrível de criar uma inserção positiva. Acontece muito de concluirmos um projeto, atingirmos uma meta de vendas ou cumprirmos um prazo apertado e passarmos imediatamente para a próxima tarefa ou desafio. Mas, com isso, perdemos uma oportunidade de criar uma narrativa significativa. Então, quando você conquistar uma grande vitória no trabalho, não siga em frente sem antes parar um instante para usar as adversidades que você superou como uma cola para unir a equipe. Você não precisa de uma equipe profissional para criar um vídeo como o da Adobe. Você pode fazer isso com suas palavras. Melhor ainda, um celular e uma hora usando um programa de edição de vídeo no seu computador terão o mesmo resultado. Crie uma narrativa do sucesso de vocês, incluindo quaisquer erros, falhas e obstáculos que encontraram pelo caminho. Se você não tiver tempo para fazer um vídeo, pode usar fotos de sucessos anteriores. Na Adobe, eles têm uma parede inteira coberta com cópias das patentes da empresa para lembrar os funcionários de toda a inovação que eles promovem. De que outras maneiras você pode criar em seu trabalho ou em sua vida pessoal uma narrativa emocional que as pessoas possam acolher e compartilhar?

Precisamos tornar a inserção positiva uma parte consciente de nossa liderança no trabalho e de nossa maneira de lidar com o ambiente. No trabalho, quanto tempo você dedica a falar sobre como é incrível fazer parte da equipe? Os sucessos da equipe são tão celebrados quanto os sucessos individuais? Vocês têm uma narrativa emocional compartilhada sobre os desafios que o grupo superou? Ou os desafios são vistos como inimigos da equipe, e não como a cola que une as pessoas? Assim como na campanha Everyday Matters, da MS Society, outra excelente maneira de criar a inserção é encontrar representantes ou você mesmo tornar-se um deles. As empresas com as quais trabalhei e que tiveram mais sucesso em espalhar realidades positivas entre seus funcionários tinham um representante difundindo a mensagem do valor da mudança positiva em sua vida.

No outono de 2012, minha empresa firmou uma parceria com a divisão de consultoria da Zappos, a Delivering Happiness at Work, baseada no livro de Tony Hsieh, para ajudar a criar uma inserção positiva nas empresas. Ficamos empolgados com a abordagem deles porque a Zappos é um exemplo fantástico de uma cultura baseada na inserção positiva. Requer muito capital social levar todas as pessoas de uma organização a aderir a uma ideia. Literalmente todas as pessoas que trabalham lá se identificam com a cultura da Zappos. A Zappos chega inclusive a publicar anualmente um "livro da cultura" com fotos de todos os funcionários e descrições (não editadas pela empresa) explicando por que eles gostam de trabalhar ali. E isso se deve, em grande parte, às narrativas compartilhadas que são criadas nas equipes. Por exemplo, cada departamento do *call center* tem seu próprio tema. Um deles pode ter um tema de pirata e, quando convidados importantes chegam para fazer uma visita, os funcionários gritam: "Todos a bordo!" (é claro, cobrindo o bocal com a mão para não assustar os clientes que estão do outro lado da linha). Você pode achar que esse tipo de comportamento não é muito profissional e, em muitas organizações, pode não se encaixar na cultura da empresa, mas, nesse caso, a abordagem cria uma experiência compartilhada, mesmo se parecer uma bobagem, que une os membros da equipe. Agora quero lançar esta pergunta: a sua equipe atual é engajada e unida a ponto de se dispor a gritar como piratas para um grupo de convidados importantes? Ou a única coisa que une sua equipe são os cargos e a proximidade entre as estações de trabalho?

Fiz uma palestra no encontro com todos os funcionários da Zappos em 2012, onde Tony Hsieh, em vez de focar na receita e nas vendas do ano anterior, dedicou um bom tempo falando *por que* as pessoas adoram trabalhar na empresa. Alguns funcionários adoram trabalhar lá porque são obcecados por sapatos. Outros, porque veem um profundo significado em prestar um excelente atendimento ao cliente, e outros, porque adoram trabalhar em uma empresa inovadora que lhes permite se vestir e gritar como um pirata. O que você está fazendo para ajudar as pessoas no seu trabalho a se apaixonar pela empresa? Mesmo se não for um chefe ou gerente, você tem a responsabilidade e a oportunidade, como gênio positivo, de ajudar as pessoas a enxergar a valiosa realidade do que fazem. Descubra o que torna o trabalho significativo para você e crie uma narrativa simples para ajudar as pessoas a ver o mesmo.

Se você conseguir criar uma realidade positiva, mas for incapaz de compartilhá-la com as pessoas, essa realidade será limitada e efêmera. Mas, ao aplicar as técnicas de inserção positiva, você pode criar uma fonte renovável de energia positiva para si e para as pessoas a seu redor. Neste capítulo, discutimos os três grandes segredos para criar a inserção positiva: criar franquias de sucesso, reescrever o roteiro social e criar uma narrativa compartilhada. Mas, para dominá-los, é preciso abandonar o mito de que você não tem como mudar as pessoas. Todos nós *temos* a capacidade de mudar as pessoas, mas só se plantarmos as sementes de uma realidade mais positiva. Então lembre que, se quiser transferir com sucesso sua realidade positiva, você deve torná-la contagiante, influente e significativa. Assim que fizer isso, você se tornará um mestre da arquitetura mental, capaz não só de criar um gênio positivo, mas também de espalhá-lo em grande escala.

Quanto mais você espalhar o gênio positivo, mais potencial será capaz de despertar. Depois de ter ampliado as inteligências coletivas da sua equipe, empresa, família e comunidade, o céu é o limite para o que você será capaz de fazer.

Colocando a teoria em prática

1. *Recrute mais pessoas para aderir à mensagem positiva.* Vimos que a influência social é definida por F + I + N, ou seja, a força da mensagem, mais seu imediatismo, mais o número de pessoas espalhando-a. A variável mais fácil de aumentar nessa equação é o N, o número de fontes da mensagem positiva. Por isso, é melhor concentrar-se primeiro nas oportunidades mais fáceis. Como um político nas eleições fortalecendo suas bases, comece espalhando sua realidade a pessoas positivas, que pensam como você, antes de tentar convencer as céticas e negativas.

Aumentar o número de fontes de positividade o ajudará a criar a influência necessária para plantar as sementes da mudança positiva entre os céticos.

2. *Crie franquias de sucesso.* Encontre padrões simples, carregados de emoção e positivos que você pode replicar e franquear para as pessoas ao seu redor. Um desses padrões pode ser a "regra de não reclamar" em casa ou no trabalho. Ou procure padrões que levam a interações negativas e mude-os, como a estudante universitária fez quando melhorou seu relacionamento com a família adotando a regra de só ligar para casa antes das 21 horas.

3. *Seja o primeiro a falar.* A primeira pessoa a falar em uma conversa geralmente define o direcionamento de todo o roteiro social. Assim, se quisermos criar uma interação significativa e produtiva, precisamos começar com algo positivo. Lembre-se da ideia de Michelle Gielan de começar todas as interações com um elogio, um comentário encorajador ou apenas mencionar alguma coisa boa que está acontecendo em sua vida. O começo de uma conversa ou reunião é o horário nobre para criar uma inserção positiva.

4. *Adicione três sorrisos.* Tente implementar a Regra 10/5 na sua equipe ou família. Ou, se achar demais, basta exercitar seu músculo mais influente três vezes a mais por dia. Dê três sorrisos *a mais*.

5. *Use o senso de humor.* Você não precisa ser um comediante para transformar seu roteiro social em uma comédia. Quando vir algo engraçado em um filme ou programa cômico, anote no celular e dê um jeito de usar a piada nas próximas 24 horas. Crie uma pasta para guardar os artigos ou vídeos engraçados que recebe e encontre maneiras de incluí-los no roteiro social durante uma reunião ou palestra (só não seja aquele chato que encaminha tudo o que cai em sua caixa de entrada). Faça uma lista das histórias engraçadas de sua família ou dos momentos embaraçosos de sua infância ou juventude e compartilhe-as com os colegas (quando apropriado).

6. *Crie uma narrativa*. Esta técnica leva mais tempo, mas pode ser uma fonte renovável de positividade durante anos. Crie uma narrativa positiva sobre um obstáculo ou desafio superado por sua equipe ou empresa e compartilhe-a, seja em formato digital ou por escrito. Escreva uma história real, incluindo um conflito, um ápice e uma resolução. Inclua fotos ou até vídeos. Transforme uma vitória sobre as adversidades na cola que une sua equipe ao mesmo tempo que reforça a lealdade, a motivação e o engajamento.

Inspiração positiva
Faça a mudança acontecer

*É pela experiência que descobrimos e
pela ciência que provamos.*

As descobertas científicas muitas vezes ocorrem por acaso e pela experiência, não pela lógica. No meu caso, fiz uma dessas descobertas no deserto dos Emirados Árabes Unidos. Se você leu meu primeiro livro, conhece meu experimento com os neurônios-espelho, que já realizei em 51 países. O experimento é simples: eu apenas separo os participantes em duplas e peço para uma pessoa tentar controlar seu rosto a fim de não demonstrar nenhuma emoção por sete segundos. Em seguida, peço para a outra pessoa "manter um sorriso cordial e autêntico, olhando diretamente nos olhos do seu par". É muito mais difícil do que parece. Em 50 dos 51 países, de 80% a 85% das pessoas não conseguiram se conter e sorriram antes dos sete segundos. Mas foi no 51º país que tive um insight que aprofundou meu entendimento do gênio positivo.

Em maio de 2012, fui convidado pela família real para dar uma palestra em Abu Dhabi. Eu estava tão empolgado com a chance de passear de quadriciclo pelas dunas e andar de camelo pelo deserto que, quando chegou a hora da minha palestra, confesso que não estava pensando direito. Sheikha Salama Bint Hamdan Al Nahyan (uma esposa da família real de Abu Dhabi) pediu que eu fosse à sua fundação dar uma palestra sobre como mudar a realidade das mulheres no Oriente Médio. Como era meu costume, abri a palestra com o experimento do sorriso. Foi só no meio do experimento que me dei conta do meu erro: metade da plateia tinha o rosto coberto por um véu.

Se eu tivesse parado para pensar, não teria proposto aquele experimento. Quem pensaria em fazer aquilo com mulheres usando um véu? Mas, no fim, foi uma sorte ter cometido aquele erro, porque, por incrível que pareça, *o experimento deu certo mesmo assim*. As mulheres da plateia me disseram que puderam ver o sorriso nos olhos da outra pessoa. Mesmo por trás do véu, os sorrisos invisíveis foram contagiantes. Nenhuma das mulheres tinha como ver o rosto da outra, mas mesmo assim foram contagiadas pelo sorriso.

A questão é que, mesmo se a barreira em nossa vida parecer intransponível, podemos criar e transferir nossa realidade positiva às pessoas. Na verdade, em algumas situações, as maiores oportunidades de fazer isso estão um pouco ocultas. Um gênio positivo é a pessoa capaz de enxergar soluções, possibilidades e conexões que são invisíveis para uma pessoa comum. *Os gênios positivos sabem que, para ver coisas que os outros não veem, precisamos nos distanciar da maneira como vivemos a vida até aquele momento.*

No início dos anos 1900, Henri Poincaré, um famoso matemático francês, criou o conceito de "relatividade", uma descoberta que costuma ser atribuída a Albert Einstein.[1] Poucas pessoas sabem disso (eu mesmo não tinha ouvido falar de Poincaré antes de fazer um curso sobre ele), mas Poincaré e Einstein revolucionaram a física moderna exatamente ao mesmo tempo. Enquanto Einstein achava que as falhas do conceito de Newton podiam ser resolvidas com a física, Poincaré acreditava que o problema era em grande parte matemático. Os dois viram o mesmo problema através de lentes diferentes e chegaram a respostas parecidas. Mas não é por isso que estou falando desses dois gênios. A ideia é analisar *por que* eles foram gênios.

Em 1908, em *Science et méthode*, Poincaré escreveu: "Então, voltei minha atenção ao estudo de algumas questões aritméticas, mas aparentemente não tive muito sucesso... Desgostoso com meu fracasso, passei alguns dias na praia e *pensei em outras coisas* [grifo meu]. Certa manhã, caminhando pela falésia, a ideia me veio, com as mesmas características de brevidade, rapidez e certeza imediata".[2]

No mesmo texto, ele também escreveu sobre como resolveu outro problema: "Passei 15 dias empenhado em provar que não poderia haver funções como as que chamei de funções fuchsianas. Eu era muito ignorante na época. Sentava-me todos os dias à minha escrivaninha e passava uma ou duas horas testando um grande número de combinações, sem obter nenhum resultado. Certa noite, tomei um café, o que não costumo fazer, e não consegui dormir. *Uma torrente de ideias invadiu minha cabeça. Senti-as colidirem em minha mente até pares de ideias começarem a se interligar, por assim dizer, criando uma combinação estável.* Na manhã seguinte, eu já tinha comprovado a existência de uma classe de funções fuchsianas".[3] (Quantas vezes ficamos ruminando um problema, tentando provar que ele não tem solução, e acabamos descobrindo depois que estávamos errados?)

E, sobre outro caso de atividade criativa, ele escreveu: "Em seguida, parti para o Mont Valérien, onde prestaria o serviço militar, de modo que me ocupei de outras coisas. *Um dia, andando pela rua, a solução da dificuldade que vinha impedindo meu avanço me surgiu subitamente* [grifo meu]... Assim, escrevi meu último livro de memórias de uma só vez e sem dificuldade".[4] Três soluções, todas de surpresa. Como pesquisador de psicologia interessado em inovação e criatividade inteligente, adoro o termo que ele usou para narrar os acontecimentos. Ele estava andando pela rua e a solução lhe "surgiu".

Em cada um desses momentos de gênio positivo, Poincaré chegou à conclusão *sem* pensar nos problemas. Para ser mais específico, ele vinha pensando muito sobre os problemas, só que não estava usando seu cérebro consciente. Ele se abriu à ajuda do cérebro inconsciente. De acordo com outro brilhante cientista, um psicólogo de Yale chamado Scott Kaufman, a parte inconsciente do nosso cérebro trabalha nos problemas usando processos *diferentes* do nosso cérebro consciente.[5]

Quais problemas e obstáculos você está tentando resolver na sua vida? Está conseguindo resolvê-los? Como Adam Galinsky, da Kellogg School of management, explica: "O pensamento consciente é melhor para tomar decisões lineares e analíticas, mas o pensamento inconsciente é especialmente eficaz para resolver problemas complexos. A ativação inconsciente pode ajudar com centelhas de inspiração que podem levar a importantes descobertas".[6]

Entretanto, o segredo para desencadear esses processos inconscientes é reservar um tempo para *não pensar* sobre o desafio ou o problema. Em outras palavras, para empregar o cérebro todo e atingir esses "momentos heureca", às vezes é preciso desligar uma parte do cérebro. Os maiores "momentos heureca" da vida não ocorrem quando estamos trabalhando sem parar, mas quando paramos de trabalhar.

Einstein relatou o mesmo fenômeno do gênio positivo. Em 1905, depois de uma conversa frustrante com seu amigo Michele Besso, na qual tentou conciliar todos os problemas que encontrava na física newtoniana, ele admitiu a derrota e desistiu.[7] Um dia, quando estava em um bonde em Berna, na Suíça, o empobrecido e derrotado Einstein viu por acaso a famosa torre do relógio. Ele se perguntou casualmente o que aconteceria se o bonde de repente se afastasse do relógio à velocidade da luz. Talvez Einstein só quisesse chegar em casa mais rápido. Talvez o grande Einstein precisasse ir ao banheiro com urgência. Mas, como ele descreveu: "Uma tempestade varreu a minha mente". O que ele sentiu foram os efeitos do cérebro inconsciente oferecendo ao cérebro consciente uma nova ideia que viria a derrubar tudo o que acreditávamos saber sobre o universo: que o tempo não era o mesmo por todo o universo. Einstein não estava rabiscando ferozmente fórmulas matemáticas incompreensíveis no quadro-negro quando fez sua descoberta. Ele não estava quebrando a cabeça em um laboratório de Física. Estava só a caminho de casa.

Em outras palavras, os dois maiores gênios da física moderna fizeram suas descobertas mais revolucionárias quando pararam de pensar e simplesmente deixaram o cérebro inconsciente assumir o controle. Quando você cria e adota completamente uma realidade positiva, essa realidade cria raízes profundas em seus processos mentais inconscientes. Desse modo, as habilidades da inteligência positiva passam a ser automáticas, permitindo-lhe beneficiar-se de todas as suas inteligências sem fazer nenhum esforço consciente ou mesmo sem se dar conta de que está fazendo isso.

Pense no maior desafio que você está enfrentando no momento, aquele que mais o incomoda. Como você poderia promover o crescimento de sua empresa? Como poderia mudar de área? Como poderia encontrar uma maneira de gerenciar aquela equipe que fica em outra cidade? Como ajudar seu filho a sair da depressão e parar de tomar decisões ruins? Em vez de ficar dando murro em ponta de faca e passar 80 horas por semana tentando resolver o problema, simplesmente pare. Reserve alguns momentos para deixar seu inconsciente assumir o controle.

Quanto mais complexo for o problema (e acho que todos podemos concordar que Einstein e Poincaré estavam tentando resolver problemas muito maiores e mais difíceis do que os que enfrentamos na nossa rotina de trabalho), maior é a necessidade de uma realidade positiva que transcende a consciência. Em outras palavras, o sucesso em grande escala requer uma realidade na qual, mesmo quando a nossa mente consciente é incapaz de enxergar uma solução, nossa mente inconsciente sabe que a solução é possível.

Nas minhas pesquisas e no meu trabalho com alguns dos líderes de negócios mais brilhantes do mundo, sempre cheguei à conclusão de que há uma grande diferença entre ser inteligente e ter *inspiração*. Muitas pessoas brilhantes nunca sentem o tipo de inspiração que leva a descobertas revolucionárias ou a grandes conquistas. Isso porque, para se inspirar, você precisa parar de ver o mundo através das mesmas lentes de sempre. Você pode ter o QI mais alto do mundo, uma inteligência emocional espetacular ou uma enorme capacidade de se relacionar com as pessoas, mas, se não aprender a mudar sua realidade, jamais terá uma verdadeira inspiração. Depois de ler este livro, reserve um tempo para refletir sobre tudo o que aprendeu. Pense em como essas informações mudaram seu jeito de pensar, seus hábitos, seu dia a dia. Deixe a nova realidade se infiltrar em seu subconsciente. Depois disso, você verá que é capaz de sentir o tipo de inspiração necessária para atingir a verdadeira excelência.

Espero que, com a sua ajuda, este livro e as pesquisas nele contidas contribuam para nos conduzir ao renascimento tão necessário nas nossas empresas e escolas, semelhante ao Renascimento na Europa, que anunciou uma era dourada de descobertas e crescimento quando as pessoas passaram a se conscientizar de que podiam saber mais sobre seu mundo do que imaginavam.

Naturalmente, no entanto, as pesquisas são inúteis se não forem colocadas em prática. Agora que chegou até aqui no livro, você tem mais de 30 dicas práticas à sua disposição, além de ter lido sobre mais de 50 descobertas científicas. As informações por si só, porém, não levam à transformação. Agora, você precisa incorporar apenas algumas dessas estratégias, talvez só uma de cada vez, na sua vida.

O preço de não mudar é a estagnação e a resignação às antigas realidades. Mas os benefícios de mudar sua realidade (e compartilhar essa realidade positiva com os outros) são os tipos de sucessos, descobertas e avanços que podem transformar não só a sua própria vida como também o mundo.

Precisamos de mais gênios positivos nas nossas empresas, famílias e comunidades. Precisamos de você!

Notas

O poder do gênio positivo

1. Zimmermann, Manfred. "Neurophysiology of Sensory Systems". Em Schmidt, Robert F. (ed.). *Fundamentals of Sensory Physiology*. 3ª ed. rev. New York: Springer, 1986, p. 116.

2. Jensen, A. R. *Clocking the Mind*: Mental Chronometry and Individual Differences. Amsterdã: Elsevier, 2006.

3. Goleman, Daniel. *Emotional Intelligence*. New York: Bantam Books, 1995, p. 36. [Ed. bras.: *Inteligência emocional*. Rio de Janeiro: Objetiva, 1997.]

4. Elert, Glenn. "The SAT: Aptitude or Demographics?". *E-World*, 11 maio 1992. Disponível em: <https://hypertextbook.com/eworld/sat/>.

5. Stanley, Thomas J. *The Millionarie Mind*. Kansas City: Andrews McMeel, 2001.

6. Salovey, Peter & Mayer, John D. "Emotional Intelligence". *Imagination, Cognition and Personality*, v. 9, n. 3, pp. 185-211, mar. 1990.

7. Fernandes, Hilaire. "Designing Interactive Contents: Thales and Pyramid Height Calculus". Utilizando o programa interativo de geometria Dr. Geo II, [s.d.]. Disponível em: <http://people.ofset.org/hilaire/drgeo2/demos/2-thales/index.html>.

8. Esta pesquisa foi apresentada resumidamente no meu livro anterior, *The Happiness Advantage*. New York: Crown, 2010. [Ed. bras.: *O jeito Harvard de ser feliz*. São Paulo: Saraiva, 2012.]

9. Achor, Shawn. "Positive Intelligence". *Harvard Business Review*, jan.-fev. 2012. Disponível em: <http://hbr.org/2012/01/positive-intelligence/ar/1>.

10. Crum, Alia J.; Salovey, Peter & Achor, Shawn. "Re-thinking Stress: The Role of Mindsets in Determining the Stress Response". *Journal of Personality and Social Psychology*, v. 104, n. 4, pp. 716-33, jun. 2013.

11. Proffitt, Dennis R. "Embodied Perception and the Economy of Action". *Perspectives on Psychological Science*, v. 1, n. 2, pp. 110-22, jun. 2006; Witt, Jessica K.; Proffitt, Dennis R. & Epstein, William. "Perceiving Distance: A Role of Effort and Intent". *Perception*, v. 33, n. 5, pp. 570-90, maio 2004.

12. Se você tiver interesse em conhecer as métricas que utilizamos nessa pesquisa, faça os testes no site da Universidade da Pensilvânia, acessando <authentic happiness.org> (em inglês).

Habilidade 1: Arquitetura da realidade

1. Fui informado de que a Marinha não permite mais que pessoas sem treinamento façam isso depois que um barco de pesca foi destruído por um submarino (dá para entender a decisão).

2. Zimmermann, Manfred. "Neurophysiology of Sensory Systems". Em Schmidt, Robert F. (ed.). *Fundamentals of Sensory Physiology*. 3ª ed. rev. New York: Springer, 1986, p. 116.

3. Achor, Shawn. "Make Stress Work for You". *HBR Blog Network*, 15 fev. 2011. Disponível em: <http://blogs.hbr.org/cs/2011/02/make_stress_work_for_you.html>.

4. Schneiderman, Neil; Ironson, Gail & Siegel, Scott D. "Stress and Health: Psychological, Behavioral, and Biological Determinants". *Annual Review of Clinical Psychology*, v. 1, n. 1, pp. 607-28, abr. 2005; American Psychological Association. *Stress in America*: Our Health at Risk. Comunicado à imprensa, jan. 2012. Disponível em: <www.apa.org/news/press/releases/stress/2011/final-2011.pdf>.

5. Ibid.

6. De acordo com um estudo publicado em *Archives of Internal Medicine*, citado em Mahr, Krista. "Achy Breaky Heart". *Time*, 1º nov. 2007. Disponível em: <www.time.com/time/magazine/article/0,9171,1678678,00.html>.

7. Eisinger, Jane. "High Anxiety". *Association Management*, ago. 2001. Disponível em: <www.asaecenter.org/Resources/AMMagArticleDetail.cfm?ItemNumber=5252>.

8. Chrousos, George P. "Stress and Disorders of the Stress System". *Nature Reviews Endocrinology*, v. 5, n. 7, pp. 374-81, 2 jul. 2009. doi: <10.1038 nrendo.2009.106>.

9. Cahill, Larry; Gorski, Lukasz & Le, Kathryn. "Enhanced Human Memory Consolidation with Post-Learning Stress: Interaction with the Degree of Arousal at Encoding". *Learning & Memory*, v. 10, n. 4, pp. 270-4, 1º jul. 2003.

10. Hancock, Peter A. & Weaver, Jeanne L. "On Time Distortion under Stress". *Theoretical Issues in Ergonomics Science*, v. 6, n. 2, pp. 193-211, mar. 2005.

11. Epel, Elissa S.; McEwen, Bruce S. & Ickovics, Jeannette R. "Embodying Psychological Thriving: Physical Thriving in Response to Stress". *Journal of Social Issues*, v. 54, n. 2, pp. 301-22, 1998.

12. Park, Crystal L.; Cohen, Lawrence H. & Murch, Renee L. "Assessment and Prediction of Stress-Related Growth". *Journal of Personality*, v. 64, n. 1, pp. 71-105, mar. 1996; Tedeschi, Richard G. & Calhoun, Lawrence G. "Posttraumatic Growth: Conceptual Foundations and Empirical Evidence". *Psychological Inquiry*, v. 15, n. 1, pp. 1-18, jan. 2004.

13. Goldman, Bruce. "Study Explains How Stress Can Boost Immune System". *Inside Stanford Medicine*, 22 jun. 2012. Disponível em: <http://med.stanford.edu/ism/2012/june/stress.html>.

14. Palmer, Stephen E.; Rosch, Eleanor & Chase, Peter. "Canonical Perspective and the Perception of Objects". Em Long, John B. & Baddeley, Alan D. (eds.). *Attention and Performance IX*. Hillsdale, NJ: Lawrence Erlbaum, 1981, pp. 135-51.

15. Jones, Daniel P. & Peart, Karen. "Class Helping Future Doctors Learn the Art of Observation". *Yale News*, 10 abr. 2009. Disponível em: <http://news.yale.edu/2009/04/10/class-helping-future-doctors-learn-art-observation>.

16. Ibid.

17. Ibid.

18. Wiseman, Richard. "The Luck Factor". *Skeptical Inquirer*, maio-jun. 2003. Disponível em: <www.richardwiseman.com/resources/The_Luck_Factor.pdf>.

19. Glazer, Sharon. "Social Support across Cultures". *International Journal of Intercultural Relations*, v. 30, n. 5, pp. 605-22, set. 2006.

20. Walker, Matthew P. "The Role of Sleep in Cognition and Emotion". *Annals of the New York Academy of Sciences*, v. 1.156, n. 1, pp. 168-97, mar. 2009; Walker, Matthew P. & Helm, Els van Der. "Overnight Therapy? The Role of Sleep in Emotional Brain Processing". *PubMed Central*, 23 jun. 2010. Disponível em: <www.ncbi.nlm.nih.gov/pmc/articles/PMC2890316/>.

21. Danziger, Shai; Levav, Jonathan & Avnaim-Pesso, Liora. "Extraneous Factors in Judicial Decisions". *Proceedings of the National Academy of Sciences*, v. 108, n. 17, pp. 6.889-92, 11 abr. 2011. Disponível em: <www.pnas.org/content/108/17/6889.full>.

22. Losada, Marcial. "Work Teams and the Losada Line: New Results". *Positive Psychology News Daily*, 9 dez. 2008. Disponível em: <http://positivepsychologynews.com/news/guest-author/2008 12091298>.

23. Fredrickson, Barbara. *Positivity*: Groundbreaking Research Reveals How to Embrace the Hidden Strength of Positive Emotions, Overcome Negativity, and Thrive. New York: Crown, 2009.

24. Ibid.

25. Rath, Tom. "The Impact of Positive Leadership". *Gallup Business Journal*, 13 maio 2004. Disponível em: <http://gmj.gallup.com/content/11458/impact-positive-leadership.aspx>.

26. Malandro, Loretta. "Discover your Leadership Blind Spots". *Businessweek*, 1º set. 2009. Disponível em: <www.businessweek.com/managing/content/sep2009/ca2009091_828190.htm>.

27. Kershaw, Trina C. & Ohlsson, Stellan. "Training for Insight: The Case of the Nine-Dot Problem". Em Moore, Johanna D. & Stenning, Keith (eds.). *Proceedings of the Twenty-third Annual Conference of the Cognitive Science Society*. Mahwah, NJ: Lawrence Erlbaum, 2001, pp. 489-93. Disponível em: <http://conferences.inf.ed.ac.uk/cogsci2001/pdf-files/0489.pdf>.

28. Isen, Alice M. & Reeve, Johnmarshall. "The Influence of Positive Affect on Intrinsic and Extrinsic Motivation: Facilitating Enjoyment of Play, Responsible Work Behavior, and Self-Control". *Motivation and Emotion*, v. 29, n. 4, pp. 297-325, dez. 2005.

29. Nisbett, Richard. *The Geography of Thought*. New York: Free Press, 2003.

30. Parker, Sharon K. & Axtell, Carolyn M. "Seeing another Viewpoint: Antecedents and Outcomes of Employee Perspective Taking". *Academy of Management Journal*, v. 44, n. 6, pp. 1085-100, 1º dez. 2001.

31. Clinton, Bill. "Clinton on Clinton". Entrevistado por Diane Salvatore. *Independent*, 20 dez. 2005. Disponível em: <www.independent.co.uk/news/people/profiles/clinton-on-clinton-8051116.html>.

Habilidade 2: Cartografia mental

1. Hazel, Ebonie D. "Survey Finds Depression Pervasive in College". *Harvard Crimson*, 31 mar. 2003. Disponível em: <www.thecrimson.com/article/2003/3/31/survey-finds-depression-pervasive-in-college/>.

2. Agrawal, S. & Harter, J. K. *Wellbeing as a Predictor of New Disease Burden*: A Two-Year Examination of 11,306 Survey Panel Members' Health and Wellbeing. Omaha, Nebrasca: Gallup, 2011.

3. Hermer, Linda & Spelke, Elizabeth S. "A Geometric Process for Spatial Reorientation in Young Children". *Nature*, v. 370, n. 6.484, pp. 57-9, jul. 1994.

4. Edmans, Alex. "The Link between Job Satisfaction and Firm Value, with Implications for Corporate Social Responsibility". *Academy of Management Perspectives*, v. 26, n. 4, pp. 1-19, nov. 2012; Rath, Tom & Harter, Jim. *The Economics of Wellbeing*. Washington, DC: Gallup Press, 2010. Disponível em: <www.ofyp.umn.edu/ofypmedia/focusfy/The_Economics_of_Wellbeing.pdf>.

5. Innstrand, Siw T.; Langballe, Ellen M. & Falkum, Erik. "A Longitudinal Study of the Relationship between Work Engagement and Symptoms of Anxiety and

Depression". *Stress and Health: Journal of the International Society for the Investigation of Stress*, v. 28, n. 1, pp. 1-10, 17 fev. 2012. doi: <10.1002/smi.1395>.

6. Barnett, Bill. "Make your Job More Meaningful". *HBR Blog Network*, 25 abr. 2012. Disponível em: <http://blogs.hbr.org/cs/2012/04/make_your_job_more_meaningful.html>.

7. Rath, Tom & Harter, Jim. "Wellbeing: What You Need to Thrive". Entrevistados por Jennifer Robison. *Gallup Business Journal*, 12 maio 2010. Disponível em: <http://businessjournal.gallup.com/content/127643/wellbeing-need-thrive.aspx>.

8. Corbin, Michael. "On the Tracks of Addiction". *Urbanite*, 1º mar. 2011. Disponível em: <www.urbanitebaltimore.com/baltimore/on-the-tracks-of-addiction/Content?oid=1378874>.

9. Shelton, Amy L. & McNamara, Timothy P. "Systems of Spatial Reference in Human Memory". *Cognitive Psychology*, v. 43, n. 4, pp. 274-310, dez. 2001. Disponível em: <www.psy.vanderbilt.edu/faculty/mcnamara/lab/visual/CogPsyc2001.pdf>.

10. Sargent, Judy *et al.* "Sense of Belonging as a Buffer against Depressive Symptoms". *Journal of the American Psychiatric Nurses Association*, v. 8, n. 4, pp. 120-9, ago. 2002; Schwartz, Carolyn E. "Teaching Coping Skills Enhances Quality of Life More than Peer Support: Results of a Randomized Clinical Trial with Multiple Sclerosis Patients". *Health Psychology*, v. 18, n. 3, pp. 211-20, 1999. Você encontrará um excelente resumo em Post, Stephen G. "It's Good to Be Good: Science Says It's So". *Health Progress*, pp. 18-25, jul.-ago. 2009. Disponível em: <https://www.chausa.org/docs/default-source/health-progress/it_s-good-to-be-good-science-says-it_s-so-pdf.pdf?sfvrsn=0>.

11. Csikszentmihalyi, Mihaly. *Finding Flow*: The Psychology of Engagement with Everyday Life. New York: Basic Books, 1997.

12. Achor, Shawn. "The Happiness Dividend". *HBR Blog Network*, 23 jun. 2011. Disponível em: <http://blogs.hbr.org/cs/2011/06/the_happiness_dividend.html>.

13. Achor, Shawn. "Why a Happy Brain Performs Better". *HBR IdeaCast*, 25 nov. 2010. Disponível em: <http://blogs.hbr.org/ideacast/2010/11/why-a-happy-brain-performs-bet.html>.

14. Bregman, Peter. "Too Much to Do? Take on More". *HBR Blog Network*, 10 maio 2011. Disponível em: <http://blogs.hbr.org/bregman/2011/05/i-know-how-to-handle.html>.

15. Achor, Shawn. "The Happiness Dividend". *HBR Blog Network*, 23 jun. 2011. Disponível em: <http://blogs.hbr.org/cs/2011/06/the_happiness_dividend.html>.

16. Fredrickson, Barbara. *Positivity*: Groundbreaking Research Reveals How to Embrace the Hidden Strength of Positive Emotions, Overcome Negativity, and Thrive. New York: Crown, 2009, pp. 58-60.

17. Esse é um dos casos mais interessantes e intrincados da história recente. Veja Myers, Steven Lee. "Chinese Embassy Bombing: A Wide Net of Blame". *New York Times*, 17 abr. 2000.

18. Getter, Lisa. "U. S. Military Accidents Linked to Flawed Maps". *Los Angeles Times*, 16 maio 1999. Disponível em: <http://articles.latimes.com/1999/may/16/news/mn-37866>.

19. Jacobs, Frank. "The First Google Maps War". *New York Times*, 28 fev. 2012. Disponível em: <http://opinionator.blogs.nytimes.com/2012/02/28/the-first-google-maps-war/>.

Habilidade 3: O ponto X

1. Allen, Jane E. "Adrenaline-Fueled Sprint Makes Some Marathons Deadly". *ABC News*, 21 nov. 2011. Disponível em: <http://abcnews.go.com/Health/HeartDisease/marathon-deaths/story?id=15000378#.UAwJoY5alvY>.

2. Rosenthal, Robert & Jacobson, Lenore. *Pygmalion in the Classroom*. New York: Holt, Rinehart and Winston, 1968.

3. Langer, Ellen. *Counterclockwise*: Mindful Health and the Power of Possibility. New York: Ballantine, 2009.

4. Kivetz, Ran; Urminsky, Oleg & Zheng, Yuhuang. "The Goal-Gradient Hypothesis Resurrected: Purchase Acceleration, Illusionary Goal Progress, and Customer Retention". *Journal of Marketing Research*, v. 43, n. 1, pp. 39-58, fev. 2006.

5. Schultz, Duane P. & Schultz, Ellen Sydney. *A History of Modern Psychology*. 10ª ed. Mason, Ohio: Cengage, 2011, pp. 239-42. [Ed. bras.: *História da psicologia moderna*. São Paulo: Cengage Brasil, 2014.]

6. Kivetz, Ran; Urminsky, Oleg & Zheng, Yuhuang. "The Goal-Gradient Hypothesis Resurrected: Purchase Acceleration, Illusionary Goal Progress, and Customer Retention". *Journal of Marketing Research*, v. 43, n. 1, pp. 39-58, fev. 2006.

7. Ibid.

8. Koo, Minjung & Fishbach, Ayelet. "Dynamics of Self-Regulation: How (Un) Accomplished Goal Actions Affect Motivation". *Journal of Personality and Social Psychology*, v. 94, n. 2, pp. 183-95, 2008.

9. Witt, Jessica K.; Linkenauger, Sally A. & Proffitt, Dennis R. "Get Me Out of this Slump! Visual Illusions Improve Sports Performance". *Psychological Science*, v. 23, n. 4, pp. 397-9, 5 mar. 2012.

10. Ibid.

11. Witt, Jessica K. & Sugovic, Mila. "Performance and Ease Influence Perceived Speed". *Perception*, v. 39, n. 10, pp. 1341-53, jan. 2010.

12. Garcia, Stephen M. & Tor, Avishalom. "The N-Effect: More Competitors, Less Competition". *Psychological Science*, v. 20, n. 7, pp. 871-7, jul. 2009.

13. Ibid.

14. MLB Park Factors-2012. *ESPN*, 2013. Disponível em: <http://espn.go.com/mlb/stats/parkfactor>.

15. Veja exemplos em *Park Factors*, disponível em: <www.parkfactors.com/>.

16. Petti, Bill. "The Impact on Hitters Who Change Parks". *FanGraphs*, 14 mar. 2012. Disponível em: <www.fangraphs.com/blogs/index.php/the-actual-impact-of-hitters-changing-parks/>.

17. Riener, Cedar R. *et al.* "An Effect of Mood on the Perception of Geographical Slant". *Cognition & Emotion*, v. 25, n. 1, pp. 174-82, jan. 2011; Witt, Jessica K.; Proffitt, Dennis R. & Epstein, William. "Perceiving Distance: A Role of Effort and Intent". *Perception*, v. 33, n. 5, pp. 570-90, maio 2004; Schnall, Simone; Zadra, Jonathan R. & Proffitt, Dennis R. "Direct Evidence for the Economy of Action: Glucose and the Perception of Geographical Slant". *Perception*, v. 39, n. 4, pp. 464-82, jan. 2010. doi: <10.1068/p6445>; Zadra, Jonathan R. & Clore, Gerald L. "Emotion and Perception: The Role of Affective Information". *Wiley Interdisciplinary Reviews: Cognitive Science*, v. 2, n. 6, pp. 676-85, 11 jul. 2011.

18. Weinschenk, Susan. "100 Things You Should Know about People: #60 – Cognitive 'Loads' Are the Most 'Expensive'". *The Team W Blog*, 17 fev. 2011. Disponível em: <www.blog.theteamw.com/2011/02/17/100-things-you-should-know-about-people-60-cognitive-loads-are-the-most-expensive/>.

19. Vohs, Kathleen D. *et al.* "Making Choices Impairs Subsequent Self-Control: A Limited-Resource Account of Decision Making, Self-Regulation, and Active Initiative". *Journal of Personality and Social Psychology*, v. 94, n. 5, pp. 883-98, 2008.

20. Daniels, David. "Top 100 Pregame Pump Up Songs of All Time". *Bleacher Report*, 20 abr. 2011. Disponível em: <http://bleacherreport.com/articles/672617-top-100-pregame-pump-up-songs-of-all-time>.

21. Holmes, Bob. "Why Time Flies in Old Age". *New Scientist*, 23 nov. 1996. Disponível em: <www.newscientist.com/article/mg16422180.900 -look- how-time-flies>.

22. Blakeslee, Sandra. "Running Late? Researchers Blame Aging Brain". *New York Times*, 24 mar. 1998. Disponível em: <www.nytimes.com/1998/03/24/science/running-late-researchers-blame-aging-brain.html?pagewanted=all&src=pm>.

23. Csikszentmihalyi, Mihaly. *Finding Flow*: The Psychology of Engagement with Everyday Life. New York: Basic Books, 1997.

24. Taylor, J. A. & Shaw, D. F. "The Effects of Outcome Imagery on Golf-Putting Performance". *Journal of Sports Sciences*, v. 20, n. 8, pp. 607-13, jan. 2002.

25. Oettingen, Gabriele; Pak, Hyeon-Ju & Schnetter, Karoline. "Self-Regulation of Goal-Setting: Turning Free Fantasies about the Future into Binding Goals". *Journal of Personality and Social Psychology*, v. 80, n. 5, pp. 736-53, maio 2001.

26. Ranganathan, Vinoth K. *et al.* "From Mental Power to Muscle Power: Gaining Strength by Using the Mind". *Neuropsychologia*, v. 42, n. 7, pp. 944-56, jan. 2004.

Habilidade 4: Cancelamento de ruído

1. James, William. *The Principles of Psychology*. New York: Cosimo, 2007, v. 2, p. 103, citado em Knowles, Patricia A.; Grove, Stephen J. & Keck, Kay. "Signal Detection Theory and Sales Effectiveness". *Journal of Personal Selling and Sales Management*, v. 14, n. 2, pp. 1-14, primavera 1994.

2. Bukszpan, Daniel. "14 Spectacularly Wrong Predictions". *CNBC.com*, 19 maio 2011. Disponível em: <www.cnbc.com/id/43094187/14_Spectacularly_Wrong_Predictions?slide=15>.

3. Zimmermann, Manfred. "Neurophysiology of Sensory Systems". Em Schmidt, Robert F. (ed.). *Fundamentals of Sensory Physiology*. 3ª ed. rev. New York: Springer, 1986, p. 116.

4. Weinschenk, Susan. "100 Things You Should Know about People: #98 – Attention Is Selective". *The Team W Blog*, 3 abr. 2011. Disponível em: <https://www.blog:theteamw.com/2011/04/03/100-things-you-should-know-about-people-98-attention-is- selective/>.

5. Foster, Kevin R. & Kokko, Hannah. "The Evolution of Superstitious and Superstition-Like Behaviour". *Proceedings of The Royal Society of London B: Biological Sciences*, v. 276, n. 1.654, pp. 31-7, 7 jan. 2009. doi: <10.1098/rspb.2008.0981>.

6. "How Good Are the Weather Forecasts?". 7 abr. 2003. Disponível em: <http://weather.slimyhorror.com/>.

7. Dubner, Stephen J. "How Valid Are TV Weather Forecasts?". *Freakonomics*, 21 abr. 2008. Disponível em: <www.freakonomics.com/2008/04/21/how-valid-are-tv-weather-forecasts/>.

8. Helmuth, Laura. "Fear and Trembling in the Amygdala". *Science*, pp. 568-9, 25 abr. 2003. Disponível em: <http://labnic.unige.ch/papers/PV_cns2003_science.pdf>.

9. Losada, Marcial & Heaphy, Emily. "The Role of Positivity and Connectivity in the Performance of Business Teams: A Nonlinear Dynamics Model". *American Behavioral Scientist*, v. 47, n. 6, pp. 740-65, fev. 2004.

10. Fredrickson, Barbara L. & Losada, Marcial F. "Positive Affect and the Complex Dynamics of Human Flourishing". *American Psychologist*, v. 60, n. 7, pp. 678-86, 2005.

252   Por trás da felicidade

11. Zhuang, Michael. "Tracking Jim Cramer's Performance: January 2007 Stock Picks". *Seeking Alpha*, 14 mar. 2008. Disponível em: <http://seekingalpha.com/article/68536-tracking-jim-cramer-s-performance-january-2007-stock-picks>.

12. Iyengar, Sheena S. & Lepper, Mark R. "When Choice Is Demotivating: Can One Desire Too Much of a Good Thing?". *Journal of Personality and Social Psychology*, v. 79, n. 6, pp. 995-1.006, dez. 2000; Weinschenk, Susan. "100 Things You Should Know about People: #10 – You Want More Choices and Information than You Can Actually Process". *The Team W Blog*, 13 nov. 2009. Disponível em: <https://www.blog.theteamw.com/2009/11/13/100-things-you-should-know-about-people-10-your-want-more-choices-and-information -than-you-can- actually- process/>.

13. Bohn, Roger E. & Short, James E. "How Much Information? 2009 Report on American Consumers". *Consumer Reports*, 9 dez. 2009. [atualiz. jan. 2010.] Disponível em: <http://hmi.ucsd.edu/pdf/HMI_2009_ConsumerReport_Dec9_2009.pdf>.

14. Labor Force Statistics from the Current Population Survey. "2008 Annual Averages – Household Data – Tables from Employment and Earnings". *Bureau of Labor Statistics*. Disponível em: <www.bls.gov/cps/cps_aa2008.htm>.

15. Veja Neuman, W. Russell; Park, Yong Jin & Panek, Elliot. "Tracking the Flow of Information into the Home: An Empirical Assessment of the Digital Revolution in the U.S. from 1960-2005". Trabalho apresentado na International Communications Association Annual Conference. Chicago, 2009. Disponível em: <www.wrneuman.com/Flow_of_Information.pdf>.

16. "When Icing the Kicker Can Backfire". *Wall Street Journal Online*, 22 set. 2010. Disponível em: <http://online.wsj.com/article/SB10001424052748704129204575506112194098670.html>.

17. "Halloween Poisonings". *Snopes.com*, [s.d.]. Disponível em: <www.snopes.com/horrors/poison/halloween.asp>.

18. Kereke, Olivia I. *et al.* "High Phobic Anxiety Is Related to Lower Leukocyte Telomere Length in Women". *Plos One*, v. 7, n. 7, p.e40516, 11 jul. 2012. doi: <10.1371/journal.pone.0040516>.

19. Ahola, Kirsi *et al.* "Work-Related Exhaustion and Telomere Length: A Population-Based Study". *Plos One*, v. 7, n. 7, p.e40186, 11 jul. 2012. doi: <10.1371/journal.pone.0040186>.

20. Ramirez, Gerardo & Beilock, Sian L. "Writing about Testing Worries Boosts Exam Performance in the Classroom". *Science*, 14 jan. 2011. Disponível em: <www.sciencemag.org/content/331/6014/211.abstract>.

21. Herring, Matthew P.; O'Connor, Patrick J. & Dishman, Rodney K. "The Effect of Exercise Training on Anxiety Symptoms among Patients: A Systematic Review". *Archives of Internal Medicine*, v. 170, n. 4, pp. 321-31, 2010.

Habilidade 5: Inserção positiva

1. Bryson, Bill. *A Short History of Nearly Everything*. New York: Broadway Books, 2003, p. 9. [Ed. bras.: *Uma breve história de quase tudo*. São Paulo: Companhia das Letras, 2005.]

2. Achor, Shawn. "Positive Intelligence". *Harvard Business Review,* jan.-fev. 2012. Disponível em: <http://hbr.org/2012/01/positive-intelligence/ar/1>.

3. Collier, Roger. "Imagined Illnesses Can Cause Real Problems for Medical Students". *PubMed Central,* 25 mar. 2008. Disponível em: <www.ncbi.nlm.nih.gov/pmc/articles/PMC2267854/>.

4. Radatz, Sheila. "What Happened to the Face of Walmart?". *TribLocal Plainfield,* 25 fev. 2012. Disponível em: <http://www.triblocal.com/plainfield/community/stories/2012/02/where-is-the-face-of-walmart/index.html>.

5. Reese, Shelly. "Patient Experience Correlates with Clinical Quality". *Managed Healthcare Executive,* 1º maio 2009. Disponível em: <http://managedhealthcare executive.modernmedicine.com/mhe/article/articleDetail.jsp?id=595838>.

6. Jha, Ashish K. *et al.* "Patients' Perception of Hospital Care in the United States". *New England Journal of Medicine,* v. 359, n. 18, pp. 1921-31, 30 out. 2008.

7. Boulding William *et al.* "Relationship between Patient Satisfaction with Inpatient Care and Hospital Readmission within 30 Days". *American Journal of Managed Care,* v. 17, pp. 41-8, 2011.

8. "Annual Financial Information Disclosure for the Twelve Months Ended December 31, 2011". *Ochsner Health System,* 2011. Disponível em: <http://media.nola.com/business_impact/other/12%2011%20OHS%20Financial%20Info%20final.pdf>.

9. Marsden, Paul. "Memetics and Social Contagion: Two Sides of the Same Coin?". *Journal of Memetics,* v. 2, 1998. Disponível em: <http://jom-emit.cfpm.org/1998/vol2/marsden_p.html>.

10. Kerckhoff, Alan C. & Back, Kurt W. *The June Bug:* A Study in Hysterical Contagion. New York: Appleton-Century-Crofts, 1968.

11. "The Dancing Plague of 1518". *Cogitz,* 2 set. 2009. Disponível em: <http://cogitz.wordpress.com/2009/09/02/the-dancing-plague -of-1518/>.

12. Havas, David A. *et al.* "Cosmetic Use of Botulinum Toxin-A Affects Processing of Emotional Language". *Psychological Science,* v. 21, n. 7, pp. 895-900, 14 jun. 2010.

13. Latané, Bibb. "The Psychology of Social Impact". *American Psychologist,* v. 36, n. 4, pp. 343-56, 1981.

14. Anderson, Cameron & Kilduff, Gavin J. "Why Do Dominant Personalities Attain Influence in Face-to-Face Groups? The Competence-Signaling Effects of

Trait Dominance". *Journal of Personality and Social Psychology*, v. 96, n. 2, pp. 491--503, 2009. Disponível em: <http://web-docs.stern.nyu.edu/pa/traitdominance_kilduff.pdf>.

15. Pulga, Allan. "Michelle Gielan: The Power of Positive Communication". *iQmetrix*, 17 out. 2011. Disponível em: <www.iqmetrix.com/article/2011/10/michelle-gielan-power-positive-communication>.

16. Avis, Joshua Ian *et al*. "The Effects of BOTOX Injections on Emotional Experience". *Emotion*, v. 10, n. 3, pp. 433-40, 2010.

17. Bachman ,W. "Nice Guys Finish First: A SYMLOG Analysis of U.S. Naval Commands". Em Polley, Richard B.; Hare, A. Paul & Stone, Philip J. (eds.). *The SYMLOG Practitioner:* Applications of Small Group Research. New York: Praeger, 1988. Citado em Goleman, Daniel. *Working with Emotional Intelligence*. New York: Bantam Books, 1998, p. 188.

18. Ibid.

19. Howrigan, Daniel P. & MacDonald, Kevin B. "Humor as a Mental Fitness Indicator". *Evolutionary Psychology*, v. 6, n. 4, pp. 652-66, out. 2008.

20. Tang, Yung-Tai. "The Relationship between Use of Humor by Leaders and R&D Employee Innovative Behavior: Evidence from Taiwan". *Asia Pacific Management Review*, v. 13, n. 3, pp. 635-53, 2008. Disponível em: <http://apmr.management.ncku.edu.tw/comm/updown /DW0810021530.pdf>.

21. Gervais, Matthew & Wilson, David S. "The Evolution and Functions of Laughter and Humor: A Synthetic Approach". *Quarterly Review of Biology*, v. 80, n. 4, pp. 395-430, dez. 2005.

22. Lewis, C. S. *Miracles*. London: Collins; Fontana, 1947. [Ed. bras.: *Milagres*. São Paulo: Vida Livros, 2010.]

23. Grant, Adam M. "Leading with Meaning: Beneficiary Contact, Prosocial Impact, and the Performance Effects of Transformational Leadership". *Academy of Management Journal*, v. 55, n. 2, pp. 458-76, abr. 2012.

24. Grant, Adam M. & Hoffman, David A. "Outsourcing Inspiration: The Performance Effects of Ideological Messages from Leaders and Beneficiaries". *Organizational Behavior and Human Decision Processes*, v. 116, n. 2, pp. 173-87, nov. 2011.

25. Ibid.

26. Aronson, Elliot & Mills, Judson. "The Effect of Severity of Initiation on Liking for a Group". *Journal of Abnormal and Social Psychology*, v. 59, n. 2, pp. 177-81, 1959.

27. Kost, Julieanne. "Julieanne's 5 Favorite Features in Photoshop 13.1". Vídeo. Disponível em: <www.youtube.com/photoshop#p/c/6B0B55A0B9EF5D93/1/yUQsPwjTsqQ>.

Inspiração positiva: Faça a mudança acontecer

1. Poincaré, Henri. "The Principles of Mathematical Physics". Trad. em *Congress of Arts and Science, Universal Exposition*. St. Louis, 1904. Boston: Houghton Mifflin, 1905. "The Value of Science", 1:604, e caps. 7-9 em *The Foundations of Science*. Trad. George Bruce Halsted. New York: Science Press, [1913] 1921, p. 297-320.

2. Poincaré, Henri. "Science and Method". Em *The Foundations of Science*. Trad. George Bruce Halsted. New York: Science Press, [1913] 1921, p. 388. Disponível em: <http://books.google.com/books?id=qgkeAAAAMAAJ&printsec=frontcover&source=gbs_ge_summary_r&cad=0 #v=onepage&q&f=false>.

3. Ibid., p. 381.

4. Ibid., p. 388.

5. Kaufman, Scott B. & Singer, Jerome L. "The Creativity of 'Dual Process' System 1 Thinking". *Scientific American Guest Blog*, 17 jan. 2012. Disponível em: <http://blogs.scientificamerican.com/guest-blog/2012/01/17/the-creativity-of-dual-process-system-1-thinking/>.

6. Zhong, Chen-Bo; Dijksterhuis, Ap & Galinsky, Adam D. "The Merits of Unconscious Thought in Creativity". *Psychological Science*, v. 19, n. 9, pp. 912-8, set. 2008.

7. Kaku, Michio. "The Theory behind the Equation". *NOVA beta*, 11 out. 2005. Disponível em: <www.pbs.org/wgbh/nova/physics/theory-behind-equation.html>.

O poder das conexões ocultas

A criação de mil florestas começa com uma única semente.
— Ralph Waldo Emerson

O milagre dos manguezais

Quando o crepúsculo se abateu lentamente sobre um manguezal às margens de um rio no sudeste da Ásia, um biólogo, a milhares de quilômetros de sua casa nos Estados Unidos, passou os olhos pela paisagem exuberante e exótica que se estendia por águas infestadas de cobras. Descendo o rio vagarosamente em seu bote, o professor Hugh Smith ouviu os chamados das criaturas noturnas saindo de seus covis e partindo de seus ninhos para dar início à caçada. A água reluzia sob as estrelas, intocada pela poluição das cidades distantes. O que aconteceu em seguida naquele úmido dia de 1935 ficou documentado na história acadêmica. Smith olhou para uma das árvores do manguezal, e de repente a copa inteira brilhou como se um raio tivesse se originado da árvore. E em um piscar de olhos tudo voltou a ficar escuro, deixando a imagem gravada em seus olhos.

Em seguida, o raio, como às vezes acontece, pareceu ter caído duas vezes no mesmo lugar.

A árvore toda voltou a brilhar e apagou, duas vezes em três segundos.[1] E, em um momento onírico, todas as árvores ao longo da margem do rio de repente reluziram ao mesmo tempo. Todas as árvores de um lado do rio, em uma extensão de 300 metros, acenderam e apagaram exatamente ao mesmo tempo.

É empolgante pensar que um observador paciente, criterioso e científico, cuja curiosidade para conhecer o mundo o levou a milhares de quilômetros de distância de sua rotina nos Estados Unidos, possa ter sido recompensado naquela noite por um espetáculo tão mágico da natureza.

Quando conseguiu se recuperar do choque e pensar no que estava acontecendo, ele percebeu que não eram as árvores que estavam brilhando, mas os diversos insetos bioluminescentes pousados nelas, todos se iluminando exatamente ao mesmo tempo. De volta ao seu país, o Dr. Smith escreveu um artigo científico relatando sua descoberta dos insetos brilhando em sincronia. Parecia bom demais para ser verdade, como algo tirado de um livro de contos infantis. É triste dizer, mas não me surpreendi com o que aconteceu em seguida. Simplesmente ninguém acreditou nele. Os biólogos ridicularizaram seu relato, chegando a acusá-lo de ter inventado a história. Por que vaga-lumes machos emitiriam luz em sincronia, reduzindo suas chances de se destacar para suas potenciais parceiras? Os matemáticos também se mostraram céticos. Como isso poderia acontecer no caos da natureza sem um líder para orquestrar a ação? E os entomologistas se perguntaram como milhões de vaga-lumes seriam capazes de enxergar outros muitos vaga-lumes para criar um padrão, dada a visibilidade limitada de um manguezal. O fenômeno parecia física, matemática e biologicamente impossível.

Mas não era. Atualmente, graças aos avanços da ciência moderna, sabemos como e por quê. Acontece que esse comportamento in-

---

1. Disponível em: <https://www.nytimes.com/1991/08/13/science/a-mystery-of-nature-mangroves-full-of-fireflies-blinking-in-unison.html>.

trigante tem uma finalidade evolutiva para os vaga-lumes. Em um artigo publicado na conceituada revista científica *Science*, os pesquisadores Moiseff e Copeland relataram que, quando os insetos se iluminam em momentos aleatórios, a probabilidade de uma fêmea reagir a um macho nos recessos profundos e escuros de um manguezal é de apenas 3%. Mas, quando os insetos se iluminam juntos, a probabilidade de suscitar uma reação das fêmeas sobe para 82%.[2] Não, isso não foi um erro de digitação. **A taxa de sucesso aumenta 79 pontos percentuais quando os vaga-lumes se iluminam em uma comunidade interconectada, em comparação a quando o fazem individualmente.**

A sociedade nos ensina que é melhor ser a única luz brilhante do que ser apenas mais uma luz numa floresta de luzes brilhantes. Afinal, não é assim que vemos o sucesso em escolas e empresas? Queremos nos formar com a melhor nota da turma, arranjar um emprego na melhor empresa e trabalhar no projeto mais cobiçado. Queremos que nosso filho seja o mais inteligente da escola, a criança mais popular do bairro, o mais rápido do time de futebol. Quando um recurso (como ser aceito na melhor universidade, conseguir uma entrevista em uma excelente empresa ou ser escolhido para jogar no melhor time) é limitado, aprendemos que precisamos competir para nos destacar na multidão.

Mas minhas pesquisas demonstram que não é bem assim que a coisa funciona. Os estudiosos dos vaga-lumes descobriram que, quando os insetos conseguem sincronizar os pulsos de luz com precisão surpreendente (na ordem de milissegundos!), eles eliminam a necessidade de competir. E, quando ajudamos uns aos outros a melhorar, podemos aumentar o número de oportunidades disponíveis em vez de ter de

---

2. Moiseff, A.; Copeland, J. "Firefly Synchrony: a Behavioral Strategy to Minimize Visual Clutter". *Science* 329, p. 181, 9 jul. 2010. Disponível em: <http://science.sciencemag.org/content/329/5988/181>.

competir por elas. Como os vaga-lumes, quando aprendemos a coordenar nossas ações e colaborar, todos podemos brilhar mais, tanto individual quanto coletivamente.

Pare de ler por um momento e reflita. Como os vaga-lumes conseguem fazer isso? Como todos eles conseguem coordenar suas luzes piscantes com tamanha perfeição, especialmente considerando as limitações de sua visão e suas condições de visibilidade? Os pesquisadores Mirollo e Strogatz, do Boston College e do MIT, publicaram no *Journal of Applied Mathematics* que, surpreendentemente, os vaga-lumes não precisam ver todos os outros para criar uma ação coordenada. Desde que nenhum grupo de vaga-lumes esteja completamente fora do alcance da visão de qualquer outro grupo, todos eles conseguem criar uma sincronia entre si.[3] Em outras palavras, bastam alguns pontos de interseção para transformar o sistema todo.[4]

De acordo com o que está sendo descoberto sobre os "sistemas positivos", o mesmo pode ser aplicado aos seres humanos. Como veremos neste livro, ao se transformar em um *nó positivo* na rede do seu trabalho, da sua empresa ou da sua comunidade e ao ajudar os outros a serem mais criativos, produtivos, competentes, conhecedores etc., você não só estará ajudando o grupo a melhorar, como estará aumentando exponencialmente as suas próprias chances de sucesso.

Essa intrigante história dos vaga-lumes inclui um último detalhe importante. Os biólogos que estudaram os manguezais descobriram que o brilho que emana dessas florestas pode ser visto a quilômetros de distância, facilitando ainda mais que *outros* vaga-lumes sejam atraídos pela luz.

---

3. Disponível em: <https://www.nytimes.com/1991/08/13/science/a-mystery-of-nature-mangroves-full-of-fireflies-blinking-in-unison.html>.

4. Disponível em: <http://www.reed.edu/biology/professors/srenn/pages/teaching/web_2008/mhlo_site/index.html>.

Assim, quanto mais brilhante, mais insetos se unem ao grupo e maior será a luz produzida. O mesmo se aplica a pessoas: quanto mais você ajuda os outros a encontrar a luz deles, mais vocês poderão brilhar.

O poder dos outros

Quando George Lucas escreveu o roteiro da bilionária série Star Wars, ele não incluiu a fala mais emblemática da saga: "Que a Força esteja com você". Na verdade, nas primeiras versões da história, os personagens diziam "Que a Força *dos Outros* esteja com você". O que esse fato pouco conhecido da história do cinema tem a ver com a ciência do potencial? Como escreveu o autor de livros infantis Roald Dahl: "Os maiores segredos sempre estão escondidos nos lugares mais improváveis", e acredito que, escondidos nessa breve frase, se encontram tanto o problema que fundamenta a nossa busca equivocada do potencial quanto o segredo para aumentar exponencialmente o nosso sucesso, o nosso bem-estar e a nossa felicidade.

A sociedade passou a se concentrar demais no "poder do um isolado" em oposição ao "poder do um reforçado pelos outros". Hollywood enaltece a tal ponto os astros individuais que chega a gravar o nome de suas celebridades nas calçadas. Mas, quando adotamos essa postura nas empresas e nas escolas, com foco na realização individual e eliminando os "outros" da equação, o nosso verdadeiro poder permanece oculto. Por sorte, o que está oculto pode ser revelado.

Três anos atrás, enquanto pesquisava as conexões ocultas que fundamentam o sucesso e o potencial humano, fiz um enorme progresso. Me tornei pai.

Quando meu filho, Leo, chegou ao mundo, ele era absolutamente impotente, nem conseguia se virar no berço sozinho. Aos poucos, ele foi se tornando mais capaz. E, a cada nova habilidade que aprendia, como qualquer bom pesquisador da psicologia positiva faria, eu me pegava elogiando-o: "Leo, você conseguiu fazer tudo isso sozinho! Que orgulho!". Depois de um tempo, Leo começou a repetir para mim, com a voz baixa, mas cheia de orgulho: "Tudo sozinho".

Foi quando eu me dei conta de que, desde a infância e depois na fase adulta, no trabalho, somos condicionados a dar um valor desproporcional às coisas que conseguimos fazer por conta própria. Se eu continuasse a restringir meus elogios e a minha orientação daquele jeito, meu filho poderia crescer acreditando que a realização individual era a maior prova de seu mérito. Mas não é. A realização individual, na verdade, é muito limitada.

O ciclo começa bem cedo. Na escola, as crianças são treinadas para estudar sozinhas e com diligência para tirar notas melhores que as dos outros alunos nas provas. Se pedirem ajuda a seus colegas para fazer a tarefa ou os trabalhos, são punidas por colar. Elas têm de passar muito tempo fazendo a lição de casa, sendo forçadas a trocar a convivência com os colegas pelo trabalho solitário. São lembradas repetidamente que seu sucesso depende de métricas individuais, incluindo médias escolares e nota no vestibular. As estatísticas não confirmam a crença, mas essa abordagem de aprendizado acaba intensificando acentuadamente os níveis de estresse delas ao mesmo tempo que as priva de contatos sociais, tempo de sono, atenção, felicidade e saúde. Mas, em vez de questionar o sistema, nós criticamos as pessoas que se mostram incapazes de corresponder a esse frenesi de realização individual. Quando os alunos concluem os estudos, eles estão estressados, fragilizados e solitários e ainda descobrem que o sucesso e a felicidade que lhes prometeram não estão no fim desse arco-íris.

De repente, as mesmas pessoas que aprenderam tão bem a trabalhar sozinhas se descobrem incapazes de colaborar em equipe para levar um produto ao mercado ou ajudar a atingir uma meta. Enquanto isso, quem consegue uma posição de destaque não é aquele que tenta fazer tudo sozinho, mas quem é capaz de pedir ajuda e recrutar aliados. Os pais que ajudam os filhos a desenvolver uma abordagem equilibrada e conectada para buscar o sucesso são recompensados por sua persistência, enquanto os que instigam a realização individual em detrimento do desenvolvimento de conexões com os outros ficam sem saber o que fazer diante da estafa e da solidão de seus rebentos.

Passamos os primeiros 22 anos de vida sendo julgados e elogiados por nossos atributos individuais e pelo que somos capazes de realizar sozinhos, mas, pelo resto da vida, nosso sucesso é quase completamente interconectado com o dos outros.

Na última década, trabalhei com quase metade das empresas da Fortune 100 e fui a mais de cinquenta países para ver como as pessoas de diferentes lugares do mundo lidam com os conceitos de sucesso, felicidade e potencial humano. Em quase todos os países que visitei, constatei que a grande maioria das empresas, instituições de ensino e organizações mensura e recompensa o "alto desempenho" em termos de métricas individuais, como número de vendas, títulos em currículos e notas acadêmicas. O problema dessa abordagem é que ela se baseia em uma crença que até então parecia ter sido confirmada pela ciência: de que vivemos num mundo da "sobrevivência do mais apto". De acordo com essa crença, o sucesso é um jogo de soma zero, e as pessoas com as *melhores* notas, o currículo *mais* impressionante ou a média *mais* alta serão as *únicas* a ter sucesso. A fórmula é simples: seja melhor, mais inteligente e mais criativo que todos os outros e você, inevitavelmente, terá sucesso.

Mas essa equação não fecha.

Graças às inovadoras pesquisas que veremos neste livro, atualmente sabemos que não é a lei da sobrevivência do mais apto que decide se vamos ou não atingir todo o nosso potencial, mas sim a **sobrevivência do mais encaixado.** Em outras palavras, o sucesso não é só uma questão de ser mais criativo, inteligente ou motivado, mas de ser capaz de se conectar com as pessoas, colaborar com elas e se beneficiar de suas relações sociais. Não é só uma questão de prestígio da faculdade na qual se formou ou da empresa em que trabalha, mas de como você se relaciona nesses ambientes. Não é só uma questão de notas ou de quantas vendas você conseguiu fechar, mas de como você complementa as habilidades da equipe.

Costumamos achar que, se trabalharmos com mais afinco, rapidez e eficácia, sem dúvida atingiremos todo o nosso potencial. Mas sabemos cientificamente que o maior obstáculo para atingirmos o sucesso e nosso pleno potencial não é a falta de produtividade, empenho ou inteligência, mas a abordagem que usamos para atingir esse objetivo. A busca do potencial não deve ser uma jornada solitária. A conclusão de uma década de pesquisas é clara: não avançamos mais rápido sozinhos; somos melhores juntos.

Ao nos atermos à velha fórmula do sucesso, deixamos de nos beneficiar de um enorme potencial. Vi isso acontecer com os meus próprios olhos durante os doze anos que passei em Harvard, observando estudantes caírem em fossos de hipercompetição e ficarem atolados em pântanos de estresse e dúvida da própria capacidade. Ao se darem conta de que não eram mais o único astro da turma, muitos desses alunos entravam em pânico. Eles se empenhavam mais, se isolando na tentativa de avançar mais rápido e brilhar mais que os outros. Só que o resultado acabava sendo a escuridão. Nada menos que 80% dos alunos de Harvard relataram ter tido depressão em algum momento de sua vida universitária.

Tendo levado a minha pesquisa ao redor do mundo, sei que o problema não se restringe aos alunos das melhores faculdades dos Estados Unidos. Em 1978, as pessoas diagnosticadas com depressão tinham em média 29 anos. Em 2009, a *idade média* despencou para apenas 14,5 anos.[5] Na última década, a incidência de depressão em adultos dobrou, bem como as internações de crianças de apenas 8 anos por tentativa de suicí-

---

5. Disponível em: <http://mentalhealthtreatment.net/depression/signs-symptoms>.

dio.[6] O que pode ter mudado tanto para justificar tudo isso? E, ainda mais importante, o que podemos fazer para resolver essa situação?

O problema é que demos ainda mais ênfase à realização individual, uma tendência impulsionada principalmente por duas importantes mudanças. Para começar, os avanços tecnológicos e o advento das mídias sociais possibilitam anunciar nossas realizações individuais 24 horas por dia, 7 dias por semana, estimulando constantemente a concorrência e, ao mesmo tempo, alimentando a insegurança. Em segundo lugar, a enorme pressão e a concorrência nas escolas e empresas na busca por atingir métricas de sucesso individual estão levando as pessoas a trabalhar mais, dormir menos e se estressar como nunca. Por sorte, um jeito melhor de fazer as coisas está começando a surgir.

Esse novo e empolgante caminho se baseia no meu estudo inicial sobre a felicidade. Em *O jeito Harvard de ser feliz*, escrevi sobre como podemos ser mais felizes adotando hábitos como exercícios de gratidão, praticando o otimismo e meditando. Só que, se focarmos apenas na felicidade individual, acabaremos dando de cara com uma limitação invisível que impede de sustentar ou aumentar a felicidade. O único jeito de elevar esse teto é usar a nossa felicidade para ajudar os outros a serem felizes também. Acabei constatando que, **embora a felicidade seja uma escolha, ela não é uma escolha meramente individual, mas interconectada**. Acontece que, quando optamos por agir com gratidão ou alegria, acabamos facilitando aos outros ser alegres e gratos, o que, por sua vez, nos dá mais razões para sermos gratos e alegres.

Munido dessa constatação, mergulhei nas novas pesquisas que estão sendo realizadas e ficou mais do que claro que a felicidade é só a ponta do *iceberg*. Graças ao advento do *big data*, eu finalmente pude ver as conexões até então ocultas. Antes, estávamos limitados a fazer perguntas como: "Quão inteligente é você?", "Quão criativo?" ou "Quão

---

6. Disponível em: <http://www.aappublications.org/news/2017/05/04/PAS-Suicide050417>.

empenhado?". Mas agora podemos fazer perguntas mais importantes: "Em que medida você ajuda as pessoas a serem inteligentes?", "Em que medida você inspira a criatividade?", "Em que medida a sua motivação contagia a sua equipe ou a sua família?" e "Em que medida você ajuda as pessoas a serem resilientes?". Quando respondemos a esse tipo de pergunta, vemos que os maiores sucessos não ocorrem isoladamente. Pesquisas parecem confirmar que **praticamente todos os atributos do nosso potencial (incluindo a inteligência, a criatividade, a liderança, a personalidade e o engajamento) são interconectados com os de outras pessoas**. Para atingir o nosso pleno desenvolvimento físico, emocional e espiritual, precisamos mudar a nossa busca pelo potencial da mesma forma que precisamos mudar a busca pela felicidade: devemos parar de tentar avançar mais rápido sozinhos e nos voltar a ser mais fortes juntos.

Ao criar ambientes hipercompetitivos que só celebram as conquistas individuais, empresas e escolas deixam de se beneficiar de grande parte do talento, da produtividade e da criatividade das pessoas. Enfatizar as realizações individuais e retirar os outros da equação reduz nosso potencial impondo um limite artificial à nossa capacidade de ter sucesso. A vantagem é que esse limite é artificial porque pode ser elevado. Quando ajudamos os outros a ter sucesso, não só melhoramos o desempenho do grupo como também ampliamos exponencialmente o nosso próprio potencial. Chamo esse fenômeno de Círculo Virtuoso, um ciclo de *feedback* positivo no qual ajudar as pessoas a melhorar nos dá acesso a mais recursos, energia e experiências que, por sua vez, ajudam a melhorar a nós mesmos, reforçando o círculo. Em outras palavras, ajudar os outros a melhorar eleva o nosso sucesso a um novo patamar. Visto isso:

PEQUENO POTENCIAL é o sucesso limitado que podemos atingir sozinhos.

GRANDE POTENCIAL é o sucesso que só podemos atingir em um Círculo Virtuoso formado com outras pessoas.

Neste livro, descreverei oito projetos de pesquisa que conduzi em colaboração com colegas e pesquisas acadêmicas de ponta que unem os campos da neurociência, psicologia e análise de redes para criar um novo campo de pesquisa de sistemas positivos. Sei que você não está lendo este livro só para se informar sobre as últimas pesquisas (outros livros fazem isso bem melhor). Sei que você está em busca de recomendações práticas que possam ser aplicadas hoje mesmo. Por isso, passei os últimos três anos criando uma abordagem para atingir o Grande Potencial com base nesses estudos e no meu trabalho com a NASA, a NFL (Liga Nacional de Futebol Americano), a Casa Branca e outras organizações, bem como nas minhas conversas com pessoas de enorme sucesso, incluindo Will Smith, Oprah Winfrey e Michael Strahan, que estão colocando em prática os princípios do Grande Potencial.

Essa abordagem é composta de cinco estágios, que chamo de SEMENTES do Grande Potencial: CERCAR-SE de um sistema estelar de influências positivas; EXPANDIR o seu poder ajudando as pessoas a liderar em qualquer posição; APRIMORAR os seus recursos transformando-se em um Prisma de Elogios; DEFENDER o sistema contra ataques negativos; e SUSTENTAR suas conquistas reforçando o Círculo Virtuoso. As sementes são a metáfora perfeita para essas pesquisas porque elas não conseguem crescer sozinhas, sem a ajuda do sol, do solo e da água. Da mesma forma, podemos elevar o nosso potencial, mas não temos como fazê-lo sozinhos. O maior crescimento é obtido mobilizando o potencial das pessoas ao nosso redor.

Não podemos mais nos contentar competindo uns com os outros pelas migalhas do Pequeno Potencial. Precisamos procurar as novas fronteiras do potencial humano e recrutar pessoas para nos seguir. As novas demandas do mundo requerem que voltemos a incluir "a força *dos outros*" na nossa equação. Tudo começa encontrando as conexões ocultas entre vaga-lumes piscantes, nudez em Harvard, galinhas sem penas e uma dança desajeitada com a Oprah.

DESCUBRA O BENEFÍCIO DA FELICIDADE

Foi um ato de grande ousadia da minha parte me inscrever em Harvard.

Cresci na pequena cidade de Waco, Texas, e nunca me imaginei saindo de lá. Ao mesmo tempo que me matriculava em Harvard, fincava raízes na minha cidade natal e treinava para ser um bombeiro voluntário da região. Para mim, Harvard era um lugar saído das telas de cinema, um lugar ao qual as mães se referem brincando, dizendo que seus filhos estudarão lá quando crescerem. As chances de eu ser aceito de fato eram infinitamente pequenas. Dizia a mim mesmo que já me daria por satisfeito se um dia pudesse dizer aos meus filhos, casualmente no jantar, que um dia cheguei a me *inscrever* em Harvard. (Imaginava-me pai, com meus filhos bastante impressionados ao saberem disso.)

Quando, para a minha surpresa, fui aceito naquela instituição, senti-me empolgado e diminuído diante do privilégio. Eu queria fazer justiça à oportunidade que me fora dada. Então fui a Harvard e lá fiquei nos 12 anos seguintes.

Quando deixei Waco, eu só tinha saído quatro vezes do estado do Texas e nunca saíra do país (apesar de os texanos considerarem qualquer coisa fora do Texas uma viagem ao exterior). Mas, assim que pus os pés no campus de Harvard, me apaixonei. Então, depois de me formar, encontrei um jeito de ficar. Fui para a pós-graduação, ajudei a dar aulas em 16 disciplinas diferentes e comecei a proferir palestras. Enquanto fazia a pós, também me tornei um *proctor*, um funcionário de Harvard contratado para viver com os estudantes de graduação e ajudá-los a percorrer o tortuoso caminho do sucesso acadêmico e da felicidade na Torre de Marfim. Na prática, isso significou que passei um total de 12 anos da minha vida morando em um quarto universitário (algo que eu omitia nos primeiros encontros românticos).

Conto isso por dois motivos. Em primeiro lugar, porque eu considerava Harvard um privilégio tão grande que isso alterou fundamentalmente o modo como meu cérebro processou a experiência. Eu me sentia grato por cada instante, mesmo em meio ao estresse, provas finais e nevascas (outra coisa que só tinha visto em filmes). Em segundo lugar, os 12 anos que passei lecionando em sala de aula e morando em dormitórios me proporcionaram uma visão abrangente de como milhares de outros alunos de Harvard lidavam com o estresse e os desafios da vida universitária. Foi quando comecei a notar os padrões.

O PARAÍSO PERDIDO E ENCONTRADO

Mais ou menos na época em que Harvard foi fundada, John Milton escreveu em *Paraíso perdido*: "A mente é um lugar em si mesma, e em si mesma pode fazer do céu um inferno, e do inferno, um céu".

Após 300 anos, acompanhei a materialização desse princípio. Muitos dos meus alunos percebiam Harvard como um privilégio, mas outros rapidamente perdiam essa realidade de vista e se concentravam na carga de trabalho, na competição, no estresse. Eles se afligiam com o futuro, apesar de estarem subindo um degrau que lhes abriria com certeza muitas portas. Eles se sentiam sobrecarregados com cada pequeno contratempo em vez de energizados pelas possibilidades que se abriam para eles. E, depois de observar um número suficiente desses alunos se debatendo tanto diante das adversidades, algo ficou claro para mim. Esses alunos não eram apenas os que pareciam mais suscetíveis ao estresse e à depressão como também suas notas e desempenho acadêmico eram mais prejudicados.

Anos mais tarde, no outono de 2009, fui convidado para realizar uma turnê de palestras pela África, com duração de um mês. Durante a viagem, o CEO de uma empresa da África do Sul de nome Salim me levou a Soweto, um pequeno distrito pouco distante de Joanesburgo que muitas pessoas inspiradoras, inclusive Nelson Mandela e o arcebispo Desmond Tutu, haviam chamado de minha casa.

Visitamos uma escola ao lado de uma favela que não tinha eletricidade e a água encanada era precária. Foi só quando me vi diante das crianças daquela escola que percebi que nenhuma das histórias que normalmente apresento nas minhas palestras seria eficaz. Pareceu-me inapropriado falar sobre as pesquisas e experiências de estudantes universitários americanos privilegiados e homens de negócios saudáveis e poderosos. Em vista disso, tentei estabelecer um diálogo. Num esforço para encontrar pontos em comum, perguntei em um tom claramente irônico: "Quem aqui gosta de fazer tarefa de casa?". Eu acreditava que a aversão aparentemente universal pela lição de casa criaria um vínculo entre nós. Mas, para o meu espanto, 95% das crianças levantaram as mãos e abriram um sorriso sincero e entusiasmado.

Mais tarde, perguntei de brincadeira a Salim por que as crianças de Soweto eram tão estranhas. "Elas consideram um privilégio fazer a lição de casa", ele respondeu, "um dos muitos privilégios que seus pais não tiveram." Quando voltei a

Harvard duas semanas mais tarde, vi alunos reclamando exatamente da mesma coisa que os alunos de Soweto consideravam um privilégio. Comecei a perceber o quanto a nossa interpretação da realidade altera a nossa experiência dessa realidade. Os alunos que estavam tão focados no estresse e na pressão – aqueles que viam o aprendizado como um fardo – estavam deixando passar as oportunidades que se apresentavam debaixo do nariz deles. Mas aqueles que consideravam um privilégio chegar a Harvard pareciam brilhar ainda mais. No início quase inconscientemente e depois com um interesse cada vez maior, senti-me fascinado em relação ao que levava essas pessoas com grande potencial a desenvolverem uma atitude mental positiva para se distinguir, especialmente em um ambiente tão competitivo. E, da mesma forma, pelo que levava ao fracasso aqueles que sucumbiam à pressão de falhar – ou se mantinham vinculados a uma posição negativa ou neutra.

PESQUISA DA FELICIDADE EM HOGWARTS

Para mim, Harvard continua sendo um lugar mágico, mesmo depois de 12 anos. Quando convido meus amigos do Texas a visitá-la, eles me dizem que comer no refeitório de calouros é como estar em Hogwarts, a fantástica escola de magia e bruxaria de Harry Potter. A isso somem-se outros belos edifícios e os abundantes recursos da universidade e oportunidades aparentemente intermináveis que a instituição oferece, e meus amigos muitas vezes acabam me perguntando: "Shawn, por que você desperdiçaria seu tempo estudando a felicidade em Harvard? De verdade, o que levaria um aluno de Harvard a se sentir *in*feliz?".

Na época de Milton, Harvard tinha um lema que refletia as raízes religiosas da faculdade: *Veritas, Christo et Ecclesiae* (A Verdade, para Cristo e a Igreja). Muitos anos atrás, esse lema foi condensado em uma única palavra: *Veritas*, ou apenas a verdade. Hoje, há diversas verdades em Harvard e uma delas é que, apesar de todas as suas instalações impressionantes, uma faculdade maravilhosa e um dos melhores e mais brilhantes corpos discentes da América (e do mundo), este é o lar de muitos jovens cronicamente infelizes. Em 2004, por exemplo, um levantamento do *Harvard Crimson* revelou que nada menos que quatro de cada cinco alunos de Harvard sofrem de depressão pelo menos uma vez durante o ano letivo e aproximadamente metade de

todos os alunos sofre de uma depressão tão debilitante que não consegue exercer suas atividades.[1]

Essa epidemia de infelicidade não se restringe a Harvard. Um levantamento do Conference Board, um instituto de pesquisas sem fins lucrativos, realizado em janeiro de 2010, mostrou que apenas 45% dos trabalhadores entrevistados estavam felizes com o emprego, marcando o ponto mais baixo em 22 anos de levantamentos.[2] Os índices atuais de depressão são dez vezes mais altos do que em 1960.[3] A cada ano, o limiar de pessoas infelizes decresce, não apenas em universidades, mas por toda a América. Há 50 anos, a idade média para começar uma depressão era de 29,5 anos de idade. Hoje, ela é quase exatamente a metade disso: 14,5 anos de idade. Meus amigos queriam saber: "Para que estudar felicidade em Harvard?". A pergunta que eu fazia em resposta era: "Por que *não* começar por lá?".

Dessa forma, decidi encontrar os alunos, aquele um de cada cinco que realmente estava prosperando – os indivíduos que estavam acima da média em termos de felicidade, desempenho, realização, produtividade, senso de humor, energia ou resiliência –, para descobrir o que realmente lhes proporcionava tamanha vantagem em relação aos colegas. O que possibilitava que essas pessoas escapassem da atração gravitacional da norma? Seria possível extrair padrões da vida deles e experiências para ajudar os outros a terem mais sucesso em todas as áreas da vida em um mundo cada vez mais estressante e negativo? Como se viu, era possível.

As descobertas científicas dependem muito de *timing* e sorte. Tive a sorte de encontrar três mentores – Phil Stone, Ellen Langer e Tal Ben-Shahar, todos professores de Harvard – que atuavam na vanguarda de uma área completamente nova chamada psicologia positiva. Distanciando-se do foco tradicional da psicologia, que se concentra nos fatores que tornam as pessoas *in*felizes e como elas podem voltar ao "normal", os três estavam aplicando o mesmo rigor científico aos elementos que fazem as pessoas prosperarem e se destacarem – justamente as questões às quais eu tentava responder.

---

1. KAPLAN, K. A. College faces mental health crisis. The Harvard Crimson. 12 jan. 2004.

2. U.S. Job Satisfaction at lowest level in two decades. The Conference Board. 5 Jan. 2010.

3. SELIGMAN, M. E. P. Authentic happiness. New York: Free Press, 2002. p. 117.

ESCAPE DO CULTO DA MÉDIA

O gráfico a seguir pode parecer enfadonho, mas ele é o motivo pelo qual acordo entusiasmado todas as manhãs. (Eu claramente levo uma vida muito emocionante.) Ele também constitui a base das pesquisas que fundamentam este livro.

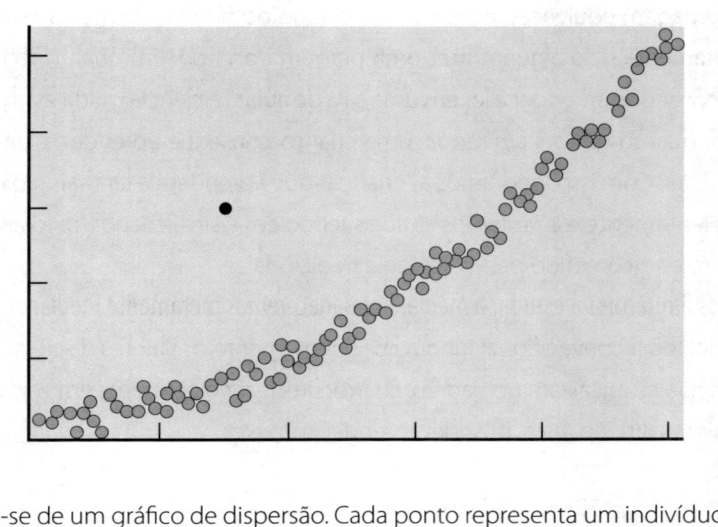

Trata-se de um gráfico de dispersão. Cada ponto representa um indivíduo e cada eixo, uma variável. Esse gráfico em particular poderia estar representando qualquer coisa: o peso em relação à altura, o tempo de sono em relação à energia, felicidade em relação ao sucesso e assim por diante. Se, como pesquisadores, constatamos esse tipo de dados, ficamos empolgados porque é fácil enxergar a presença de uma tendência, o que significa que poderemos publicar nossa pesquisa, que é o que realmente importa no mundo acadêmico. O fato de haver um estranho ponto vermelho – que chamamos de um valor discrepante – acima da curva não representa problema algum. Isso não é um problema porque podemos simplesmente excluí-lo. Podemos excluí-lo, pois ele é claramente um erro de mensuração – e sabemos se tratar de um erro porque está estragando o resto dos nossos dados.

Uma das primeiras coisas que os alunos de um curso introdutório de psicologia, estatística ou economia aprendem é como "limpar os dados". Se você estiver interessado em observar a tendência geral do objeto da sua pesquisa, os valores discrepantes confundem seus resultados. É por isso que existem inúmeras fórmulas e pacotes estatísticos para ajudar os pesquisadores corporativos a eliminarem esses "problemas". E, sejamos

claros, isso não é trapacear; estamos falando de procedimentos estatisticamente válidos – isto é, caso o pesquisador só esteja interessado na tendência geral. Não é o meu caso.

A abordagem típica para compreender o comportamento humano sempre foi analisar o comportamento ou o resultado médio. No entanto, do meu ponto de vista, essa abordagem equivocada criou o que chamo de o "culto da média" nas ciências comportamentais. Se alguém fizer uma pergunta do tipo "Em quanto tempo uma criança consegue aprender a ler em uma sala de aula?", a ciência muda essa pergunta para "Em quanto tempo, *em média,* uma criança consegue aprender a ler em uma sala de aula?". Com isso ignoramos as crianças que aprendem a ler mais rapidamente ou mais lentamente e adaptamos as aulas tendo em vista a criança "mediana". Esse é o primeiro erro cometido pela psicologia tradicional.

Se nos limitarmos a estudar a média, permaneceremos meramente medianos.

A psicologia convencional ignora conscientemente os valores discrepantes porque eles não se encaixam no padrão. Eu procurei fazer o contrário: em vez de excluir esses valores discrepantes, busquei aprender com eles.

FOCADO DEMAIS NO NEGATIVO

É verdade, existem pesquisadores na área de psicologia que não se limitam a estudar apenas o que é mediano. Eles tendem a se concentrar naqueles que ficam de um só lado da linha mediana – abaixo dela. Esse é o segundo erro cometido pela psicologia tradicional. Naturalmente, as pessoas que estão abaixo do normal são aquelas que tendem a precisar de mais ajuda – para serem afastadas da depressão, do abuso de álcool ou do estresse crônico. Em consequência, os psicólogos, justificadamente, dedicaram um considerável esforço estudando como poderiam ajudar essas pessoas a se recuperarem e voltarem ao normal. No entanto, por mais valioso que seja esse trabalho, ele só revela metade da realidade.

Você pode eliminar a depressão sem tornar a pessoa feliz. Pode curar a ansiedade sem ensinar a pessoa a ser otimista. Pode fazer uma pessoa voltar a trabalhar sem, no entanto, melhorar seu desempenho profissional. Se você só luta para reduzir os aspectos negativos, você apenas atingirá a média e deixará passar irremediavelmente a oportunidade de superá-la.

Você pode passar a vida inteira estudando a gravidade sem aprender a voar.

Extraordinariamente, ainda em 1998, foi constatada uma proporção de 17 para 1 negativo-positivo no que se refere a pesquisas no campo da psicologia. Em outras palavras, para cada estudo sobre felicidade e prosperidade, foram conduzidos 17 estudos sobre depressão e distúrbios. Esses dados são extremamente reveladores. Enquanto sociedade, sabemos muito bem como é estar mal e infeliz e tão pouco sobre como ter prosperidade.

Alguns anos atrás, um incidente em particular deixou isso absolutamente claro para mim. Fui convidado a dar uma palestra na "Semana do Bem-estar" em uma das escolas mais elitistas da Nova Inglaterra. Os tópicos a serem discutidos: segunda-feira, transtornos alimentares; terça-feira, depressão; quarta-feira, drogas e violência; quinta-feira, comportamento sexual de risco; e sexta-feira, vai saber? Isso não é uma semana do bem-estar, mas, sim, uma semana do mal-estar.

O padrão de manter foco no negativo permeia não apenas nossas pesquisas e instituições de ensino como também a nossa sociedade. Ligue o noticiário da TV, e a maior parte do tempo de transmissão é dedicada a acidentes, corrupção, assassinatos, abusos. Esse foco no negativo ilude nosso cérebro e o leva a acreditar que essa relação com a desesperança é a realidade. Você já ouviu falar da Síndrome da Faculdade de Medicina? No primeiro ano da faculdade de medicina, quando os alunos aprendem todas as doenças e sintomas que podem acometer uma pessoa, muitos médicos aspirantes de repente se convencem de que são vítimas de TODAS elas. Alguns anos atrás, meu cunhado me ligou da Faculdade de Medicina de Yale me dizendo que tinha lepra (o que, até na Yale, é extremamente raro). Mas eu não fazia ideia de como consolá-lo, porque ele tinha acabado de se recuperar de uma semana de menopausa e ainda estava extremamente sensível! A questão é que, como veremos ao longo deste livro, o objeto ao qual dedicamos nosso tempo e focamos nossa energia mental pode de fato se transformar na nossa realidade.

Não é saudável nem cientificamente responsável nos limitarmos a estudar a parte negativa da experiência humana. Em 1998, Martin Seligman, então presidente das American Psychological Association, anunciou que finalmente havia chegado a hora de revolucionar a abordagem tradicional da psicologia, concentrando-se mais no lado positivo da curva. Que tínhamos de estudar o que funciona, e não só o que emperrou. E assim nasceu a "psicologia positiva".

MORRER DE FOME EM HARVARD

Em 2006, o dr. Tal Ben-Shahar me perguntou se eu estaria disposto a atuar como professor bolsista para ajudá-lo a conceber e lecionar uma disciplina chamada Psicologia Positiva. Na ocasião, Tal ainda não era internacionalmente famoso; seu livro best-seller *Happier* só viria a ser publicado na primavera seguinte. Considerando as circunstâncias, achamos que teríamos sorte se conseguíssemos atrair uma centena de estudantes da graduação ousados o suficiente para arriscar abrir mão de créditos em, digamos, teoria econômica, para fazer um curso sobre a felicidade.

Quando entramos na sala de aula no primeiro dia do curso, quase mil alunos de graduação estavam apinhados no auditório à nossa espera – representando aquele um de cada sete alunos de uma das universidades mais exigentes do mundo. Percebemos rapidamente que aqueles alunos estavam lá porque estavam com fome. Estavam famintos por mais felicidade, não em algum momento no futuro, mas, sim, no presente. E eles estavam lá porque, apesar de todas as vantagens que tinham, ainda não se sentiam realizados.

Pare por um momento para imaginar um desses alunos: já no primeiro ano de idade, muitos podiam ser vistos deitados no berço usando um babador com os dizeres "Com destino a Harvard" ou talvez um bonezinho da Yale (caso algo terrível acontecesse). Desde a época em que estavam no pré-jardim de infância – no qual, em alguns casos, eles já haviam sido matriculados antes mesmo de serem concebidos –, eles já estavam no 1% superior da turma e no 1% de todos os que fizeram testes padronizados ao longo do caminho. Eles ganharam prêmios, quebraram recordes. O alto nível de realização não apenas era incentivado como também era esperado. Conheço um aluno de Harvard cuja mãe guardava todos os exercícios feitos à mão e desenhos em guardanapos de restaurante que ele já havia feito, porque "isso um dia vai para um museu". (Isso criou uma pressão muito grande sobre mim, mãe.)

E então eles são aceitos em Harvard, entram confiantes naquele refeitório para calouros que lembra Hogwarts no primeiro dia de faculdade e é quando percebem algo terrível: *de repente, 50% deles se veem abaixo da média.*

Como gosto de dizer aos meus orientandos: se os meus cálculos estão corretos, 99% dos alunos de Harvard não se formam no 1% superior. Eles não costumam achar muita graça da piada.

Com tanta pressão para atingirem a excelência, não é surpresa alguma constatar que, quando esses jovens caem, eles caem feio. Para piorar ainda mais as coisas, essa pressão – e a depressão resultante – puxa as pessoas para dentro, distanciando-as de seus amigos, parentes e redes de apoio social, em um momento em que eles mais precisam de apoio. Eles pulam refeições, se trancam no quarto ou se isolam na biblioteca, só saindo para uma balada ocasional (e, na tentativa de liberar a pressão, eles se embebedam demais para se divertir – ou pelo menos para se lembrar de terem se divertido). Eles até parecem ocupados demais, preocupados demais e estressados demais para encontrar o amor.

Com base no meu estudo com estudantes de graduação de Harvard, o número médio de relacionamentos amorosos em um período de quatro anos é menor que um. E, caso você esteja curioso, o número médio de parceiros sexuais é de 0,5 por estudante. (Não faço ideia do que significa 0,5 parceiro sexual, mas me parece ser o equivalente científico a não passar do amasso.) Meu levantamento revelou que, entre esses alunos brilhantes de Harvard, 24% *não sabem* se no momento estão envolvidos em algum relacionamento amoroso.

O que acontecia é que, como acontece com tanta gente na sociedade contemporânea, no processo de conquistar uma excelente educação e ter acesso a fantásticas oportunidades, esses estudantes estavam absorvendo as lições erradas. Eles dominaram fórmulas de matemática e química. Eles leram grandes obras, aprenderam a história do mundo e se tornaram fluentes em línguas estrangeiras. Mas eles nunca aprenderam formalmente a maximizar o potencial do próprio cérebro ou a encontrar sentido e felicidade. Munidos de iPhones e PDAs, eles recorreram a multitarefas para ter uma enxurrada de experiências que compõem um currículo, muitas vezes à custa de experiências reais. Na busca de um alto nível de realização, eles se isolaram dos colegas e entes queridos, comprometendo, dessa forma, os próprios sistemas de apoio dos quais tanto precisavam. Observei repetidamente esses padrões nos meus próprios alunos, que muitas vezes entraram em colapso sob a tirania das expectativas que impomos a nós mesmos e às pessoas que nos cercam.

Mentes brilhantes algumas vezes fazem as coisas menos inteligentes possíveis. Diante do estresse, em vez de investir no maior fator preditor de sucesso e felicidade – sua rede social de apoio –, esses estudantes *se privavam* dele. Incontáveis estudos

revelaram que os relacionamentos sociais constituem a melhor garantia de maior bem-estar e menos estresse, atuando tanto como antídoto para a depressão quanto como um impulsionador do alto desempenho. Mas, em vez disso, esses estudantes de alguma maneira aprenderam a se fechar quando as coisas ficam difíceis – isolando-se em um cubículo no porão da biblioteca.

Donos de mentes assim, melhores e mais brilhantes, sacrificaram voluntariamente a felicidade pelo sucesso porque, como muitos de nós, aprenderam que, se forem empenhados, serão bem-sucedidos – e só então, quando tiverem sucesso, é que poderão ser felizes. Eles aprenderam que a felicidade é a recompensa que só pode ser recebida depois que você se torna sócio de uma empresa de investimentos, ganha o Prêmio Nobel ou é eleito para o Congresso.

Mas, na verdade, como veremos ao longo deste livro, novas pesquisas nas áreas da psicologia e da neurociência demonstram que na verdade o que acontece é o contrário: temos mais sucesso *quando* estamos mais felizes e somos mais positivos. Por exemplo, os médicos que fazem diagnósticos com um estado de espírito positivo demonstram quase três vezes mais inteligência e criatividade do que os médicos em um estado de espírito neutro e chegam a diagnósticos precisos 19% mais rápido. Vendedores otimistas fecham 56% mais vendas que seus colegas pessimistas. Estudantes preparados para se sentir felizes antes de fazer um teste de matemática apresentam um desempenho muito melhor que seus colegas em estado de espírito neutro. *Acontece que o nosso cérebro é literalmente configurado para apresentar o melhor desempenho não quando está negativo ou neutro, mas quando está positivo.*

No entanto, no mundo de hoje, nós sacrificamos a felicidade pelo sucesso e ironicamente acabamos reduzindo as chances de sucesso do nosso cérebro. Nossa vida repleta de demandas nos deixa estressados e nos vemos sob uma pressão crescente para atingir o sucesso a qualquer custo.

PRESTE ATENÇÃO AOS VALORES DISCREPANTES POSITIVOS

Quanto mais eu estudava as pesquisas surgidas no campo da psicologia positiva, mais percebia como nós (não apenas os alunos de Harvard, mas todos nós) estamos equivocados em relação às nossas crenças sobre realização pessoal e profissional. Estudos demonstraram de maneira conclusiva que o caminho mais rápido para a

rea-lização não é *apenas* se concentrar no trabalho e que a melhor maneira de motivar os colaboradores *não* é dar ordens aos gritos e criar uma força de trabalho estressada e temerosa. Em lugar disso, novas e radicais pesquisas sobre a felicidade e o otimismo estão virando tanto o mundo acadêmico quanto o corporativo de cabeça para baixo. Vi imediatamente uma oportunidade – eu poderia testar essas ideias com os meus alunos. Eu poderia elaborar um estudo para verificar se essas novas ideias de fato explicavam por que alguns alunos tinham sucesso enquanto outros sucumbiam ao estresse e à depressão. Ao estudar os padrões e os hábitos das pessoas acima da média, eu poderia coletar informações não apenas sobre como nos colocar acima da média, mas também como elevar toda a média.

Felizmente, eu estava numa posição favorável para conduzir essa pesquisa. Na qualidade de um orientador de calouros, tive o privilégio de passar 12 anos convivendo em estreita proximidade com esses alunos – e saber quais eram seus hábitos, o que os motivava e o que podíamos aprender com as experiências deles e aplicar na nossa própria vida. Tive acesso a toda a documentação de inscrição em Harvard, pude ler os comentários do comitê de admissão, observar o progresso intelectual e social dos alunos e ver quais empregos conseguiam depois de formados. Também acabei avaliando grande parte deles em sala de aula, quando atuei como professor bolsista lecionando em 16 disciplinas diferentes. Visando conhecer os alunos além de meras provas e trabalhos escritos, passei a me encontrar com eles no meu "café-escritório" na Starbucks para conhecer a história deles. Pelos meus cálculos, conversei individualmente por mais de meia hora com mais de 1.100 alunos de Harvard – cafeína suficiente para desqualificar uma equipe olímpica inteira por décadas.

Depois, peguei essas observações e as utilizei para elaborar e conduzir meu próprio levantamento empírico com 1.600 estudantes de graduação de alto desempenho – um dos mais abrangentes estudos sobre felicidade já realizados com alunos de Harvard. Ao mesmo tempo, continuei estudando as pesquisas em psicologia positiva que de repente começaram a ser conduzidas em grande número na minha própria instituição e em laboratórios de universidades ao redor do mundo. E qual foi o resultado de tudo isso? Conclusões surpreendentes e empolgantes sobre o que leva algumas pessoas a ter sucesso e prosperar em ambientes desafiadores enquanto outras afundam e nunca realizam seu potencial. O que descobri, e o que você está

prestes a ler, foi revelador, não apenas para Harvard mas para todos nós, no mundo do trabalho.

OS SETE PRINCÍPIOS

Quando terminei de coletar e analisar esse enorme volume de pesquisas, pude isolar sete padrões específicos, funcionais e comprovados de sucesso e realização.

O Benefício da Felicidade – Como o cérebro positivo possui uma vantagem biológica em relação ao cérebro neutro ou negativo, este princípio nos ensina como retreinar o cérebro para capitalizar a atitude positiva e melhorar nossa produtividade e desempenho.

O ponto de apoio e a alavanca – A maneira como vivenciamos o mundo, e a nossa capacidade de prosperar nele, muda constantemente a partir da nossa atitude mental. Este princípio nos ensina como podemos ajustar nossa atitude mental (nosso ponto de apoio) de maneira a nos dar o poder (a alavanca) para atingirmos a realização e o sucesso.

O efeito tetris – Quando o cérebro fica preso a um padrão que foca o estresse, a negatividade e o insucesso, nos condicionamos ao fracasso. Este princípio nos ensina como retreinar o cérebro para que identifique padrões de possibilidade, de forma que possamos perceber – e aproveitar – as oportunidades que encontramos pelo caminho.

Encontre oportunidades na adversidade – Diante da derrota, do estresse e da crise, o cérebro mapeia diferentes caminhos para nos ajudar a sobreviver às adversidades. Este princípio diz respeito a encontrar o caminho mental que não só nos tira do fracasso ou do sofrimento, mas também nos ensina a sermos mais felizes e mais bem-sucedidos graças a ele.

O círculo do zorro – Quando nos vemos em dificuldades e nos sentimos sobrecarregados, nossa lógica cerebral pode ser dominada pelas emoções. Este princípio nos ensina a retomar o controle concentrando-nos primeiro em metas pequenas e factíveis e só depois expandindo gradativamente o nosso círculo para atingir metas cada vez maiores.

A regra dos 20 segundos – Muitas vezes sentimos ser impossível manter uma mudança por muito tempo porque nossa força de vontade é limitada. E quando

nossa força de vontade falha, voltamos aos nossos velhos hábitos e sucumbimos ao caminho da menor resistência. Este princípio mostra como, por meio de pequenos ajustes de energia, é possível redirecionar o padrão da menor resistência e substituir maus hábitos por bons.

Investimento social – Diante de dificuldades e estresse, algumas pessoas escolhem se isolar e se retirar para dentro de si mesmas. Mas as pessoas mais bem-sucedidas investem nos amigos, colegas e parentes para continuar avançando. Este princípio nos ensina como investir mais em um dos mais importantes fatores preditores de sucesso e excelência – nossa rede social de apoio.

Juntos, estes Sete Princípios ajudaram alunos de Harvard (e posteriormente dezenas de milhares de pessoas no "mundo real") a superar obstáculos, livrar-se de maus hábitos, tornar-se mais eficientes e produtivos, beneficiar-se ao máximo das oportunidades, alcançar suas mais ambiciosas metas e atingir todo o seu potencial.

FORA DA TORRE DE MARFIM

Apesar de adorar trabalhar com os alunos, o que eu realmente queria era verificar se esses mesmos princípios também poderiam levar à felicidade e ao sucesso no mundo real. Para fazer a ponte entre a academia e o mundo dos negócios, abri uma pequena empresa de consultoria chamada Aspirant para oferecer e testar essa pesquisa em empresas e organizações sem fins lucrativos.

Um mês depois, a economia global começou a entrar em crise.